AF411989

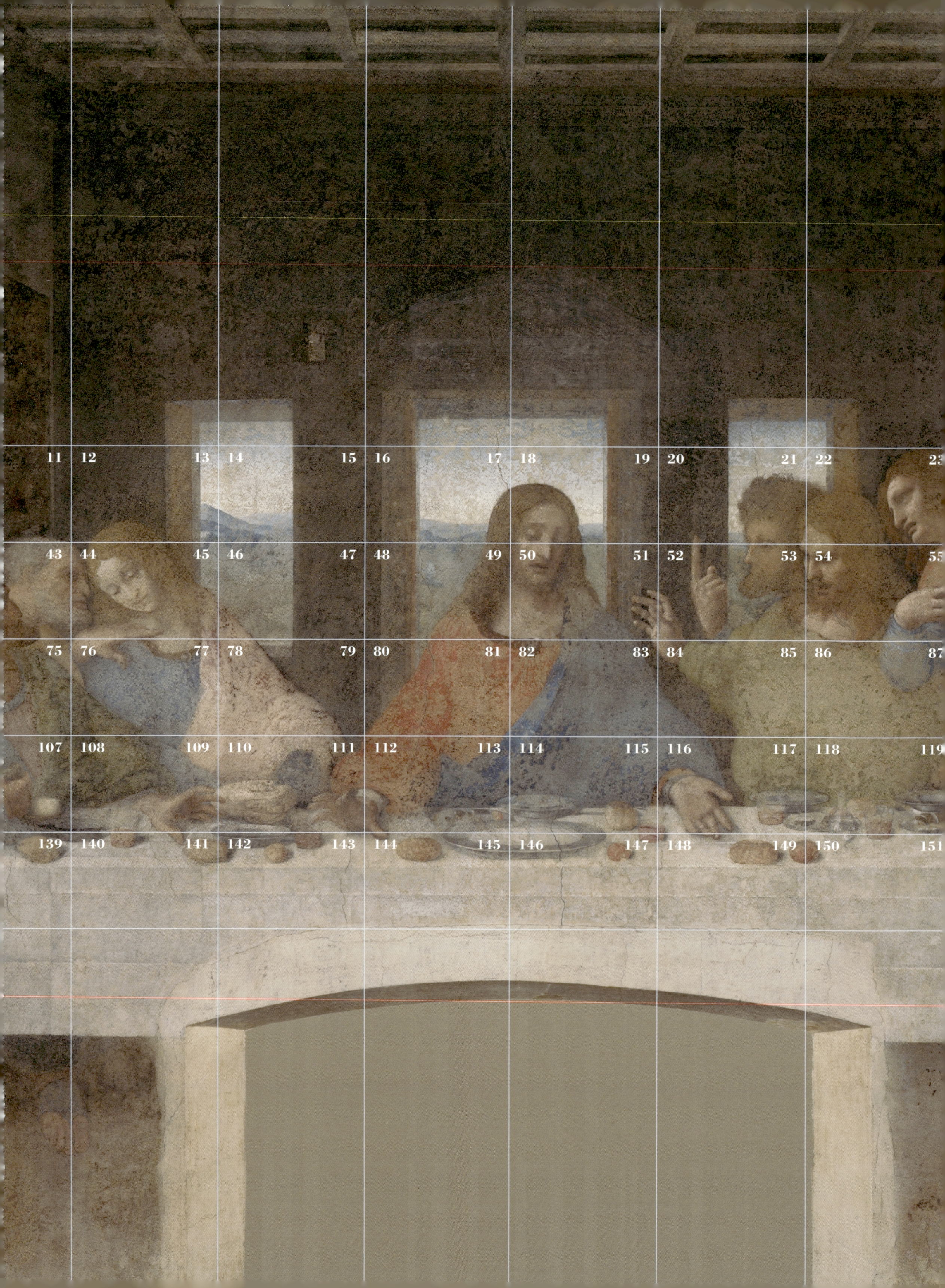

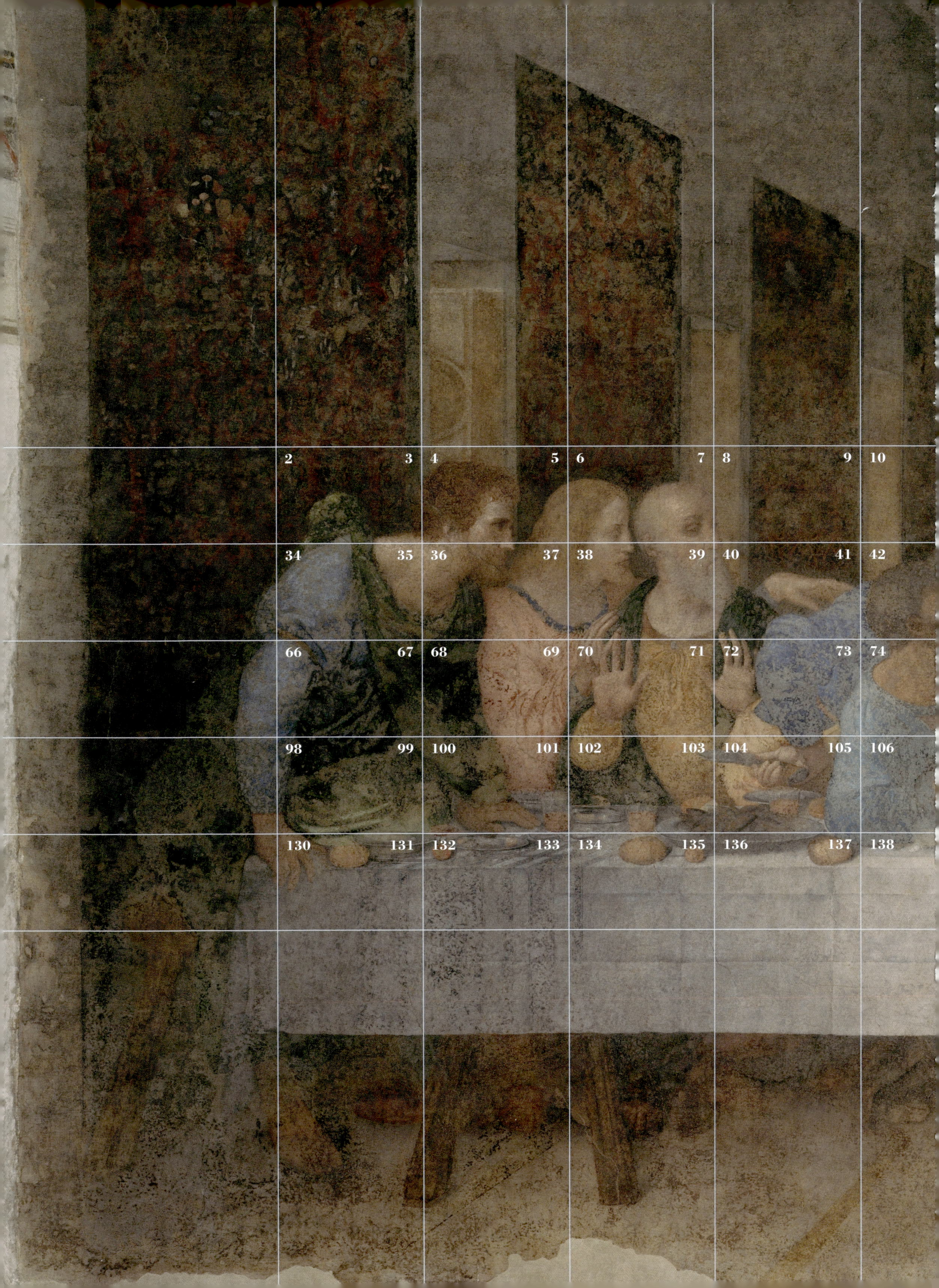

2 3 4 5 6 7 8 9 10
34 35 36 37 38 39 40 41 42
66 67 68 69 70 71 72 73 74
98 99 100 101 102 103 104 105 106
130 131 132 133 134 135 136 137 138

Peter Greenaway
L'Ultima Cena di Leonardo
Leonardo's Last Supper

Una iniziativa di
An initiative by
Cosmit
realizzata da
realized by
Fondazione Cosmit Eventi
in occasione di
on the occasion of
I Saloni 2008
sotto l'egida di
under the patronage of
Federlegno-Arredo

con il co-finanziamento del
co-funded by
Ministero del Commercio Internazionale

Ministero per i Beni e le Attività Culturali Soprintendenza per i Beni Architettonici e Paesaggistici di Milano

Comune di Milano Assessorato alla Cultura

Change Performing Arts / Milano

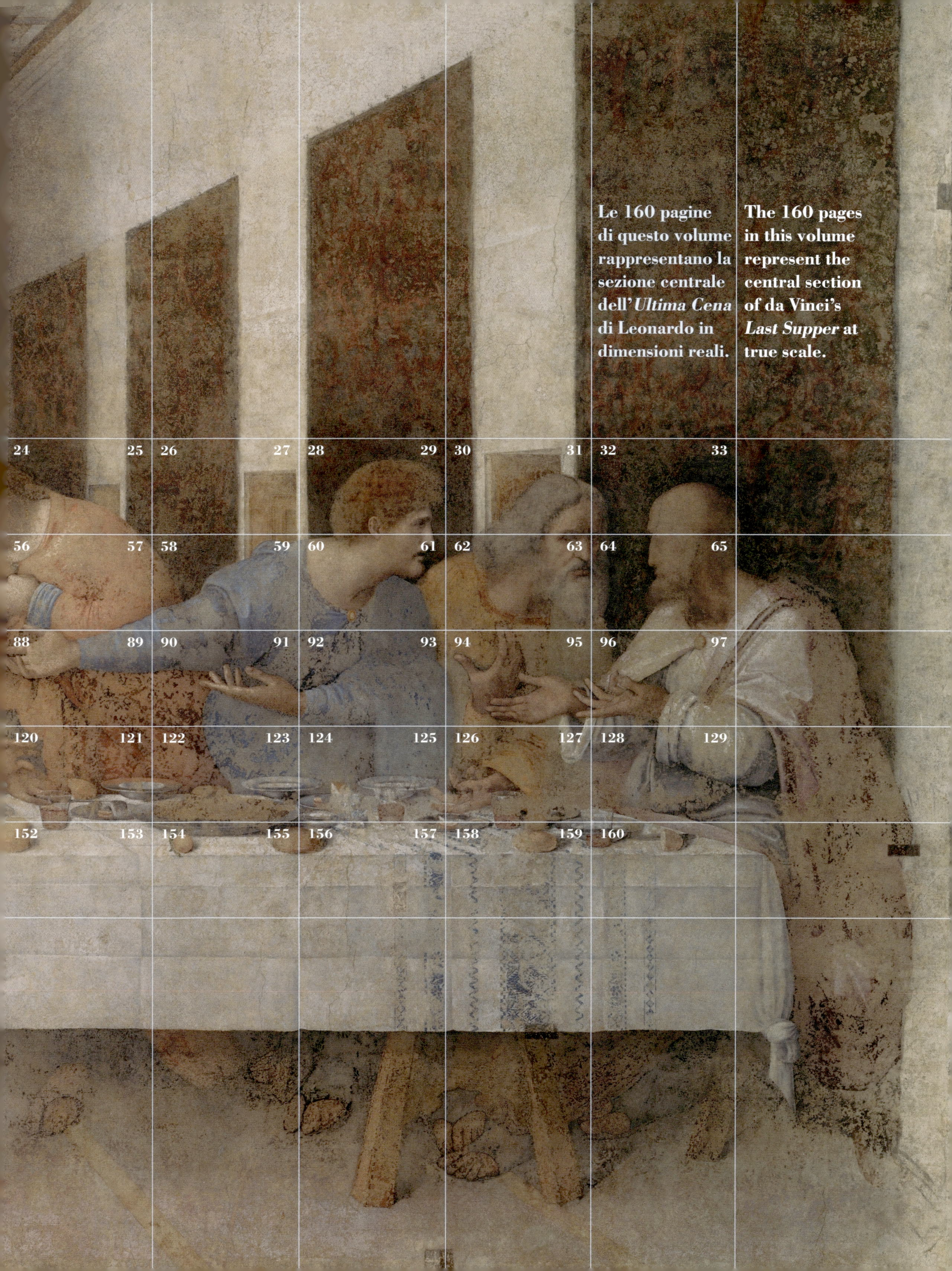Le 160 pagine
di questo volume
rappresentano la
sezione centrale
dell'*Ultima Cena*
di Leonardo in
dimensioni reali.

The 160 pages
in this volume
represent the
central section
of da Vinci's
Last Supper at
true scale.

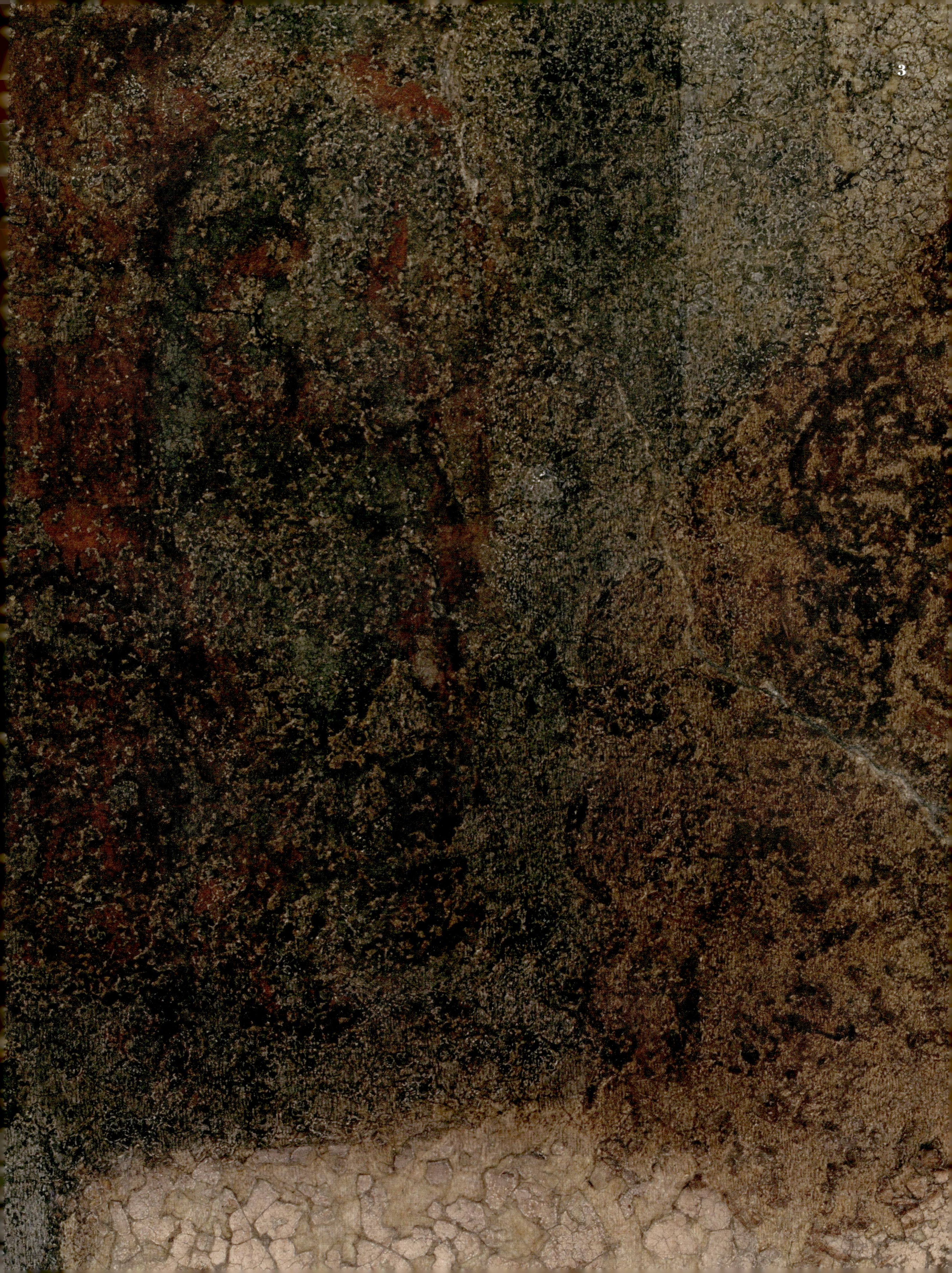

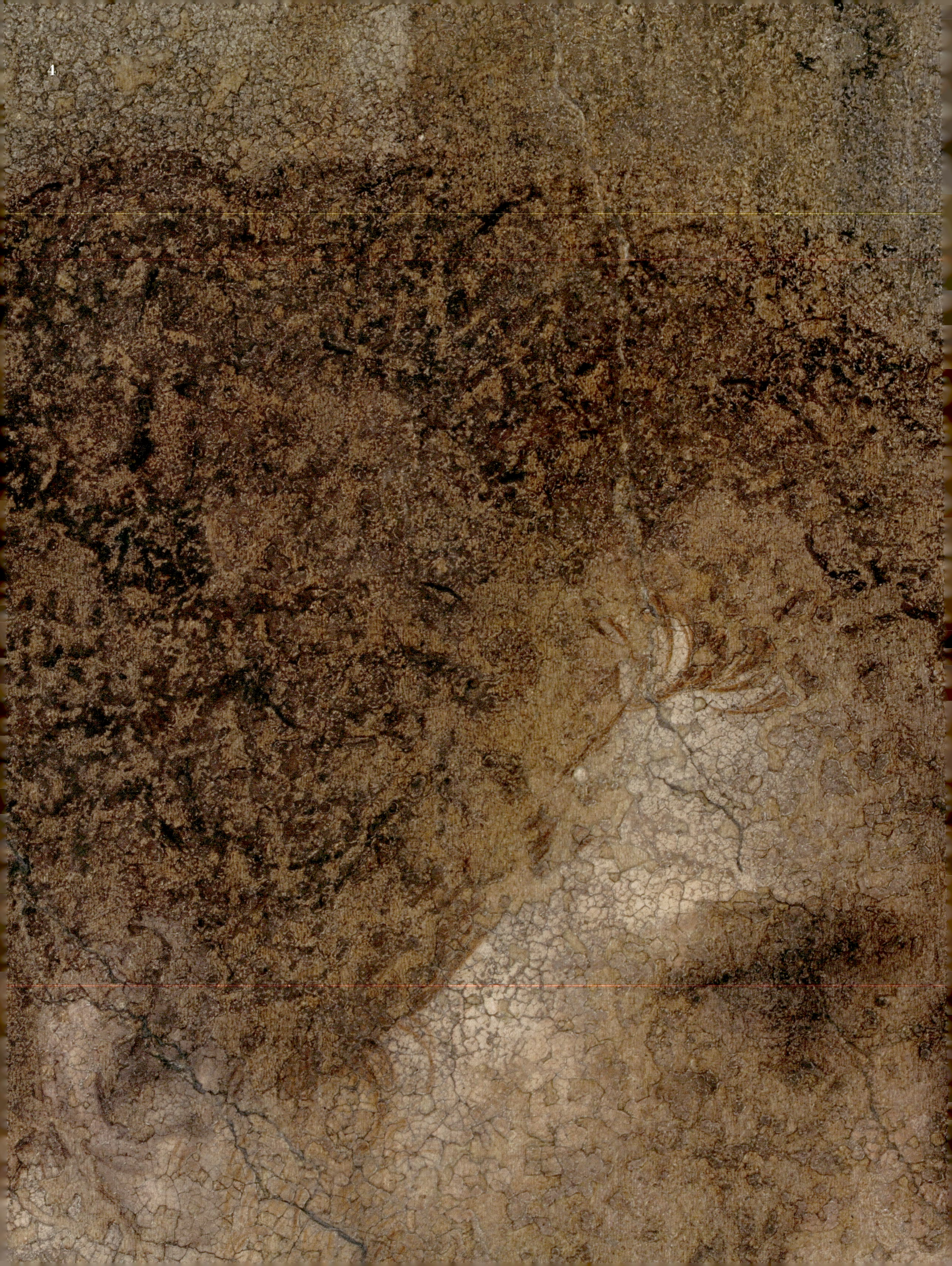

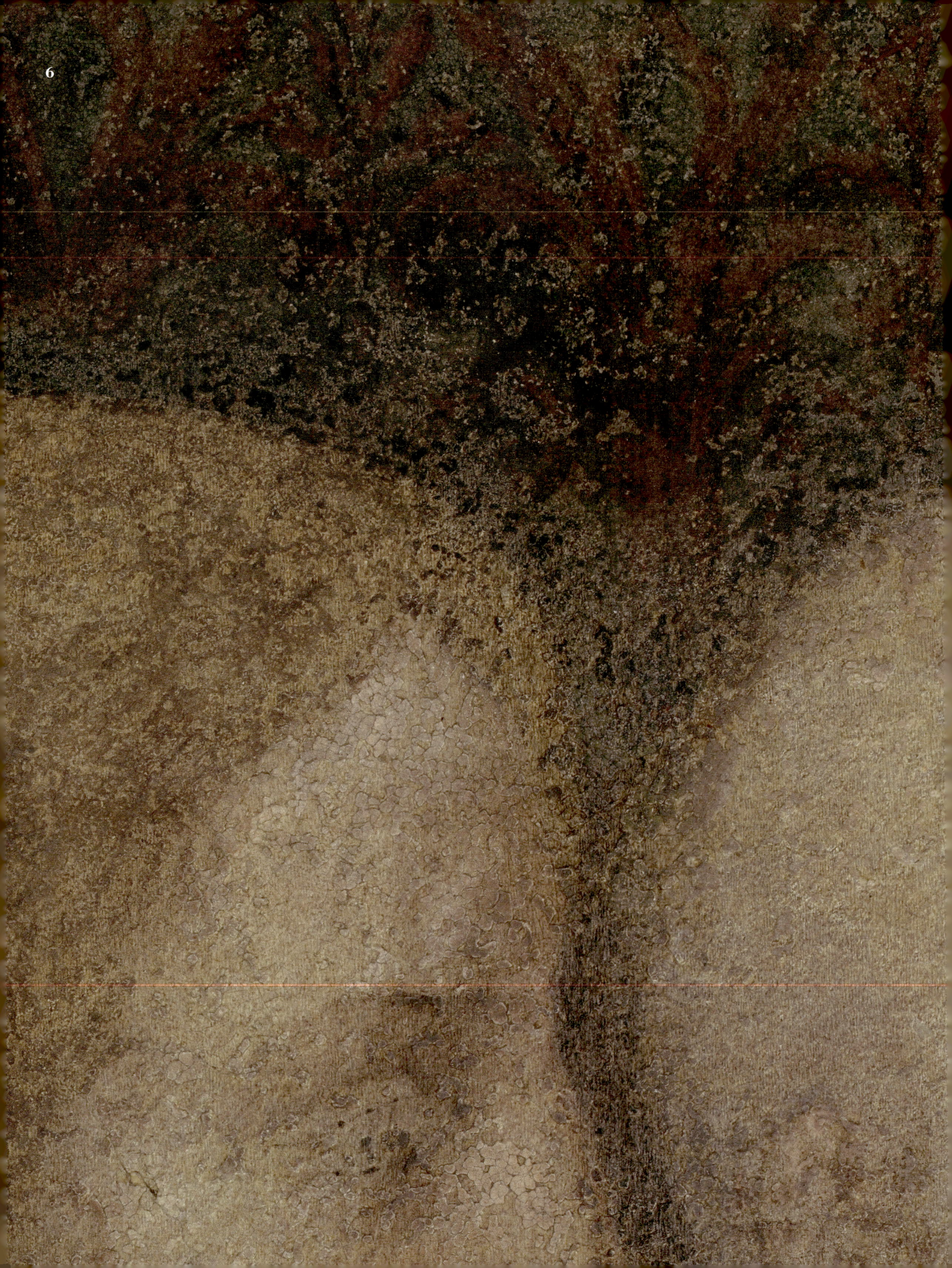

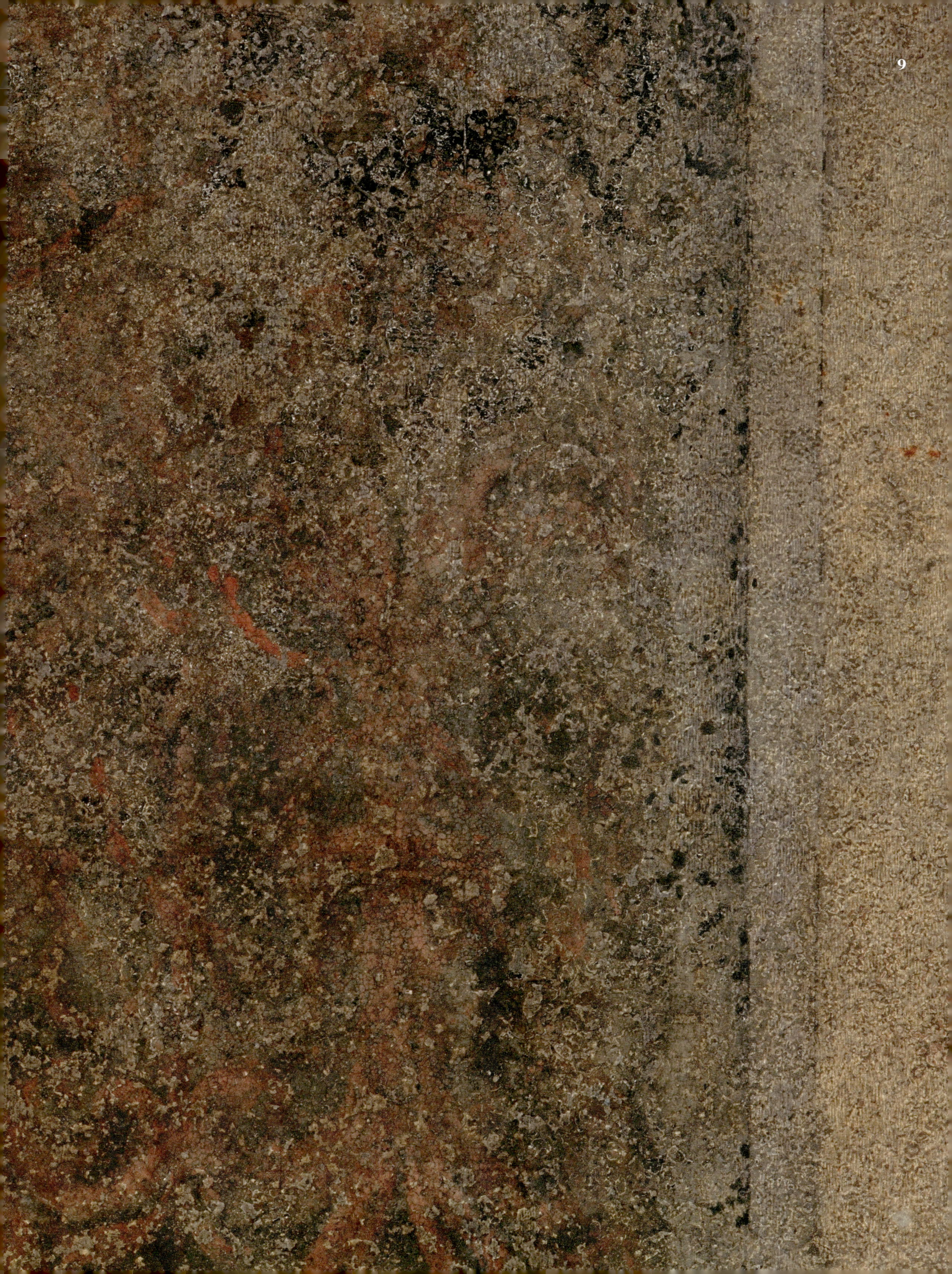

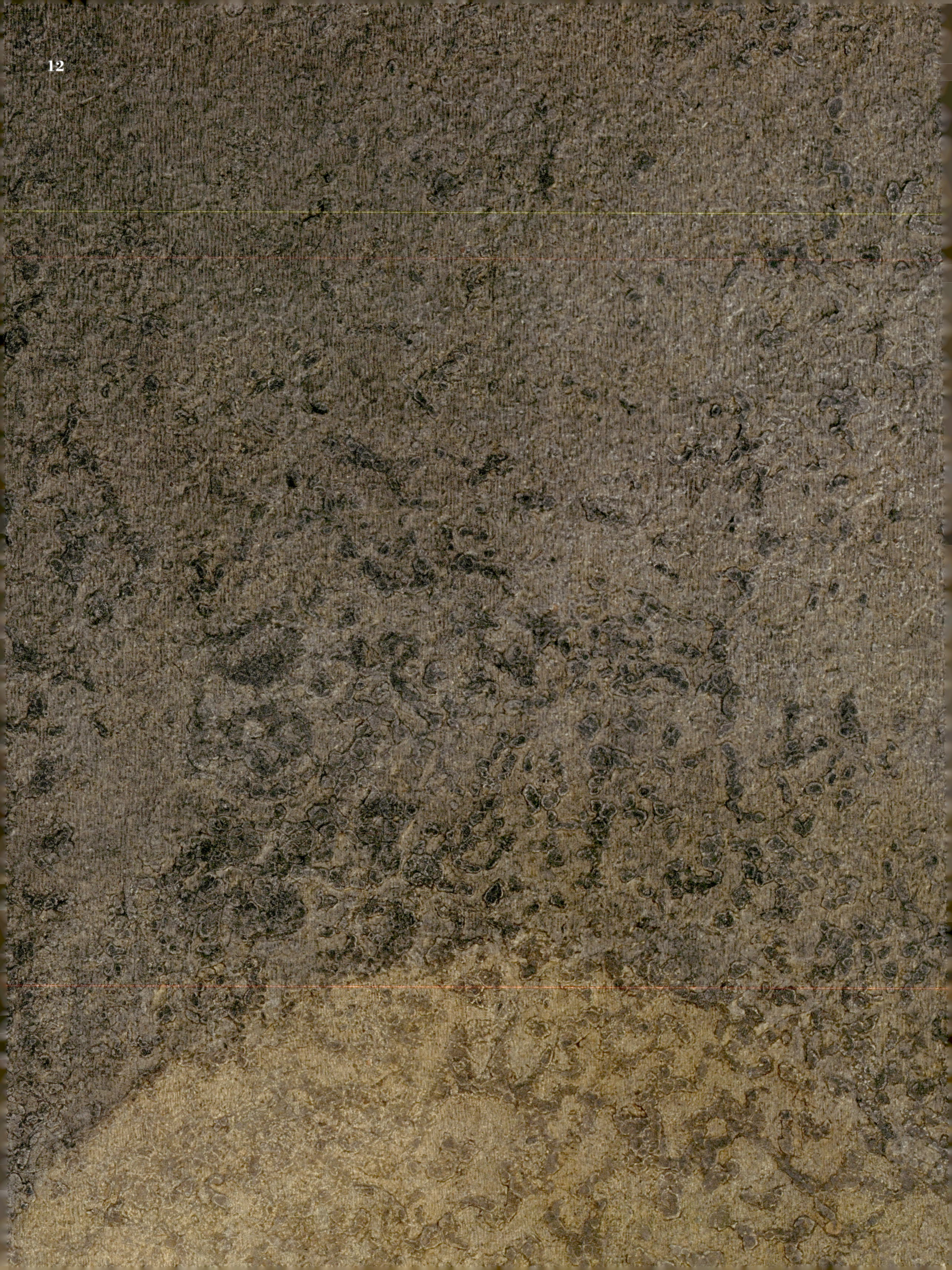

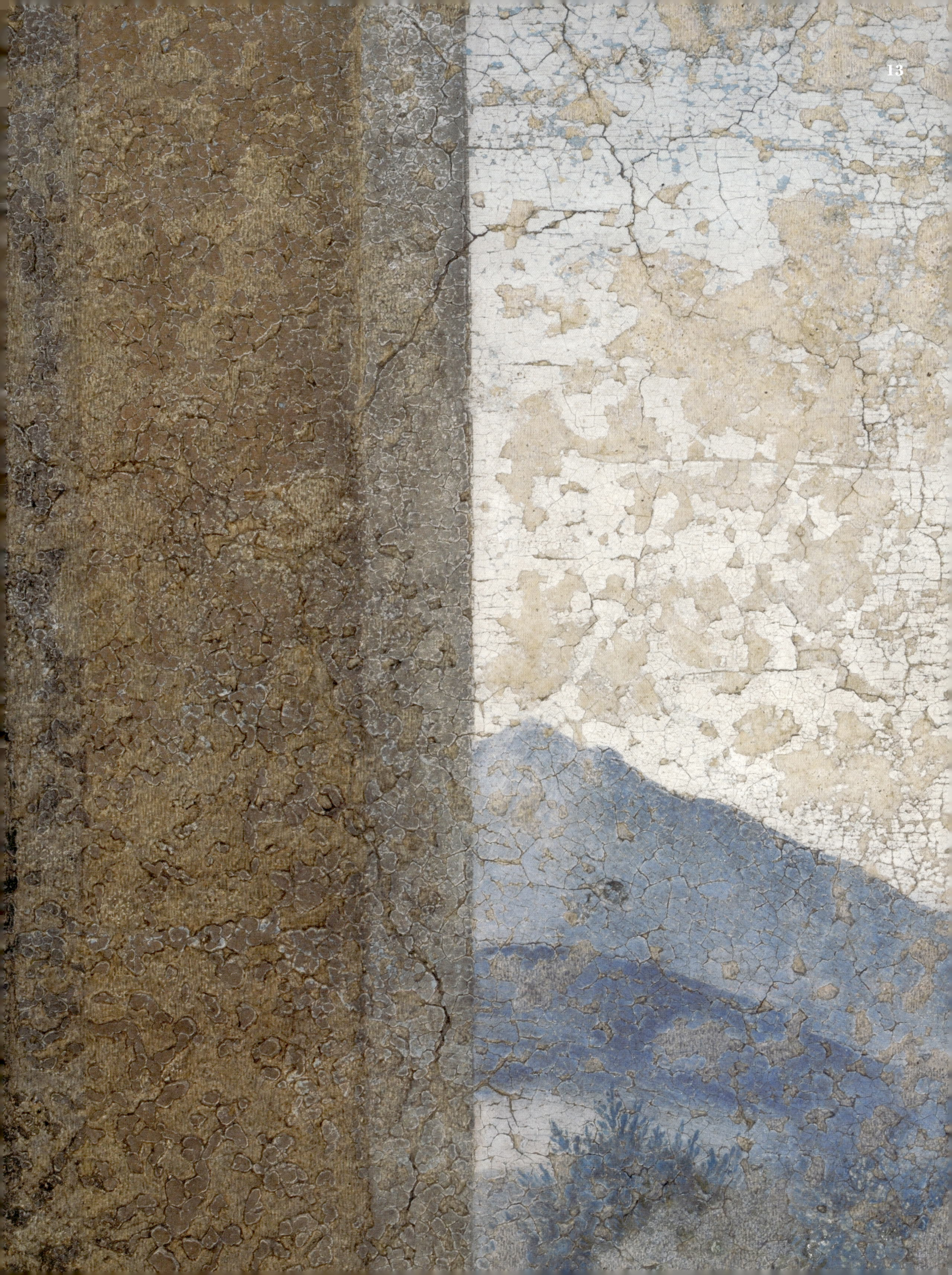

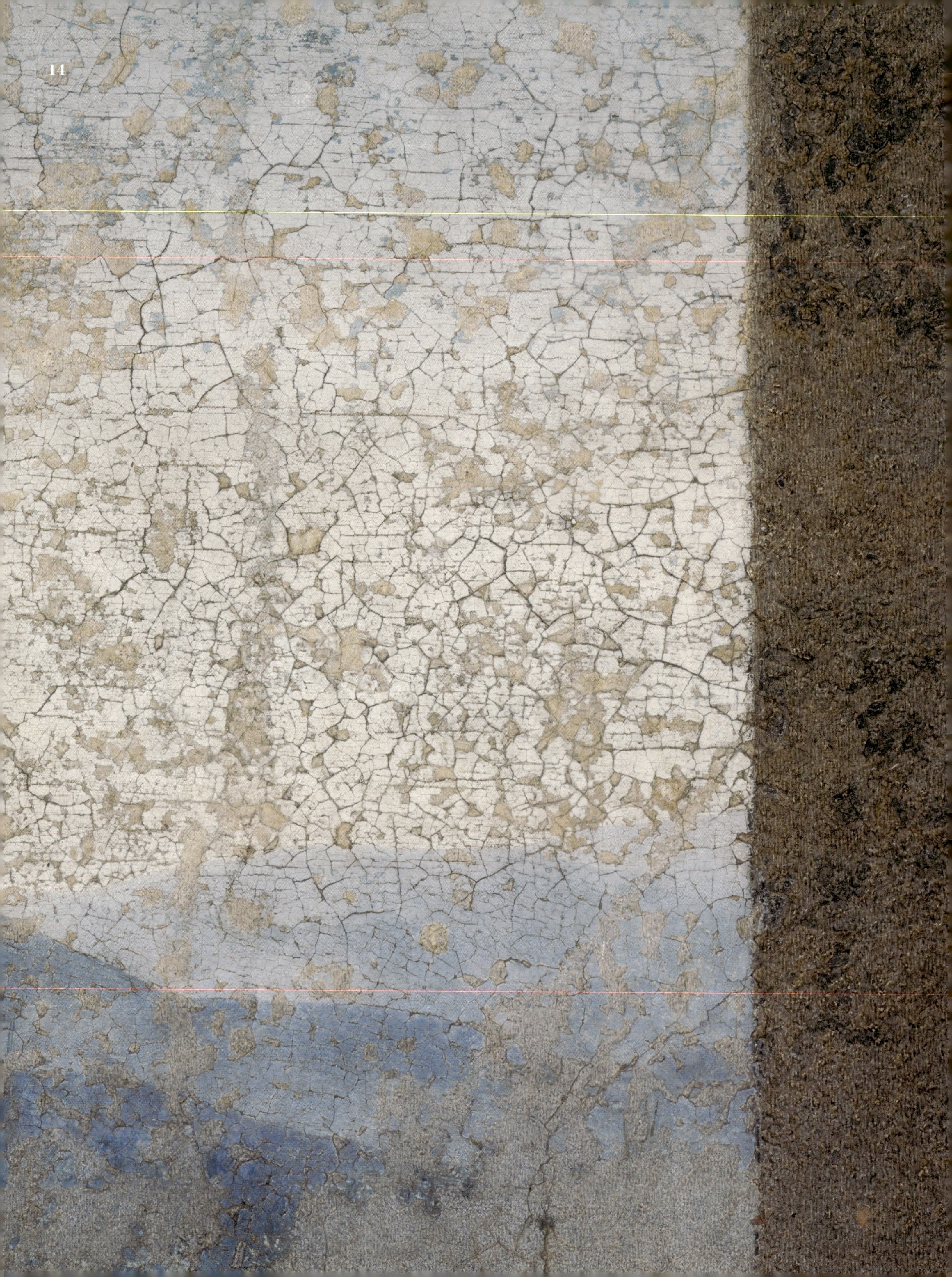

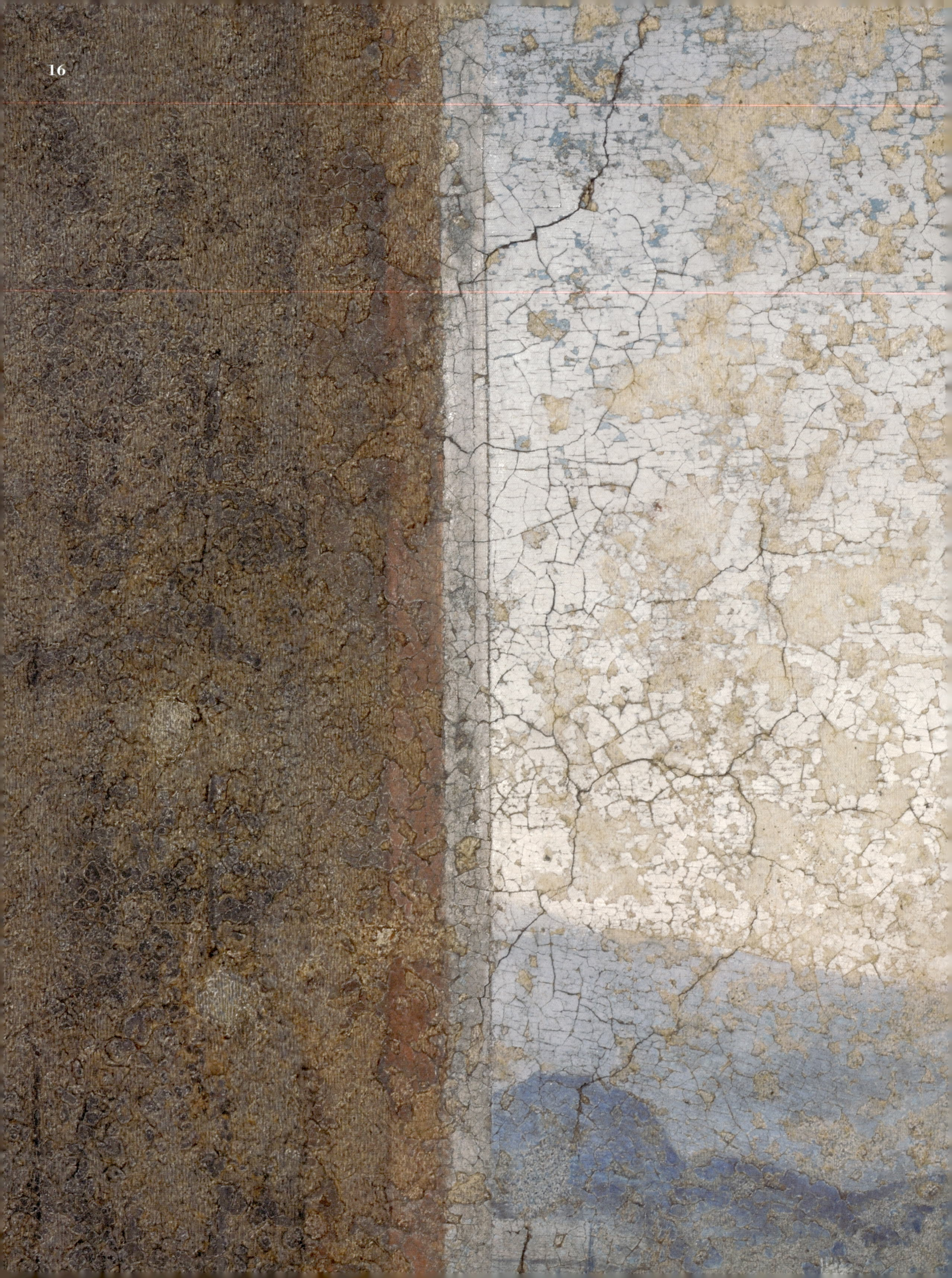

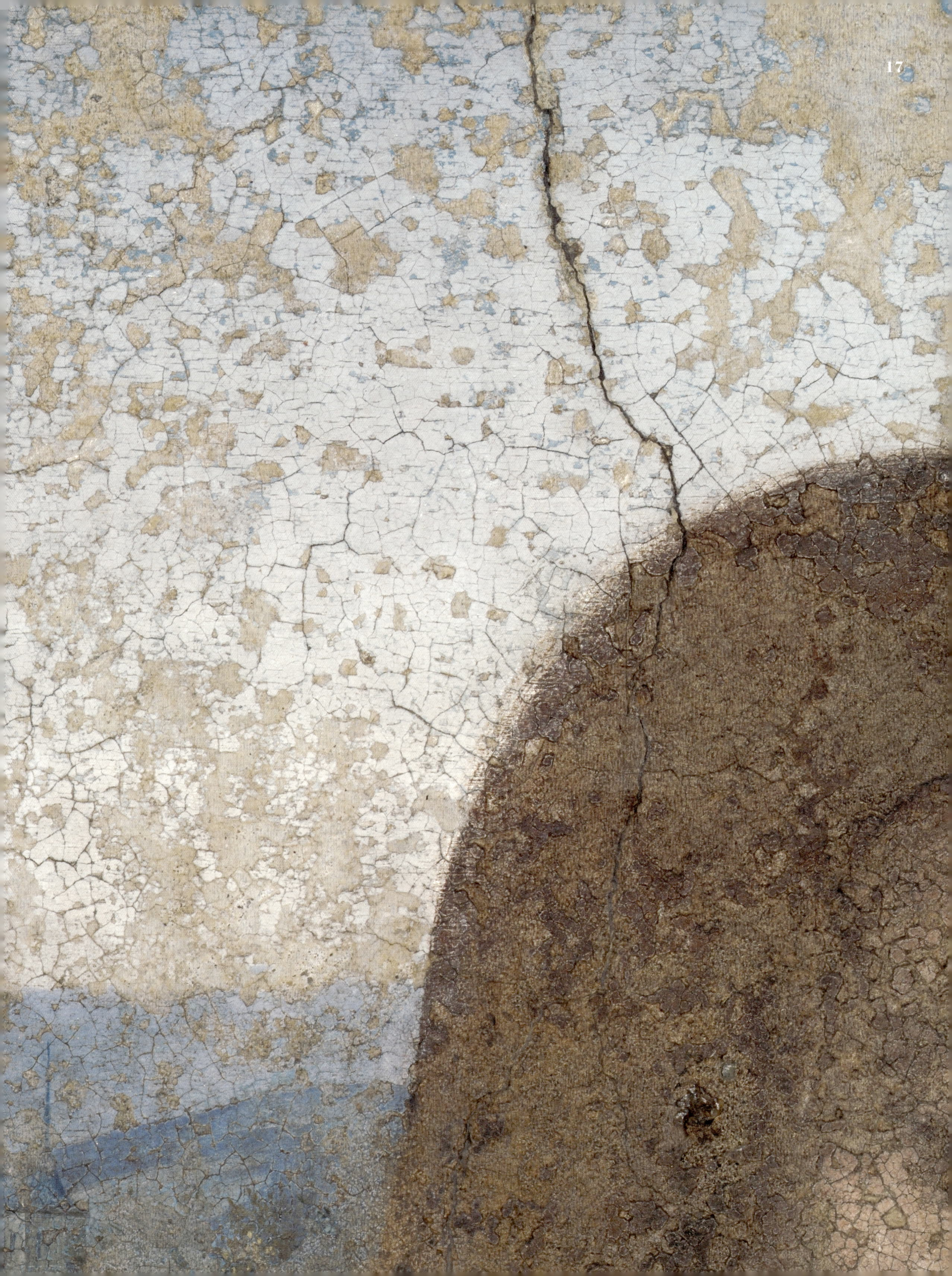

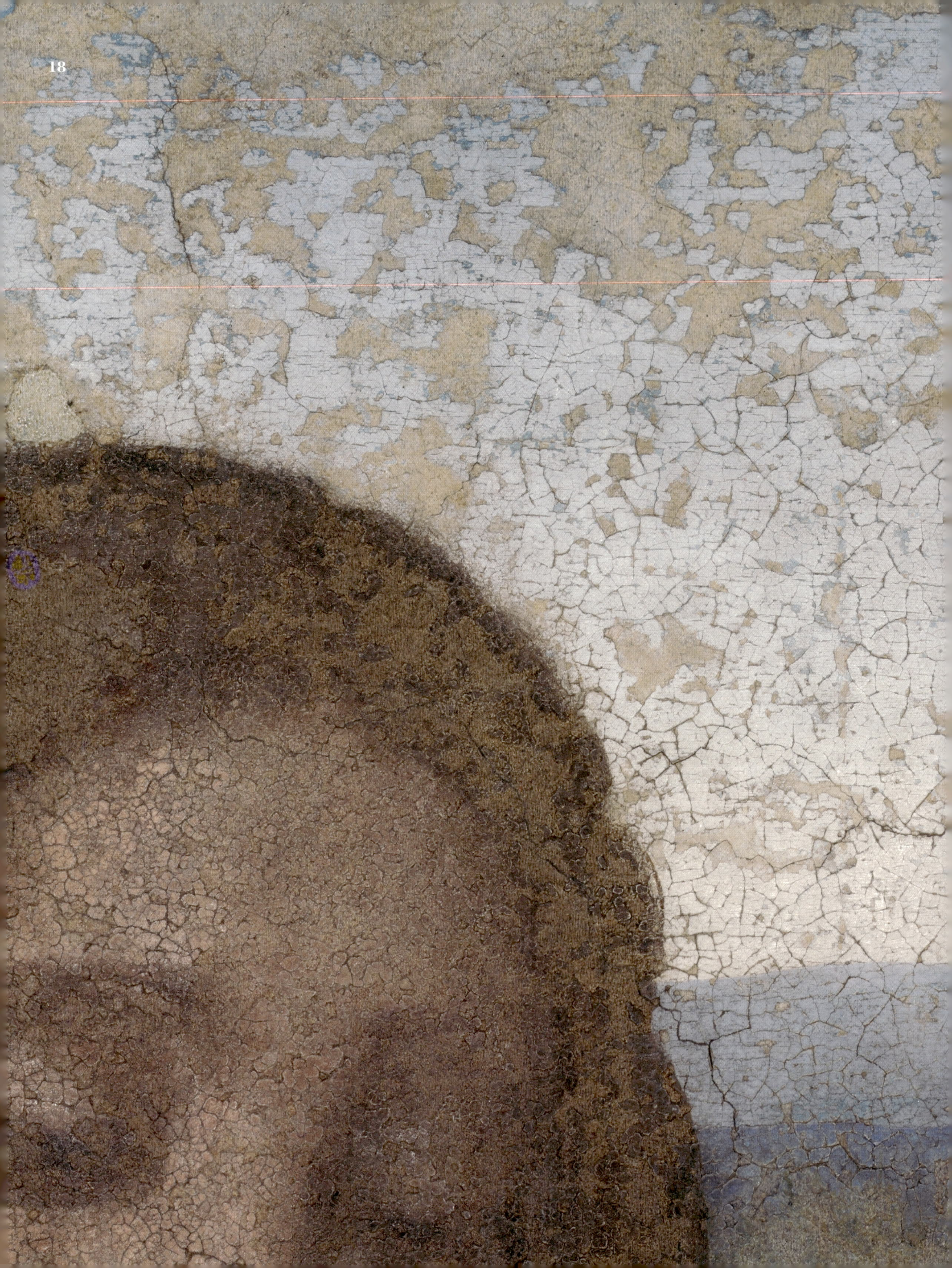

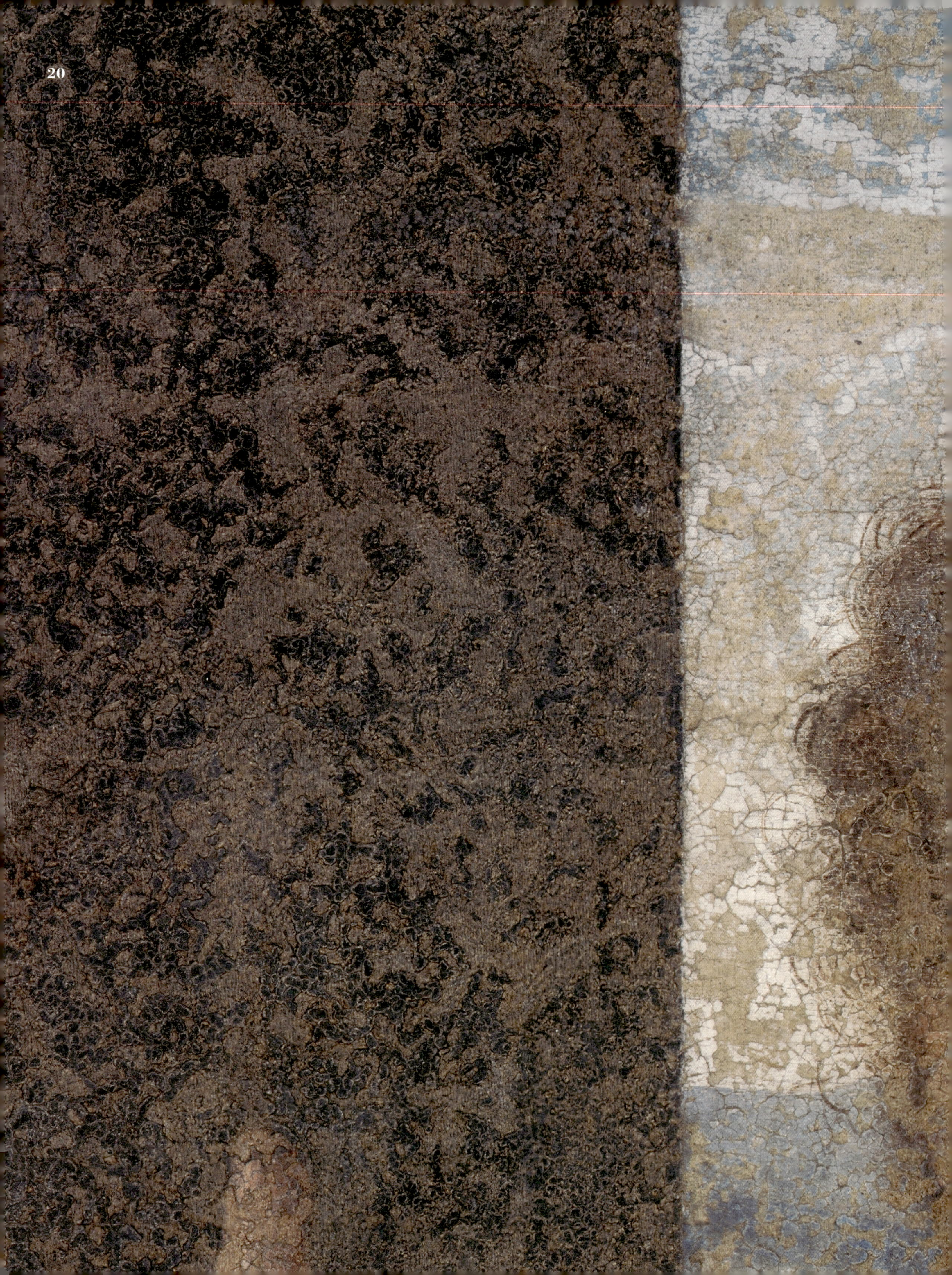

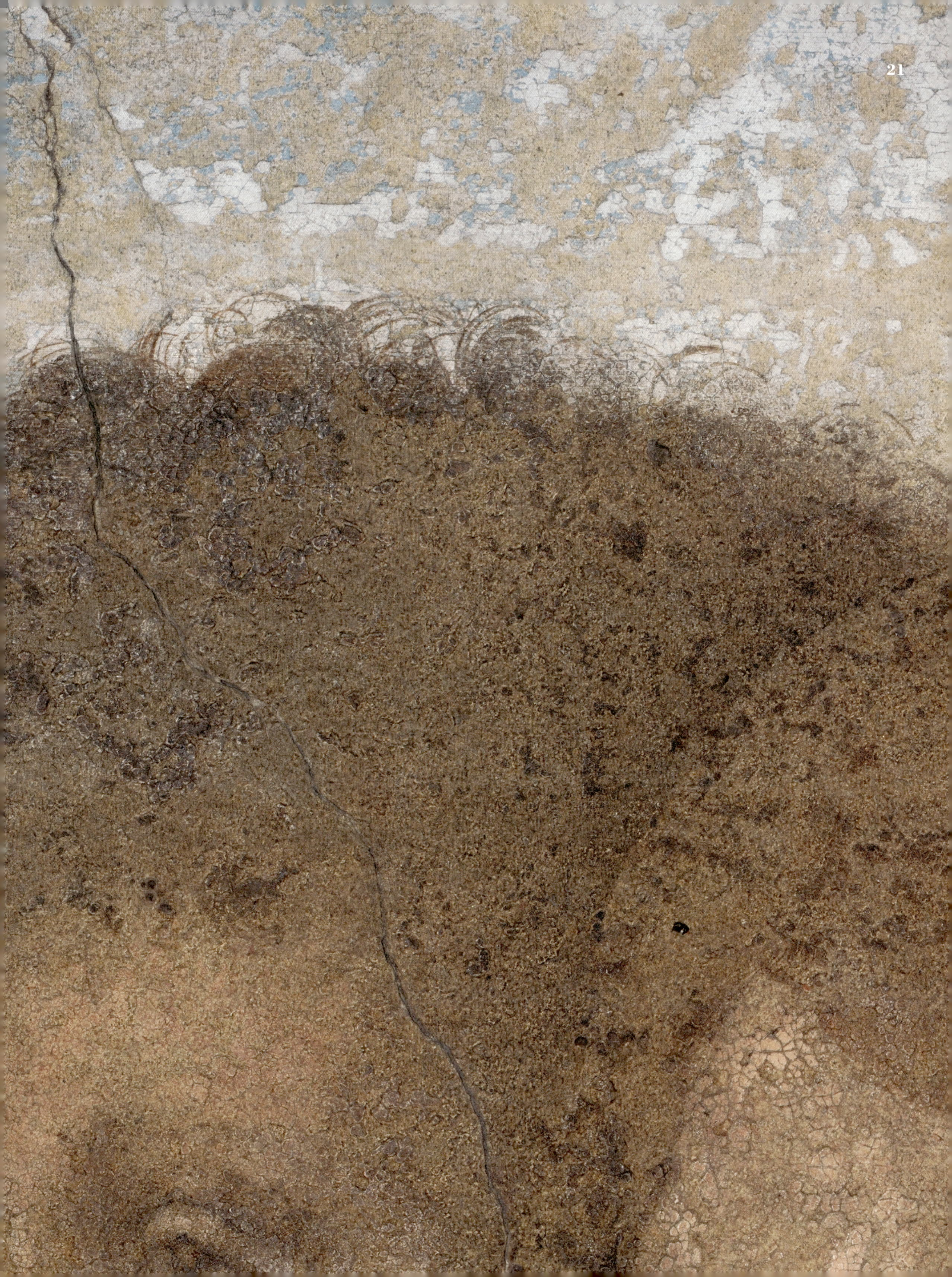

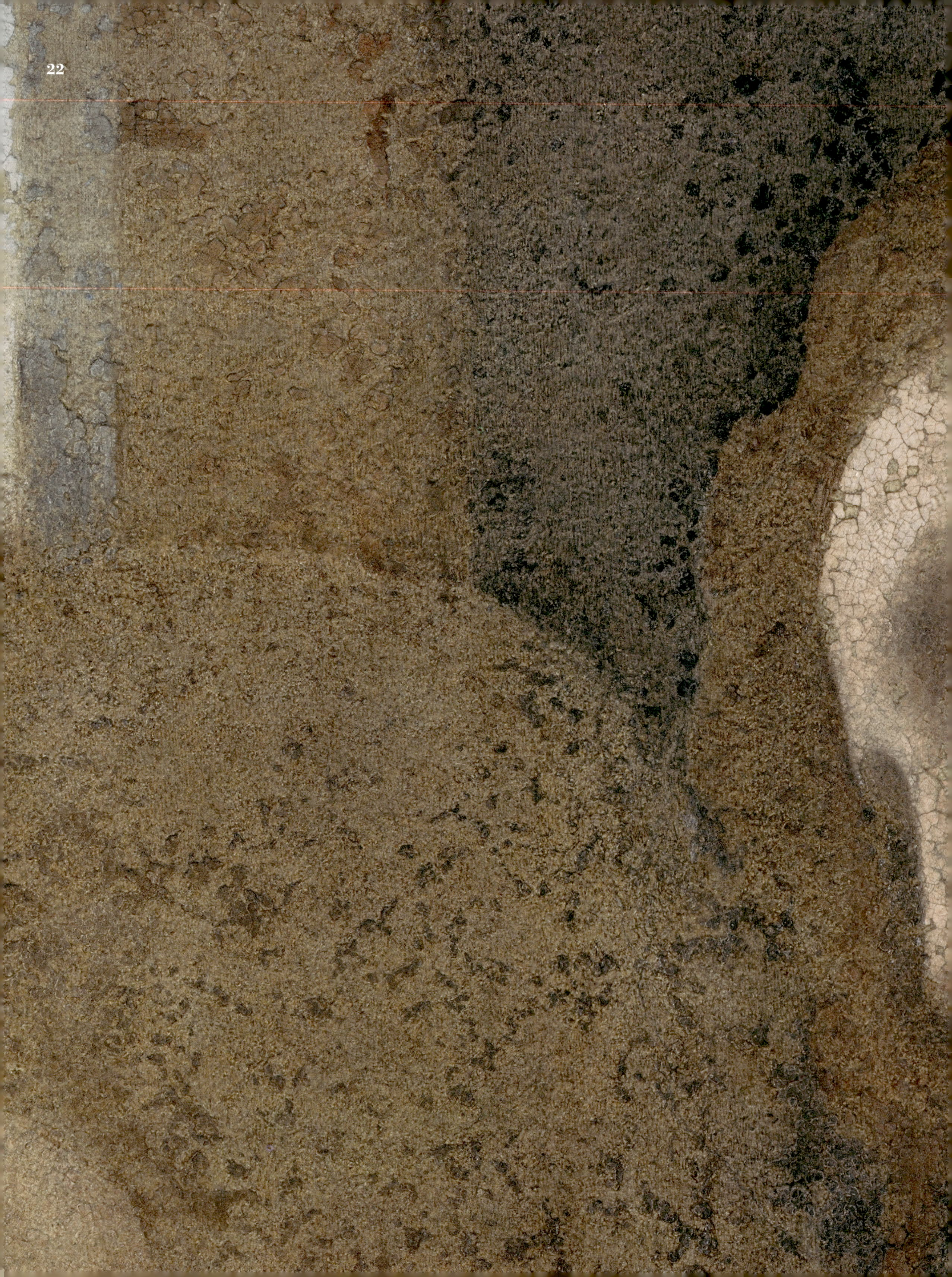

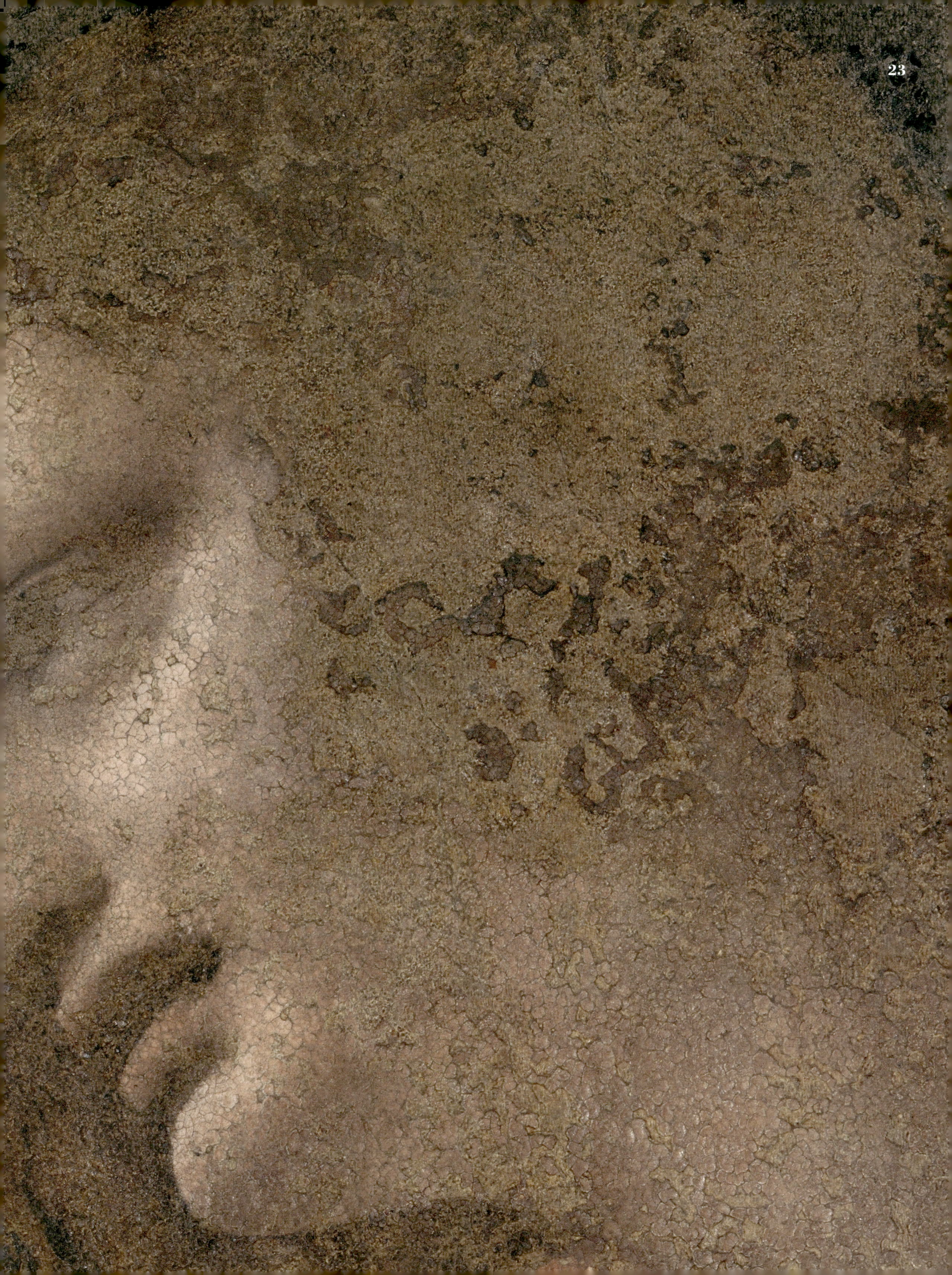

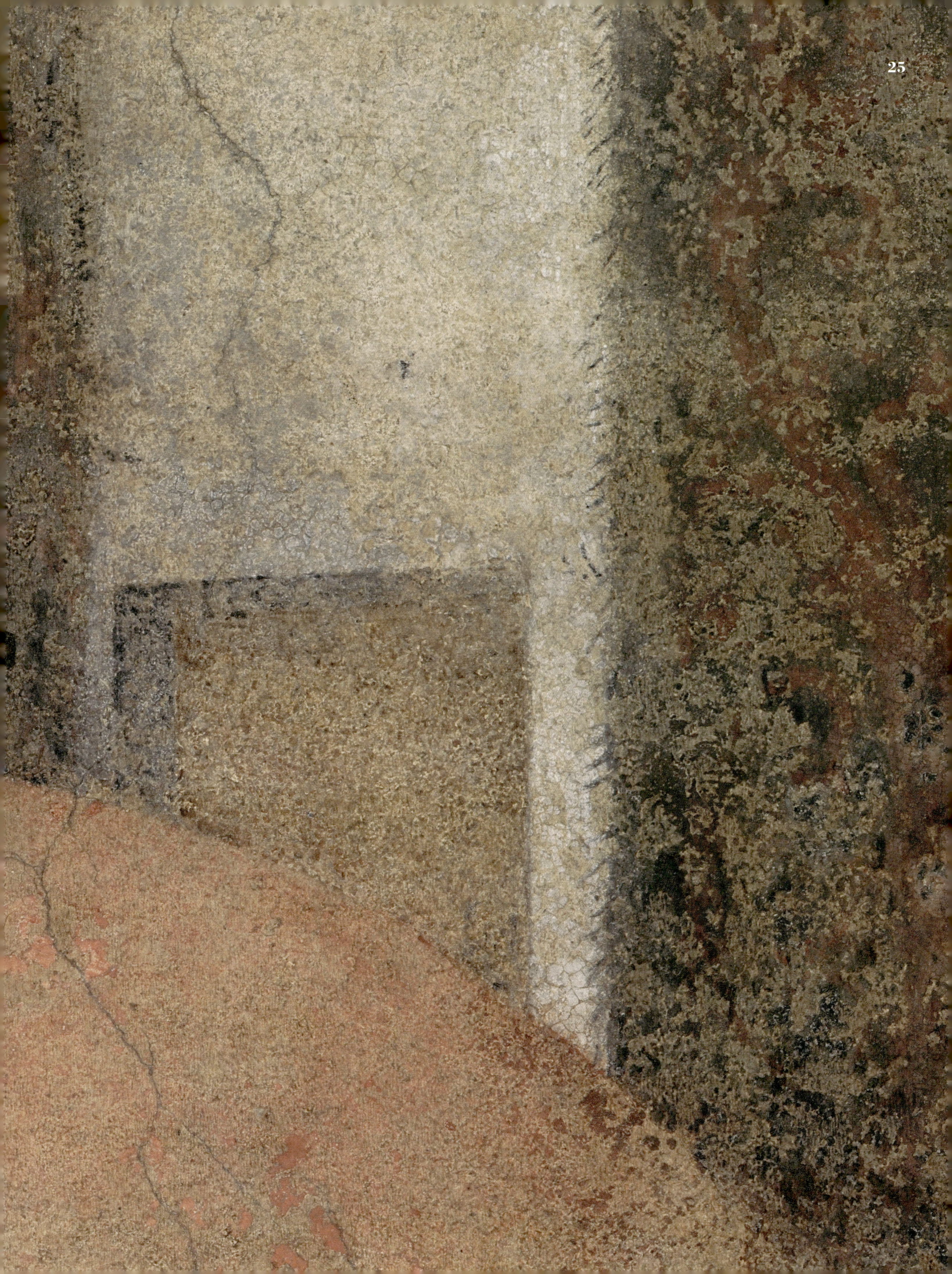

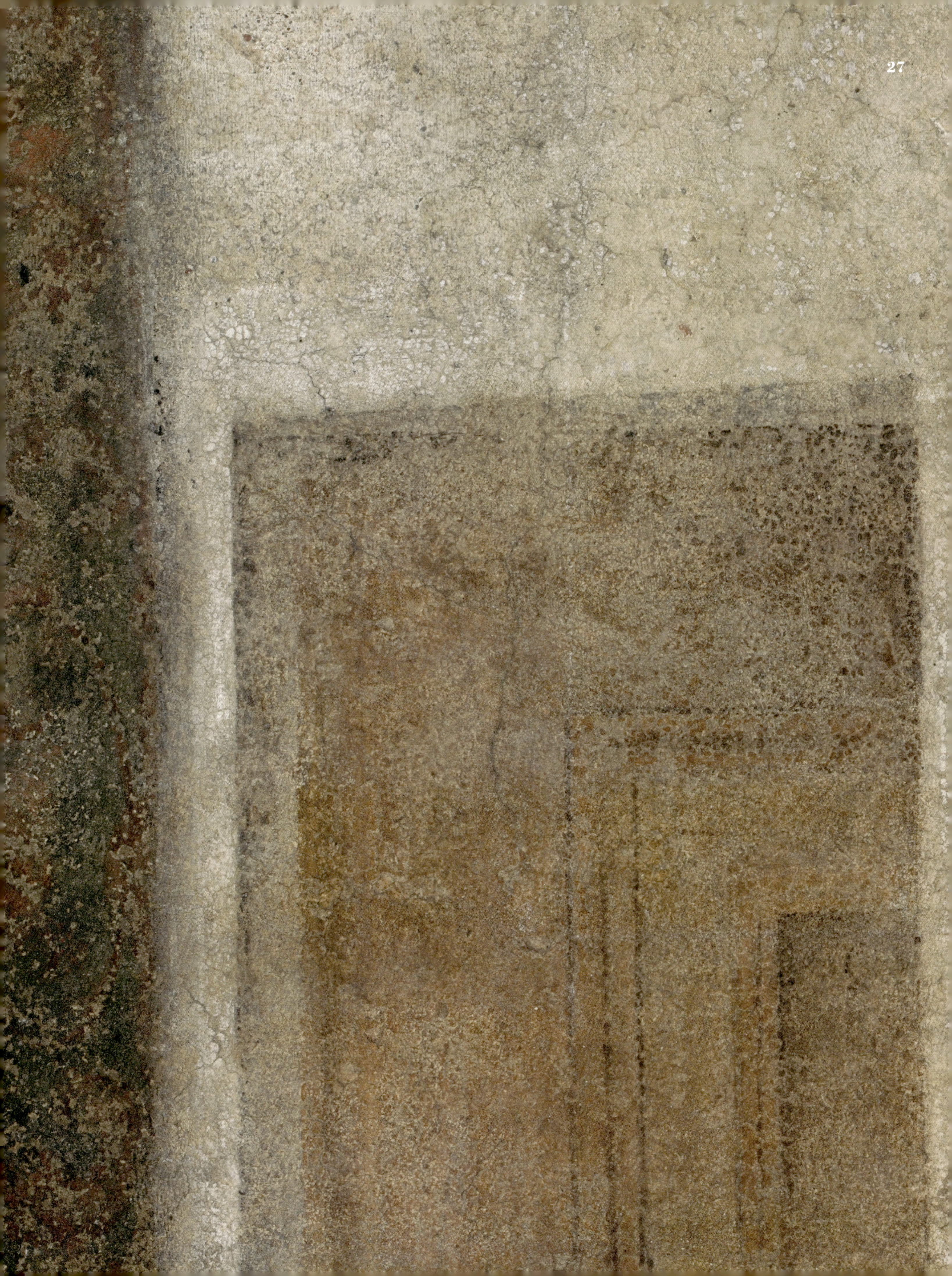

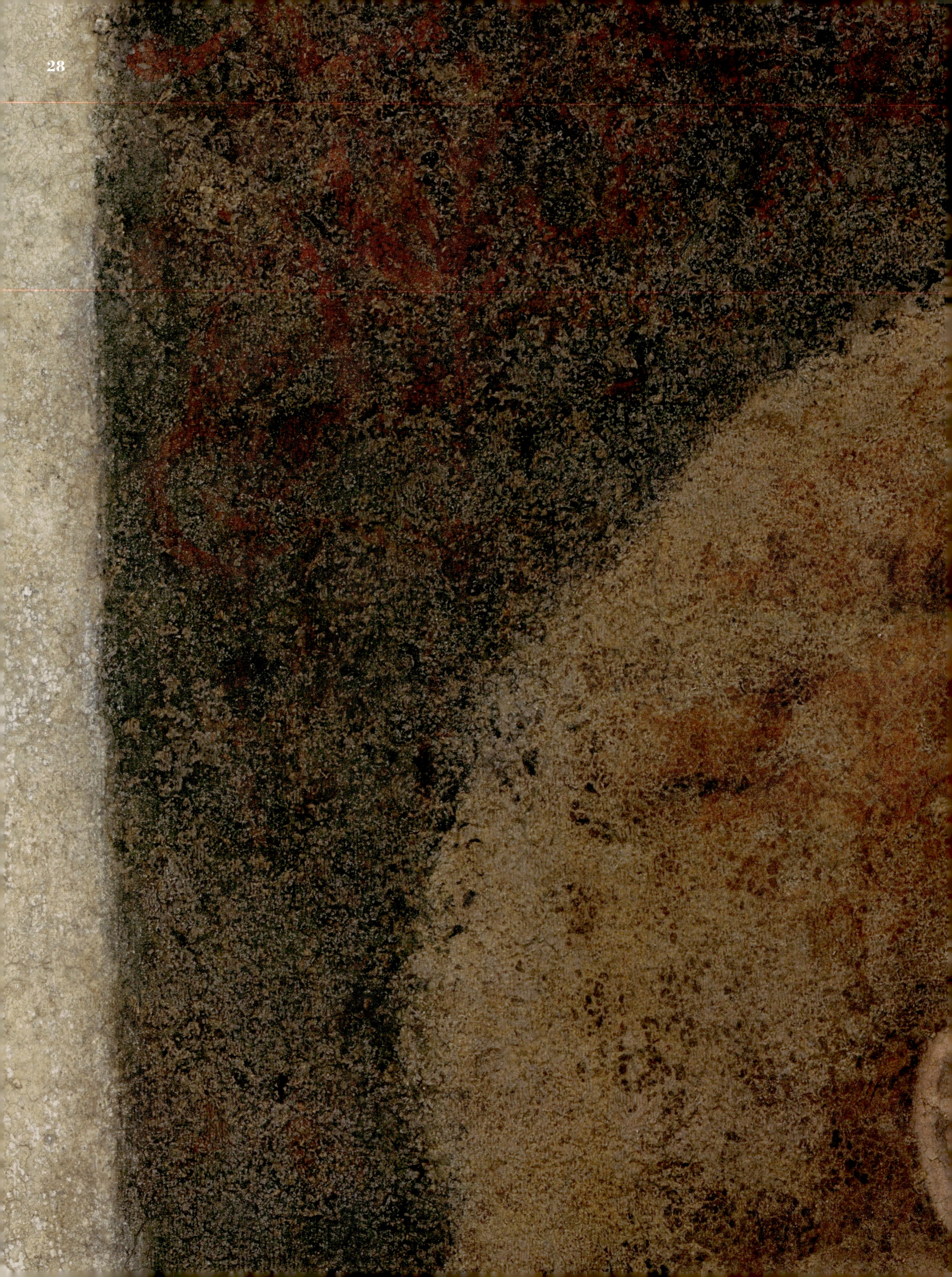

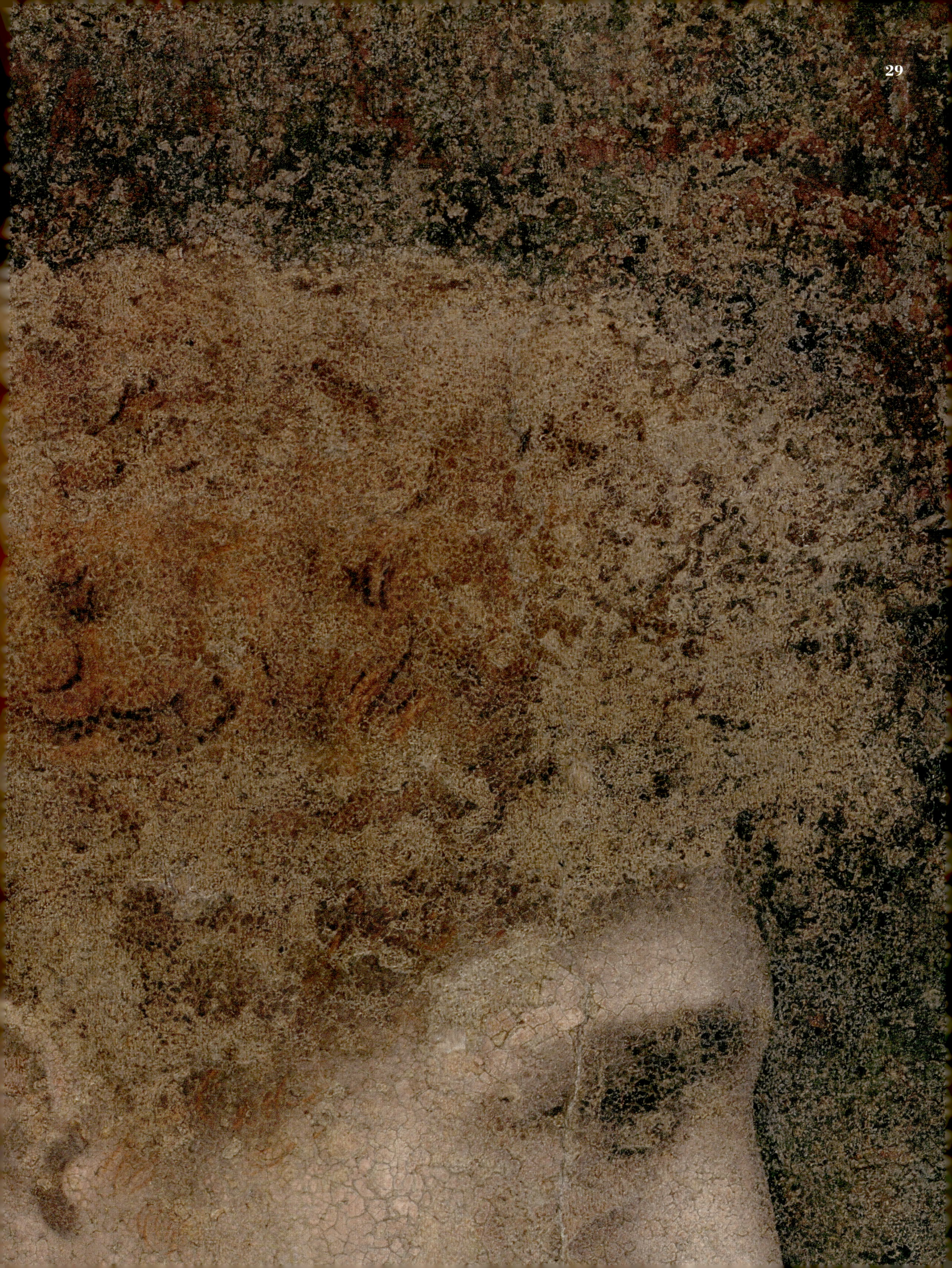

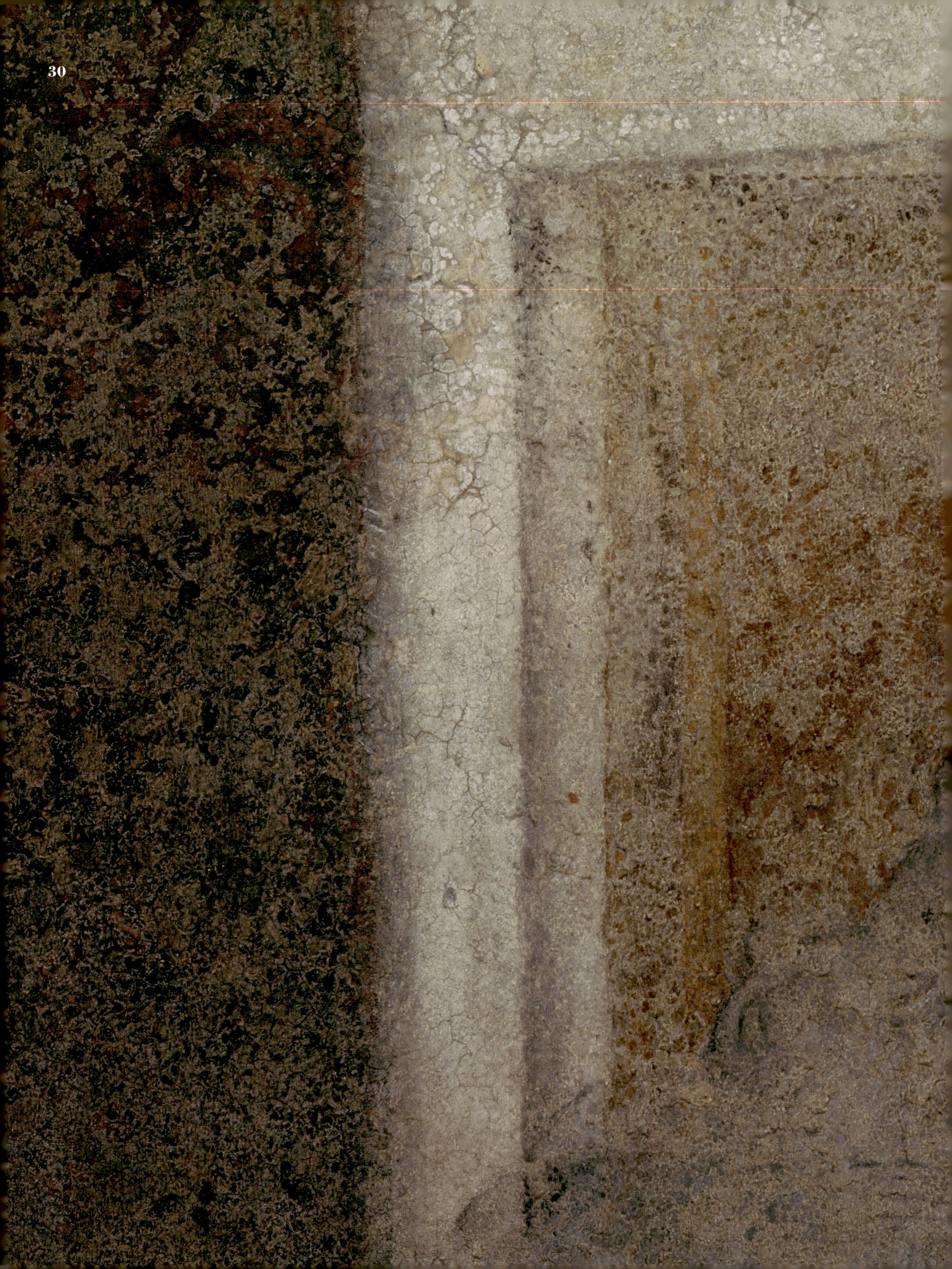

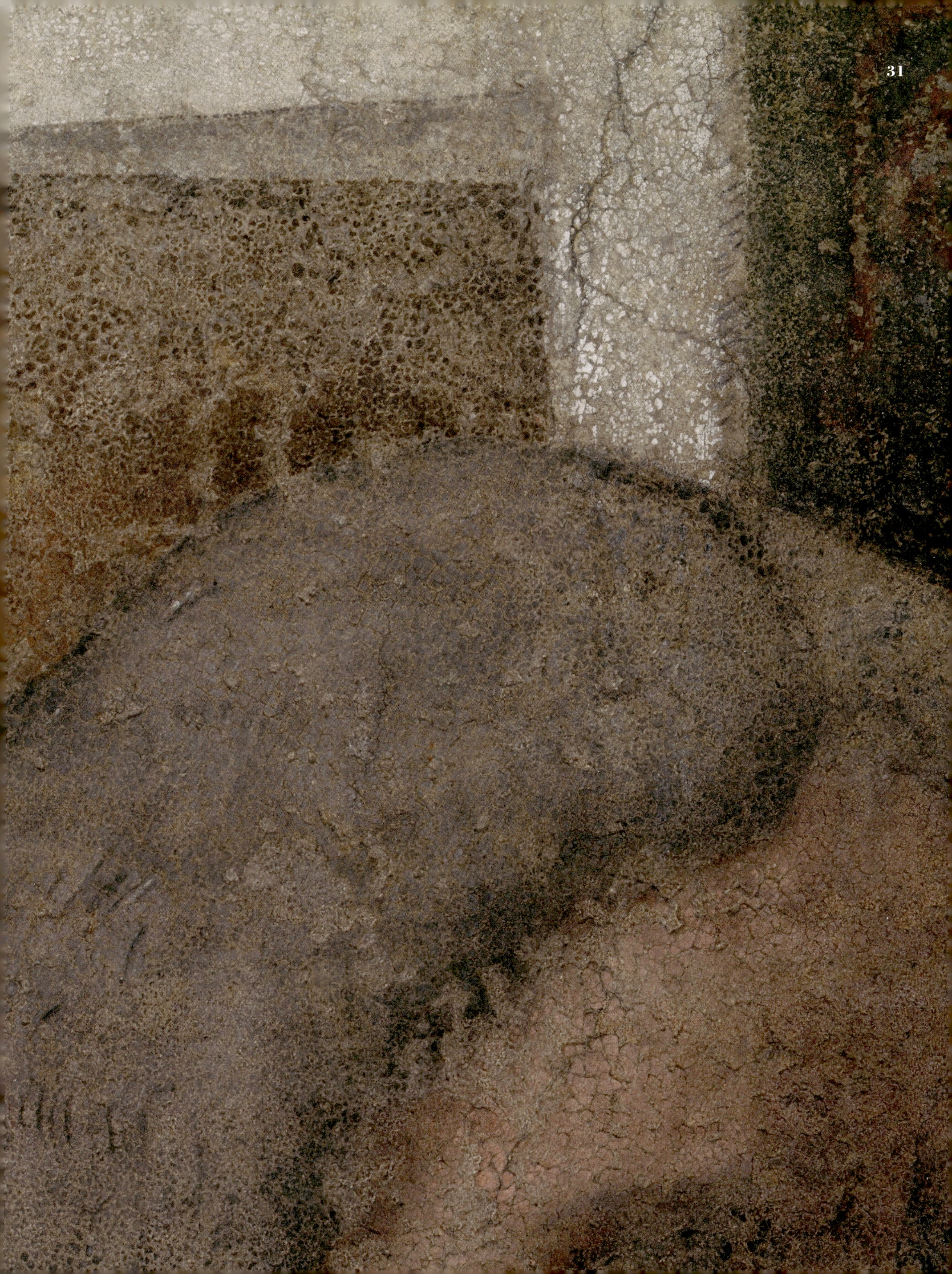

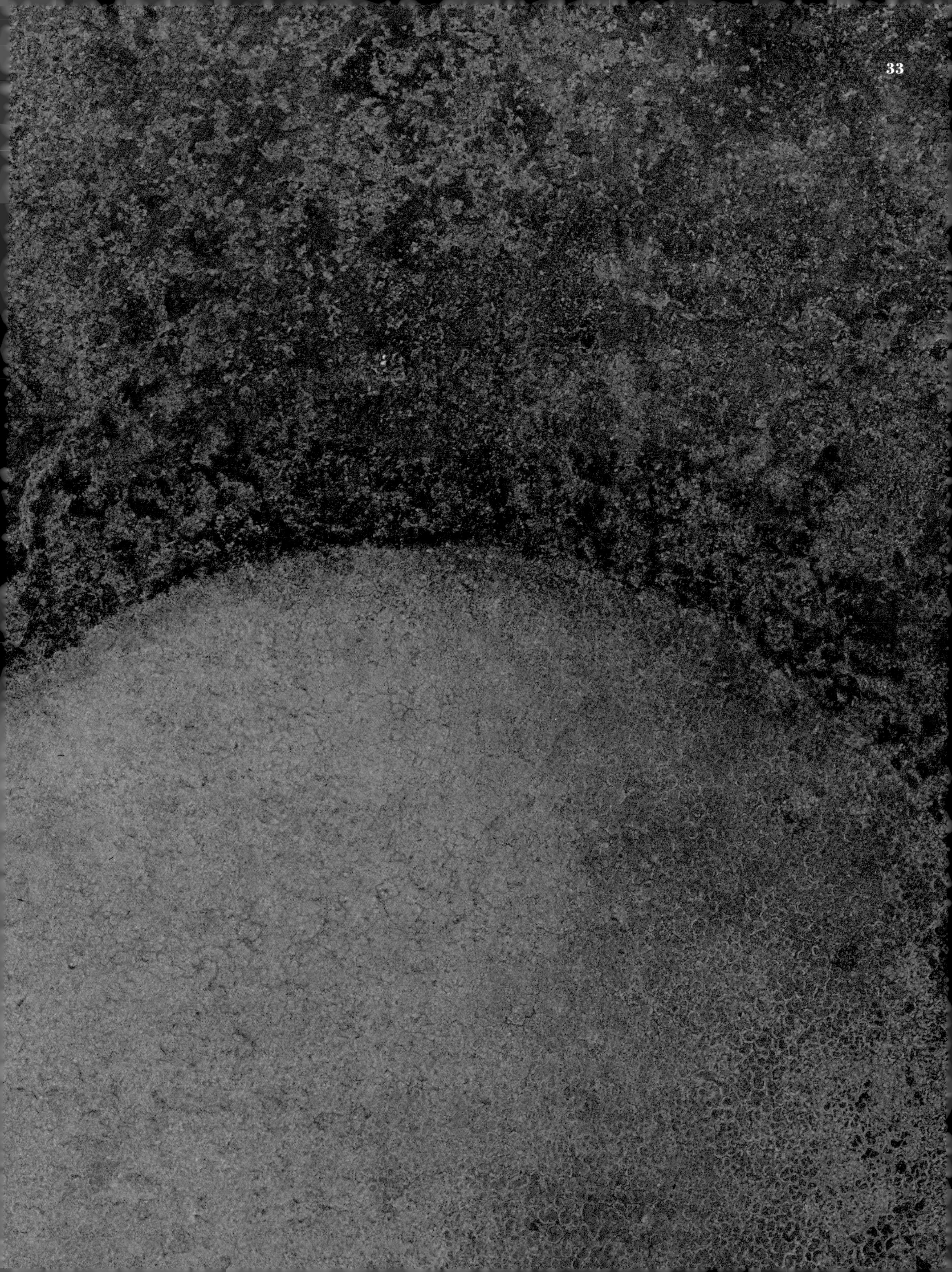

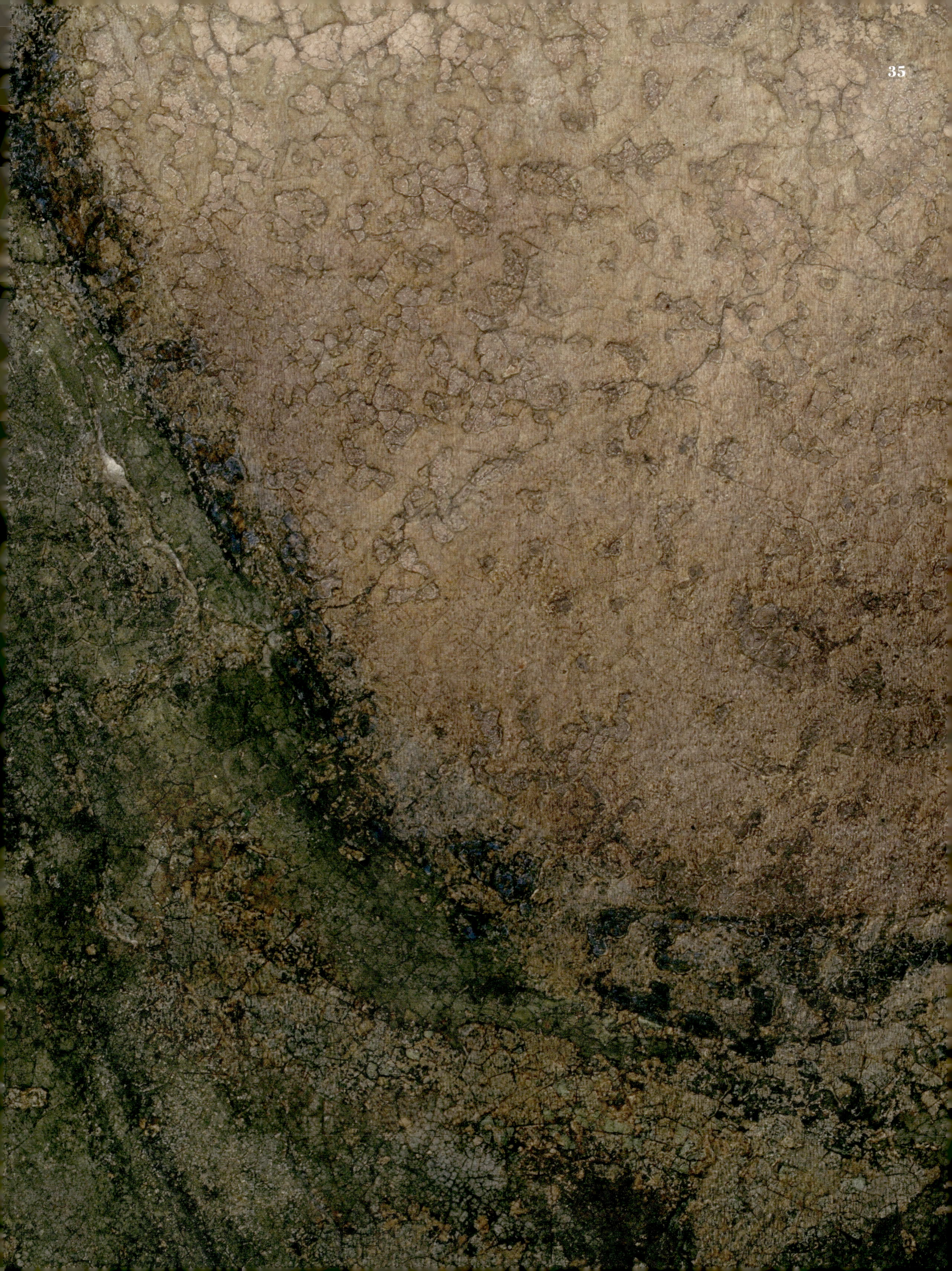

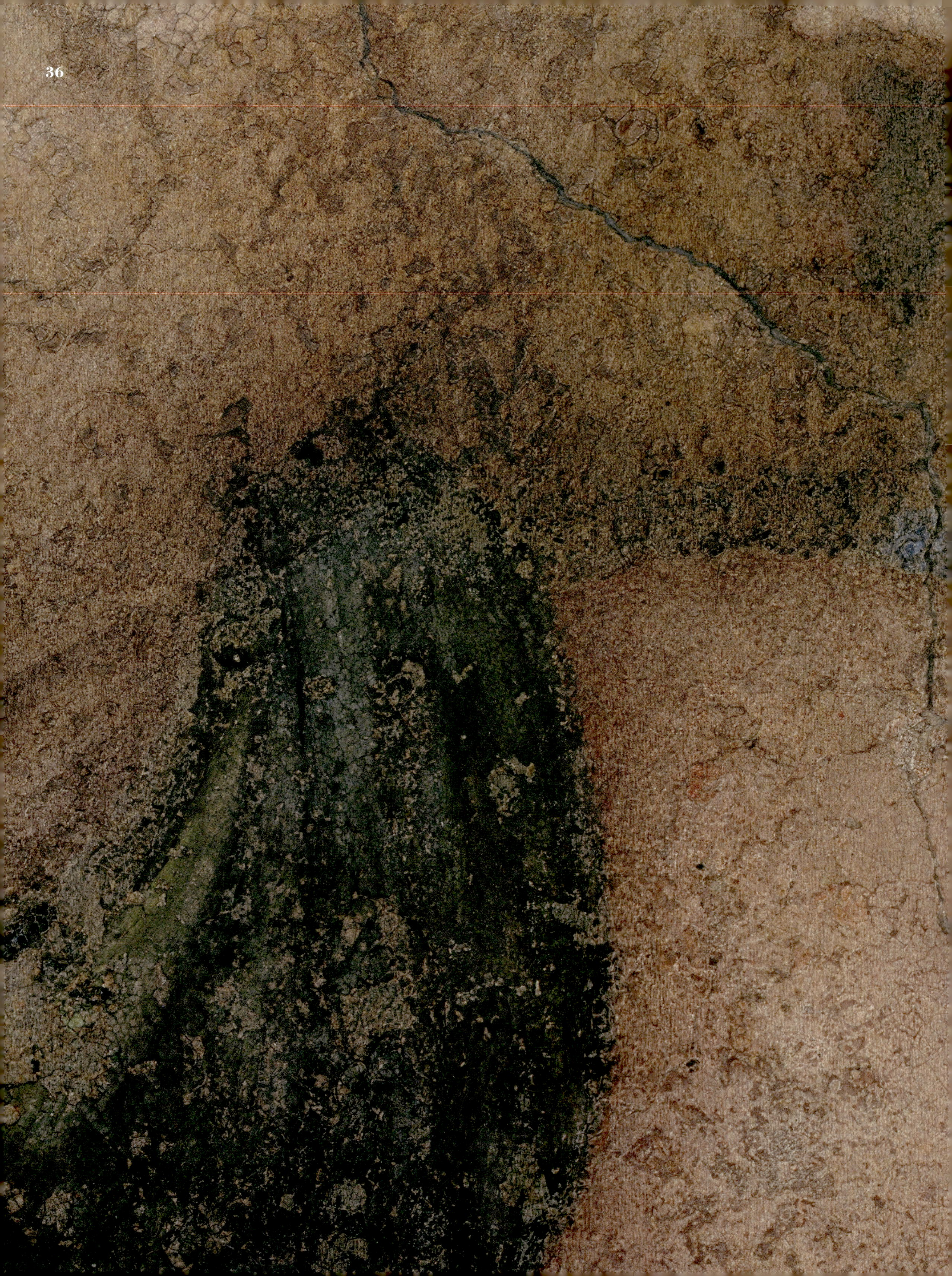

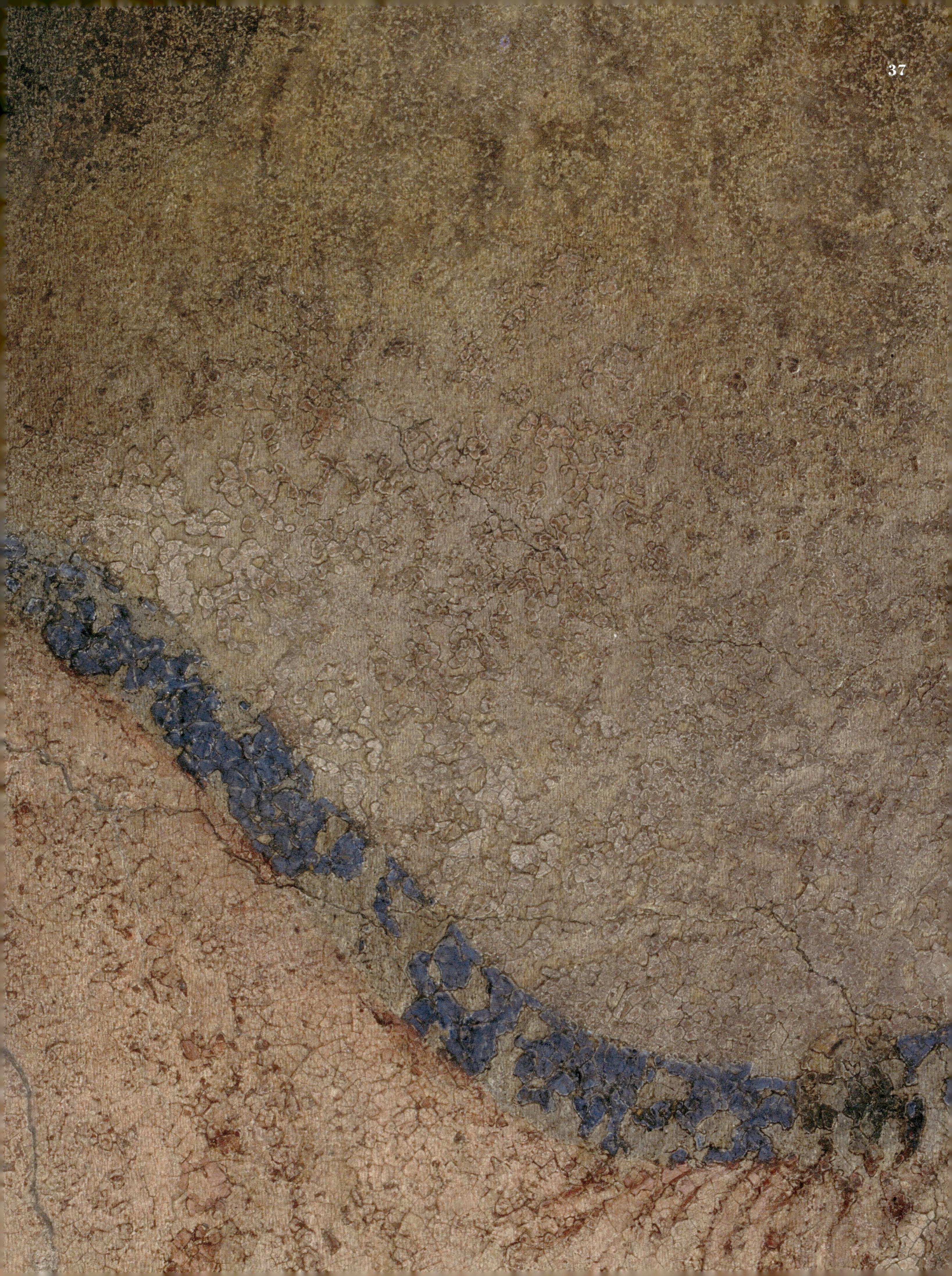

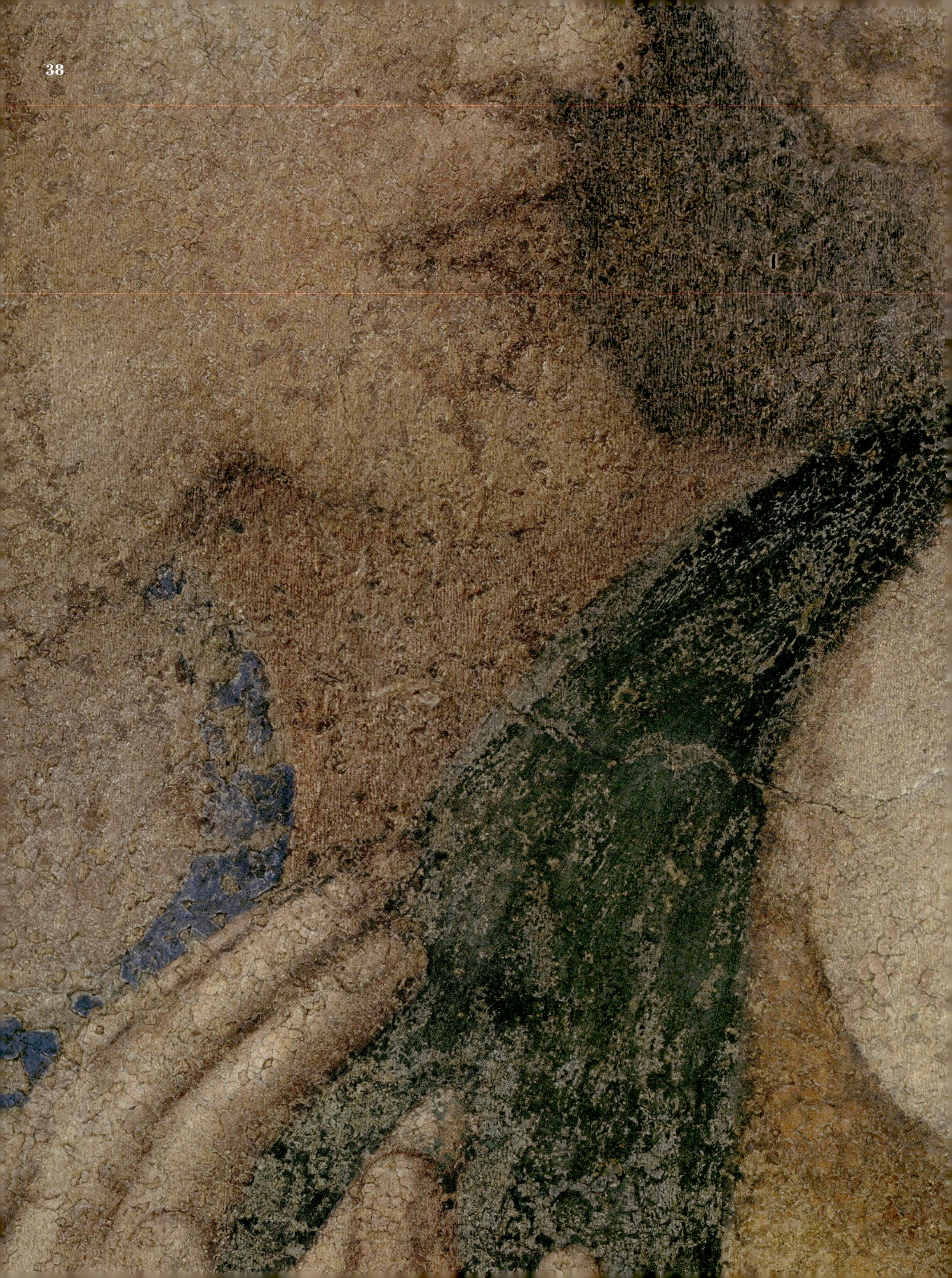

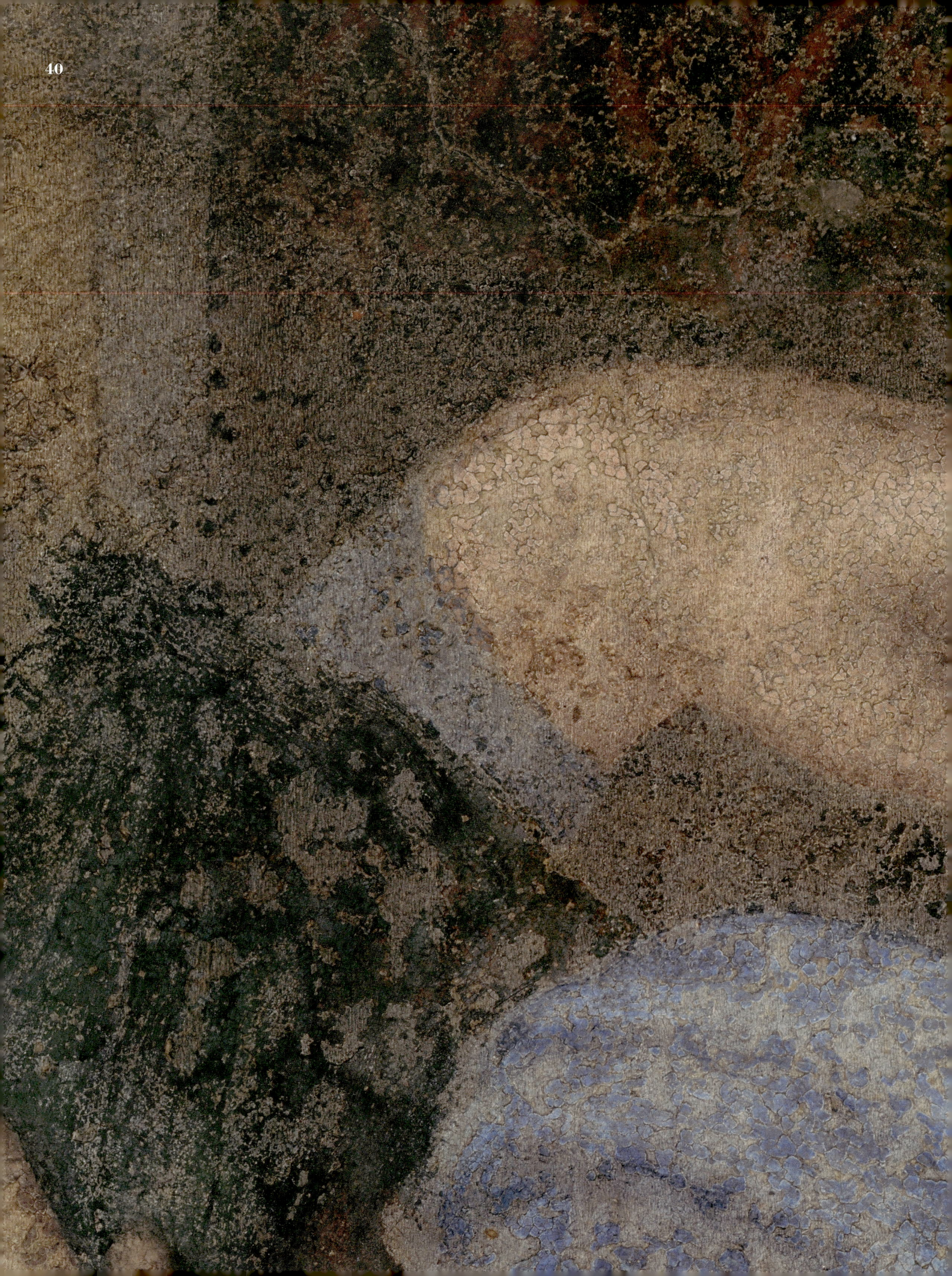

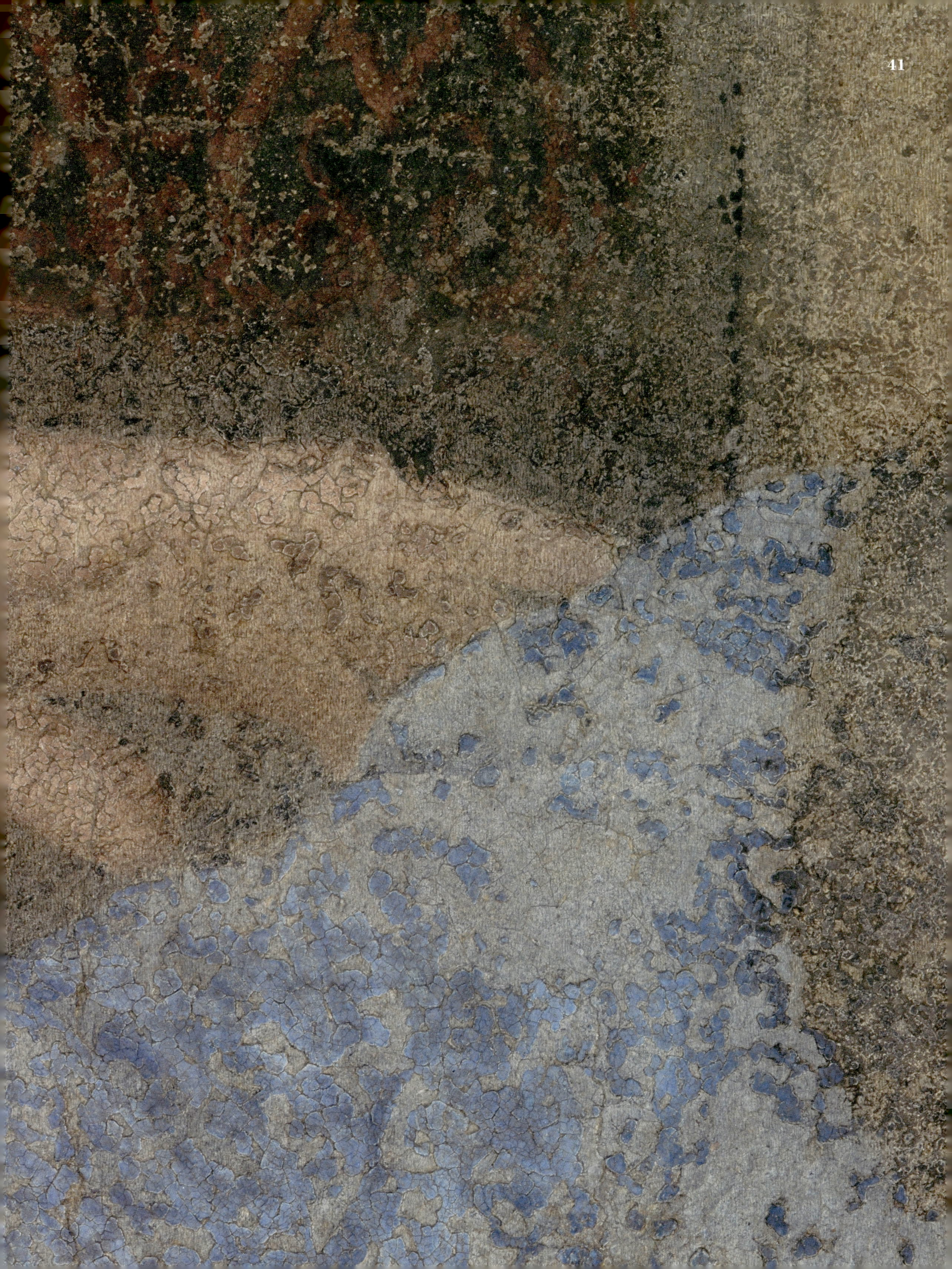

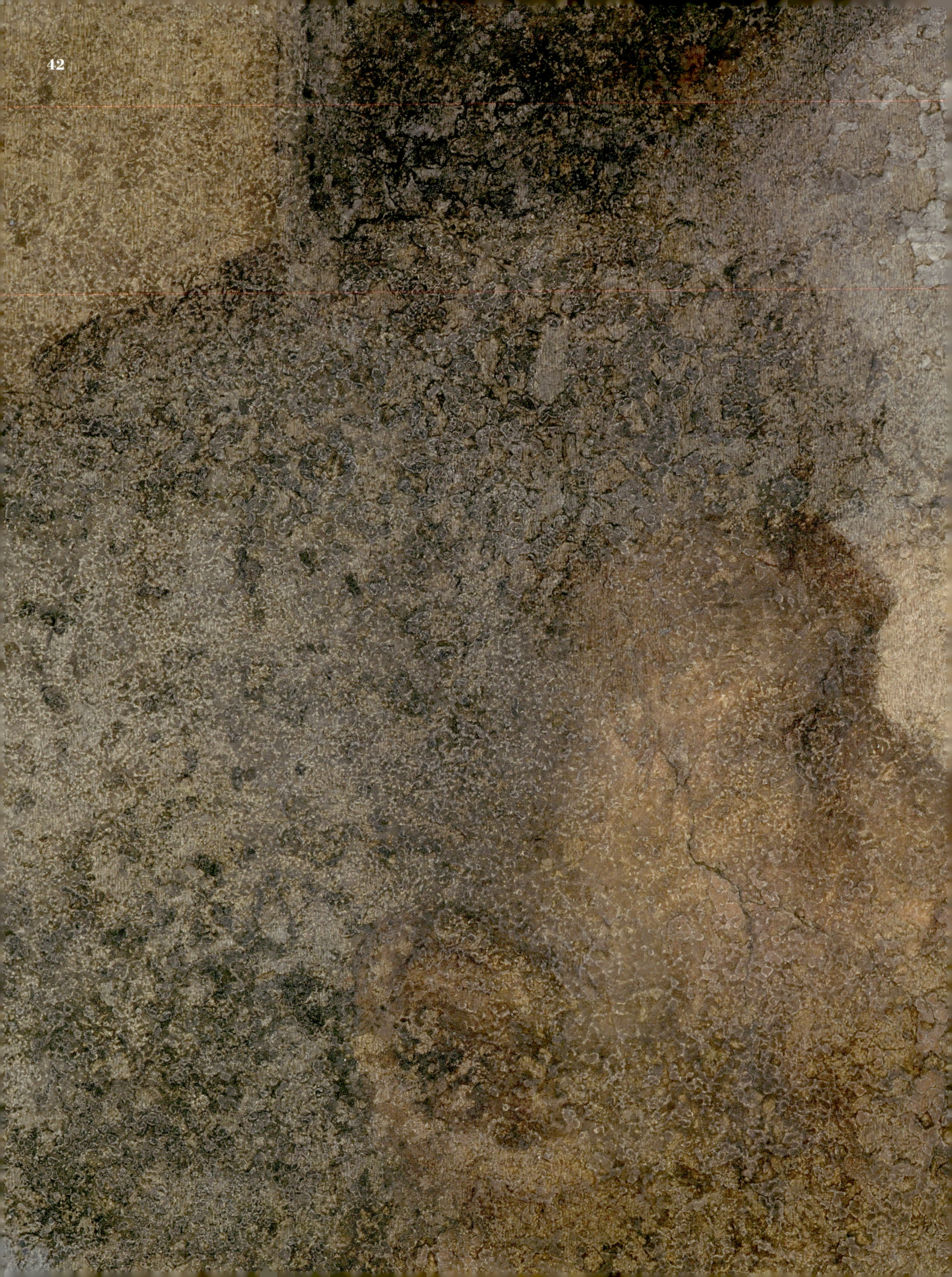

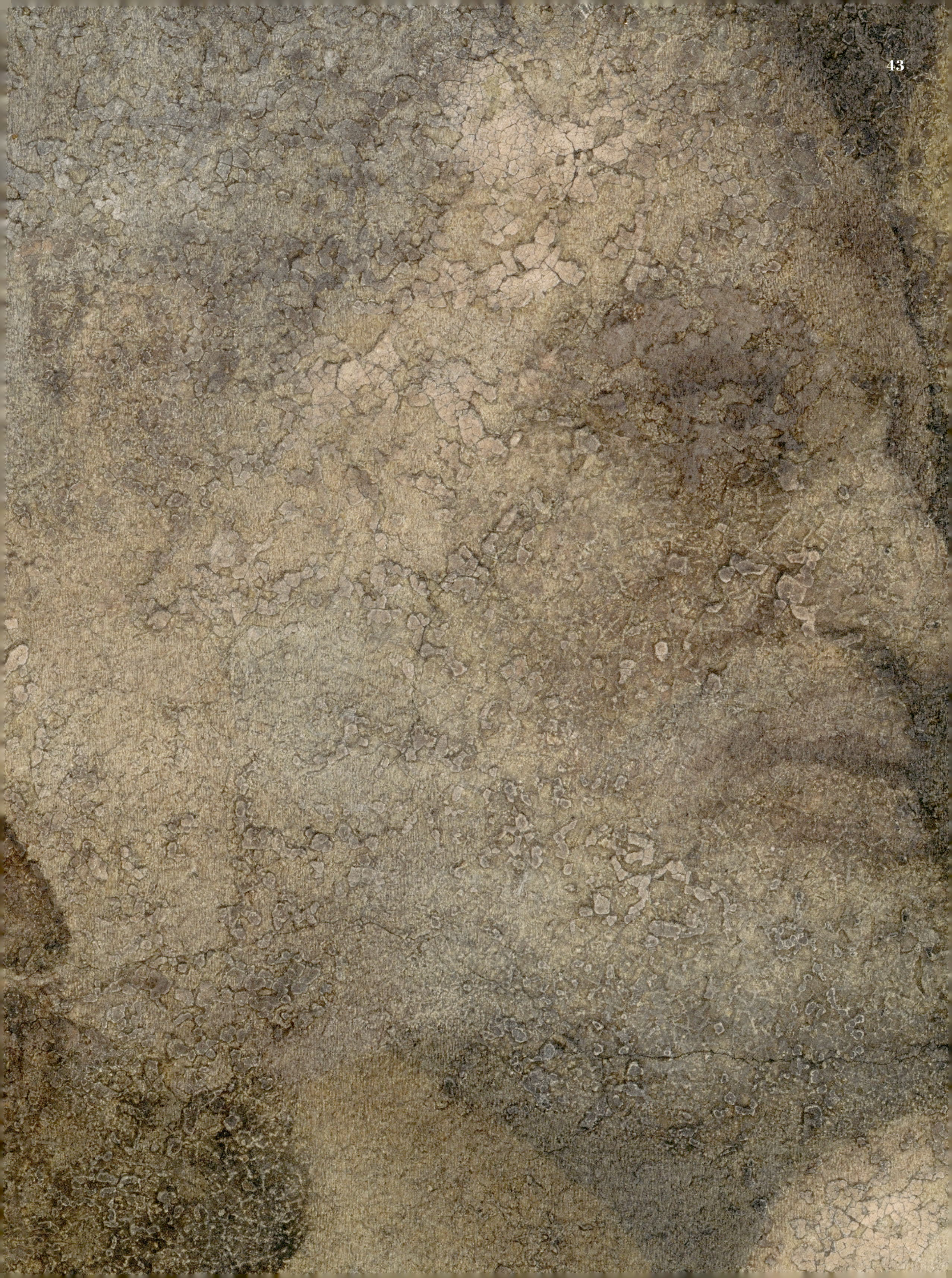

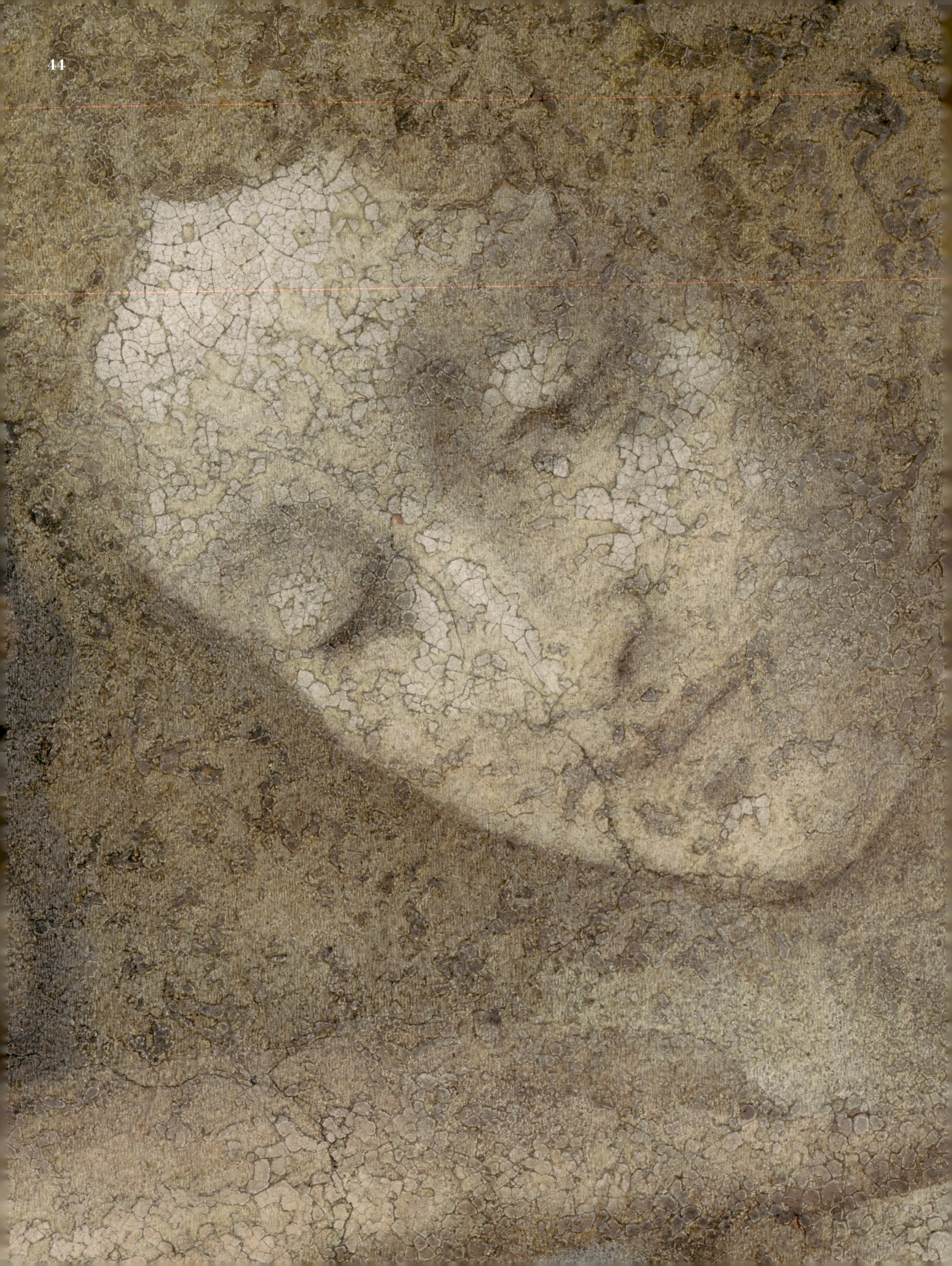

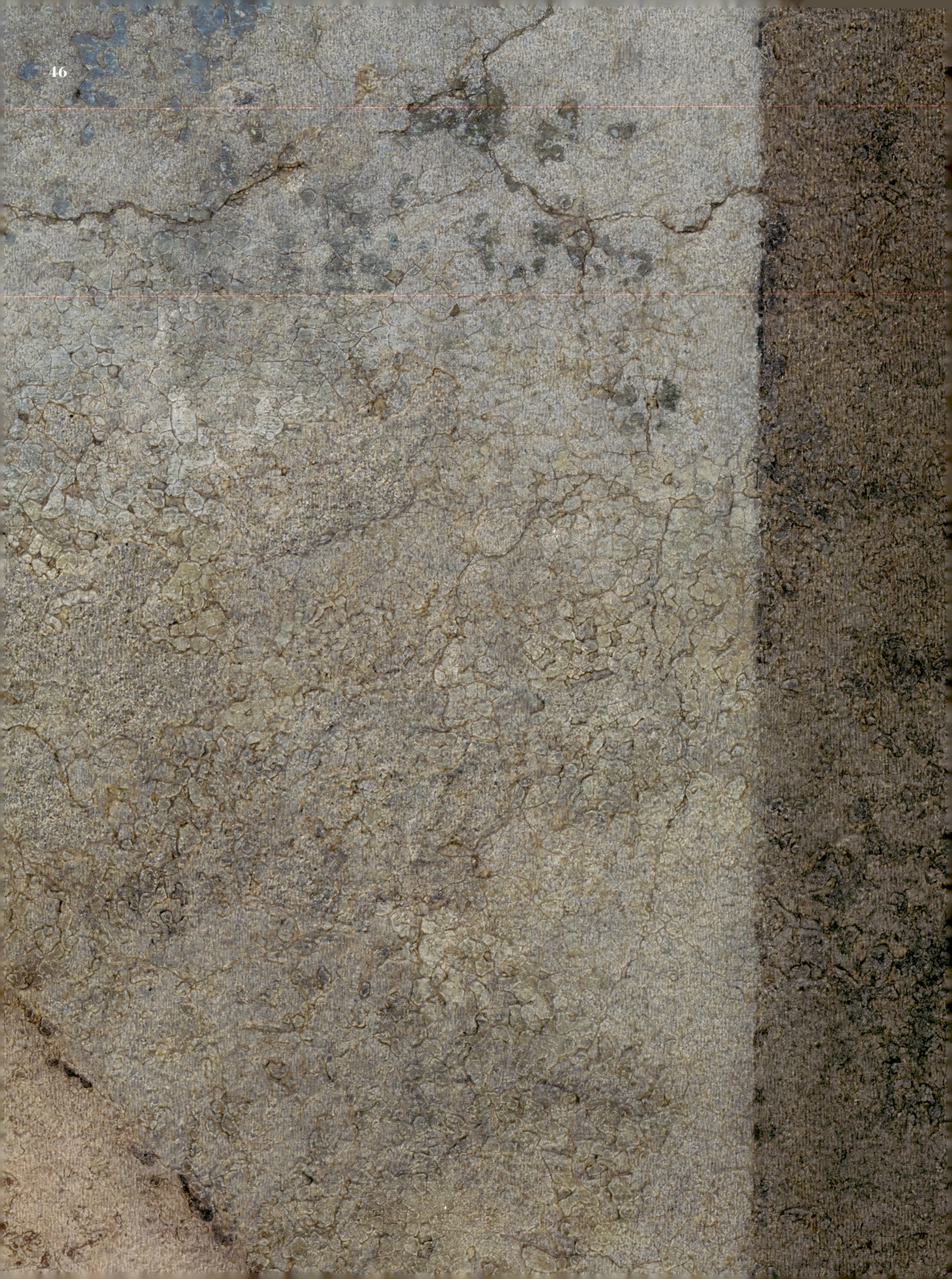

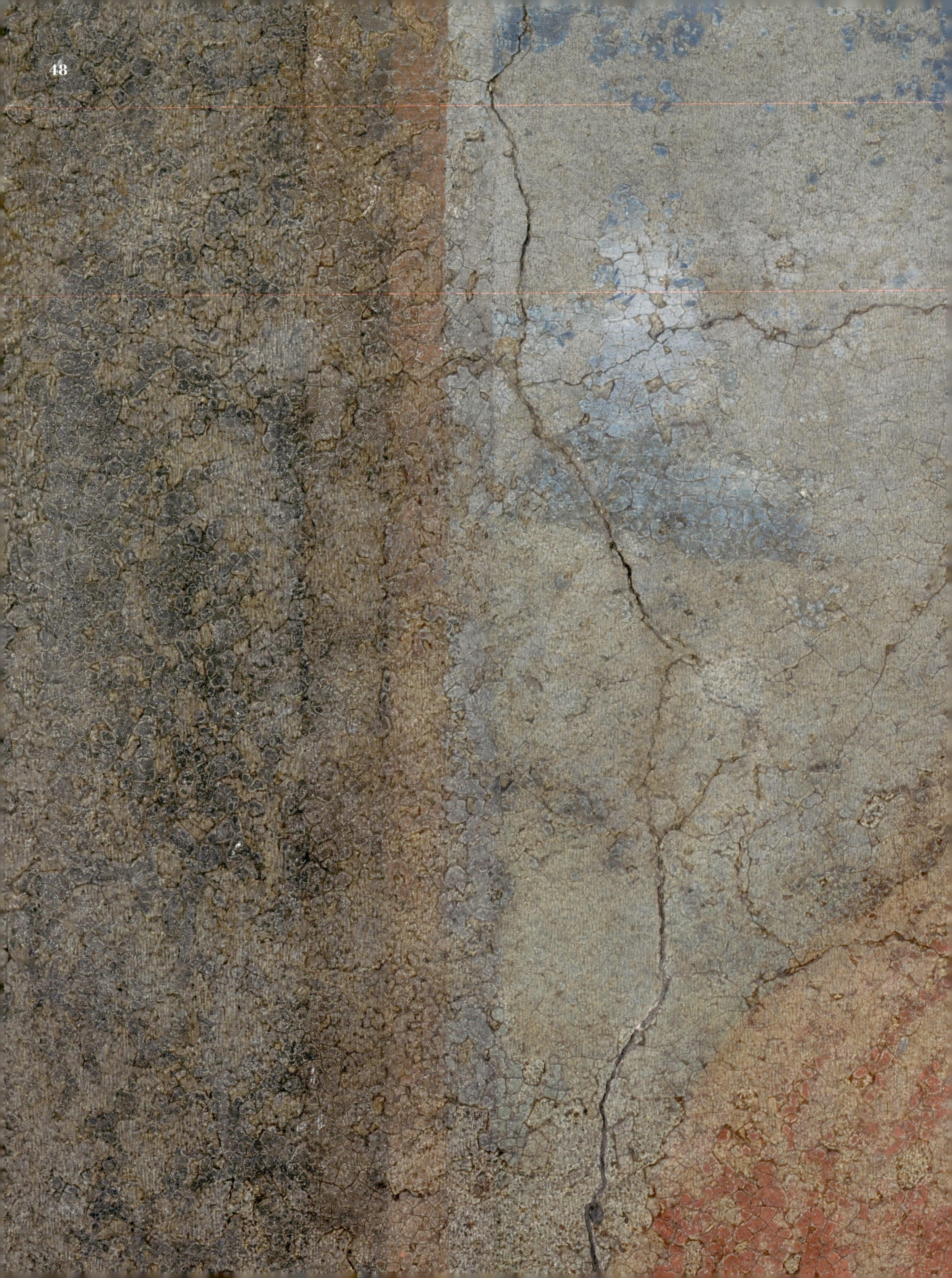

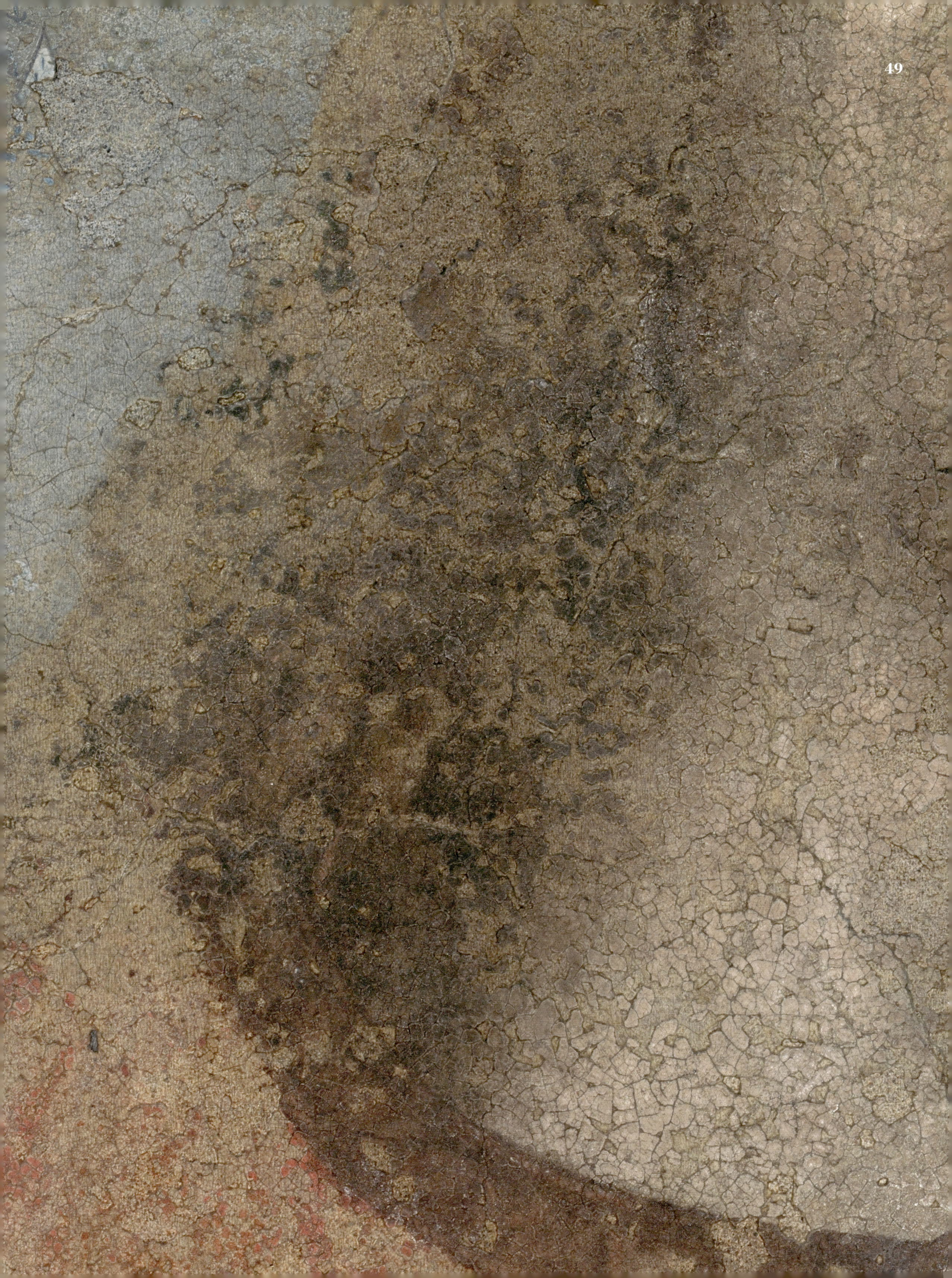

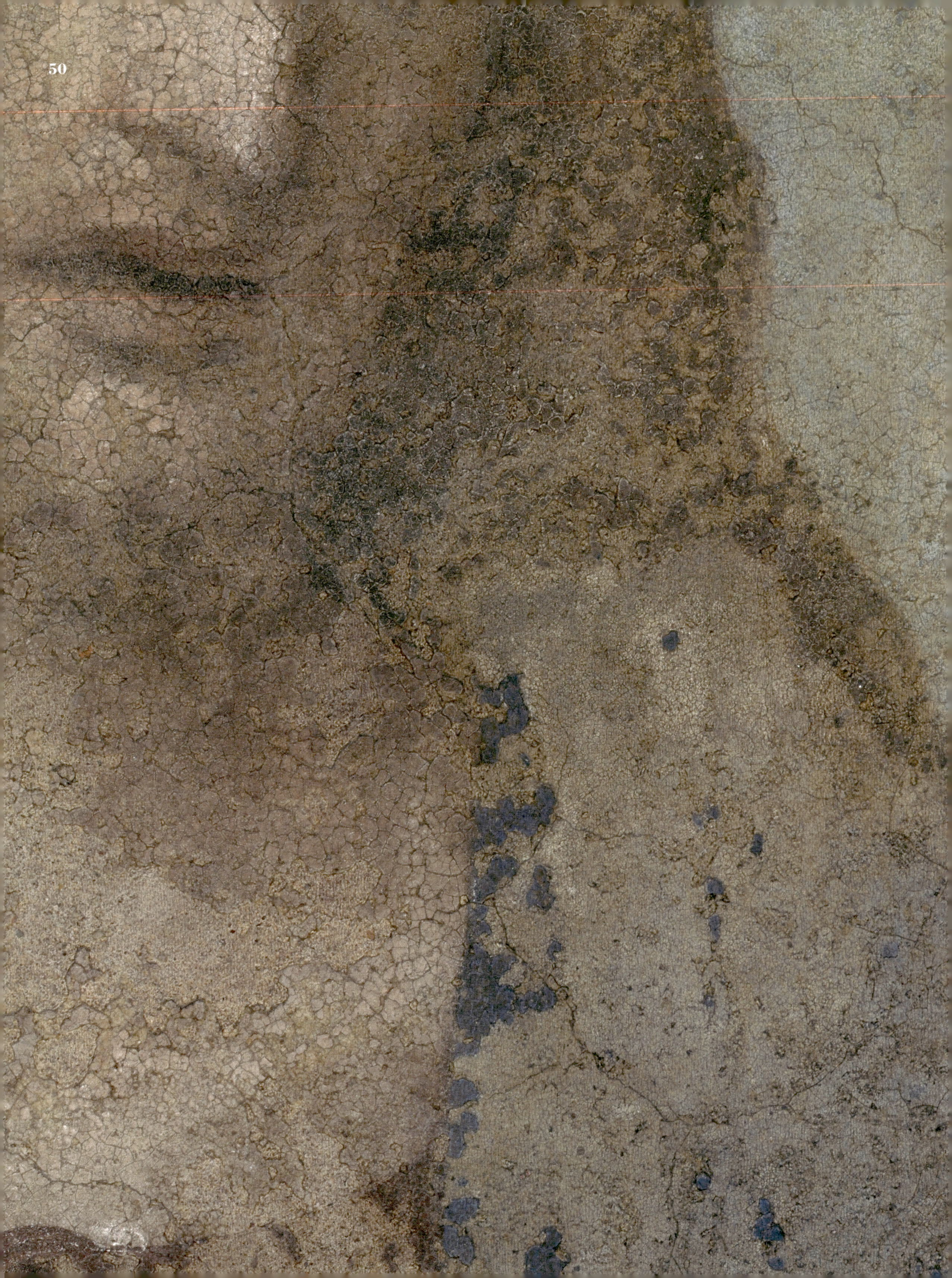

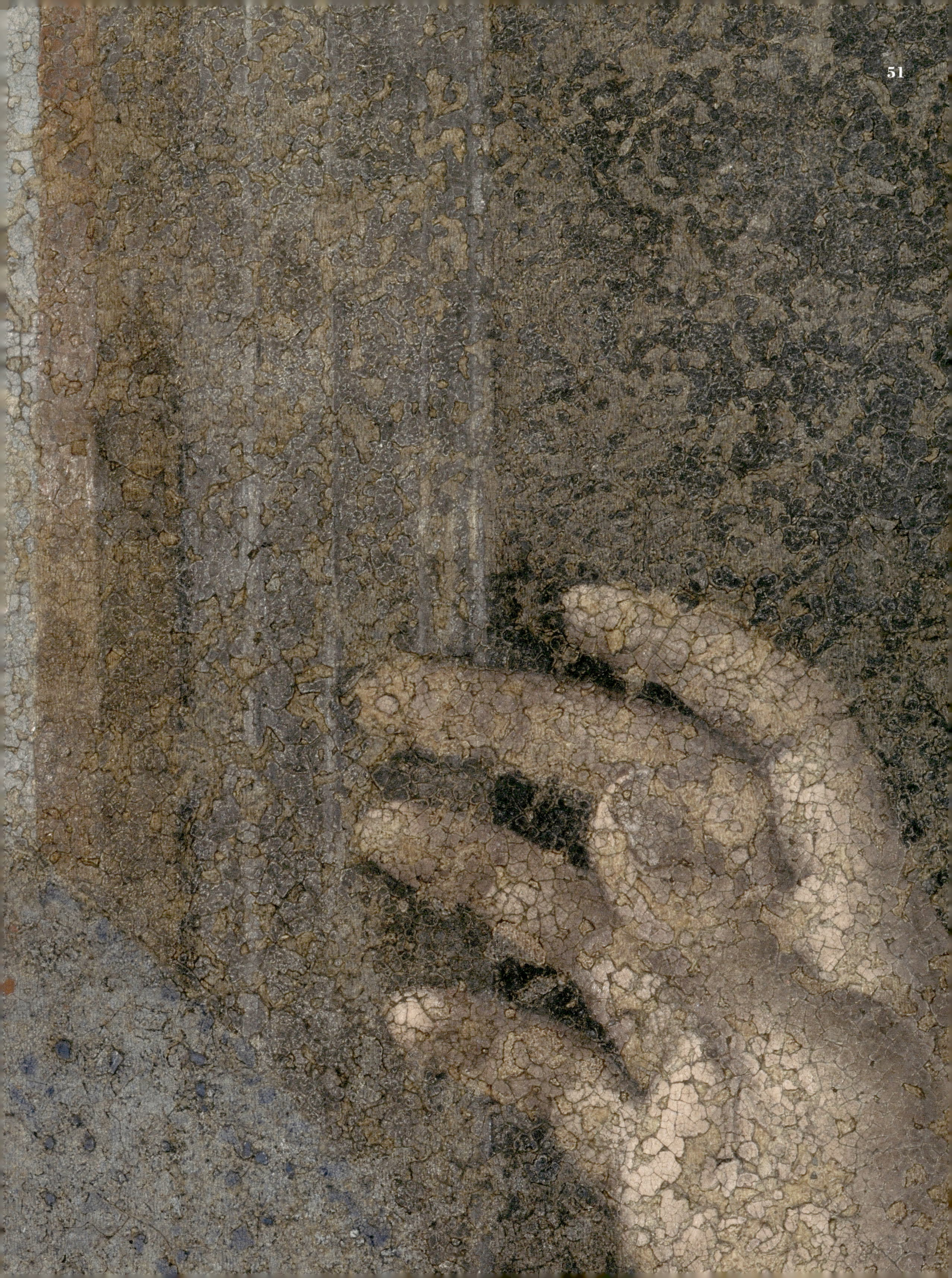

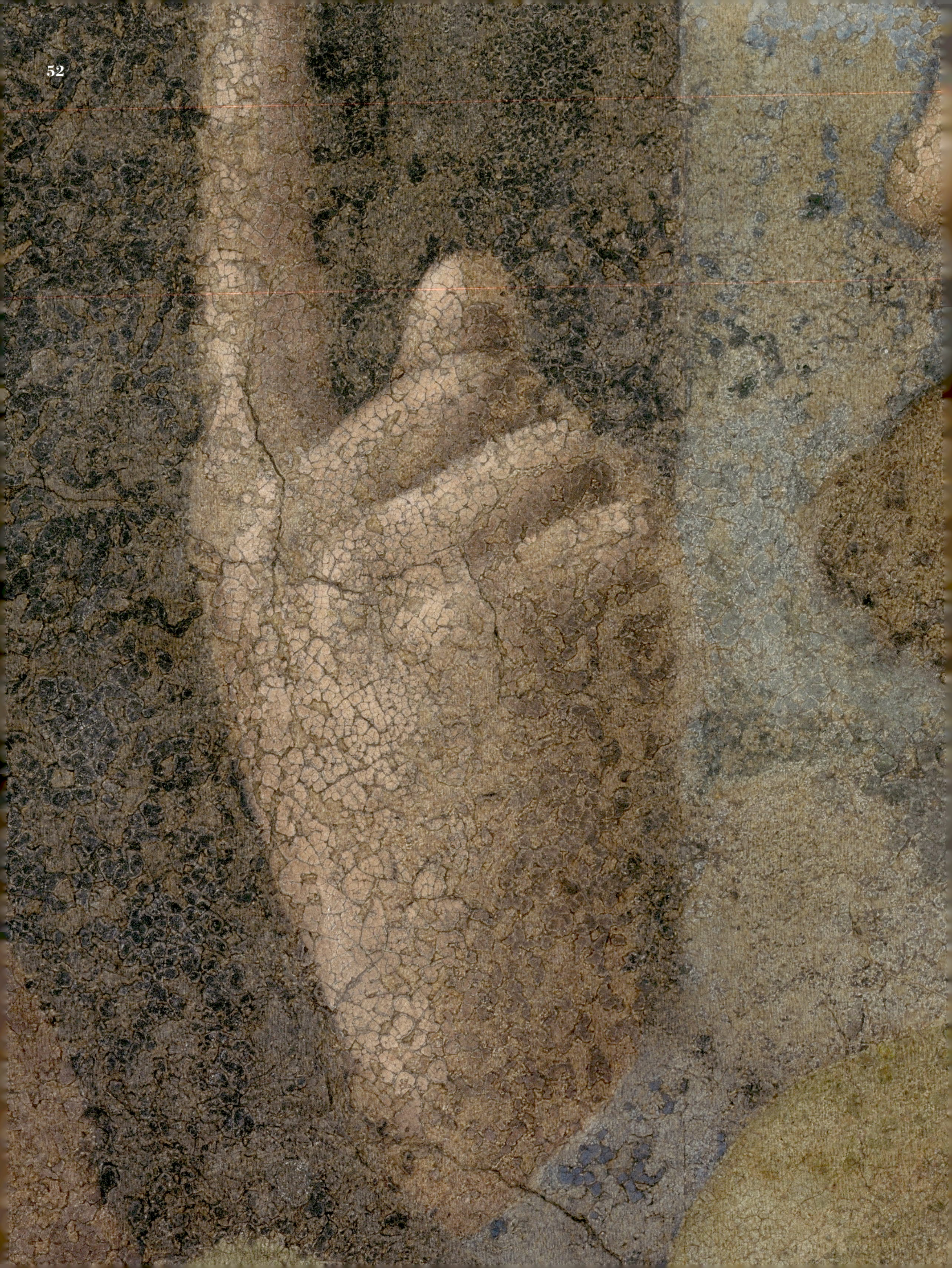

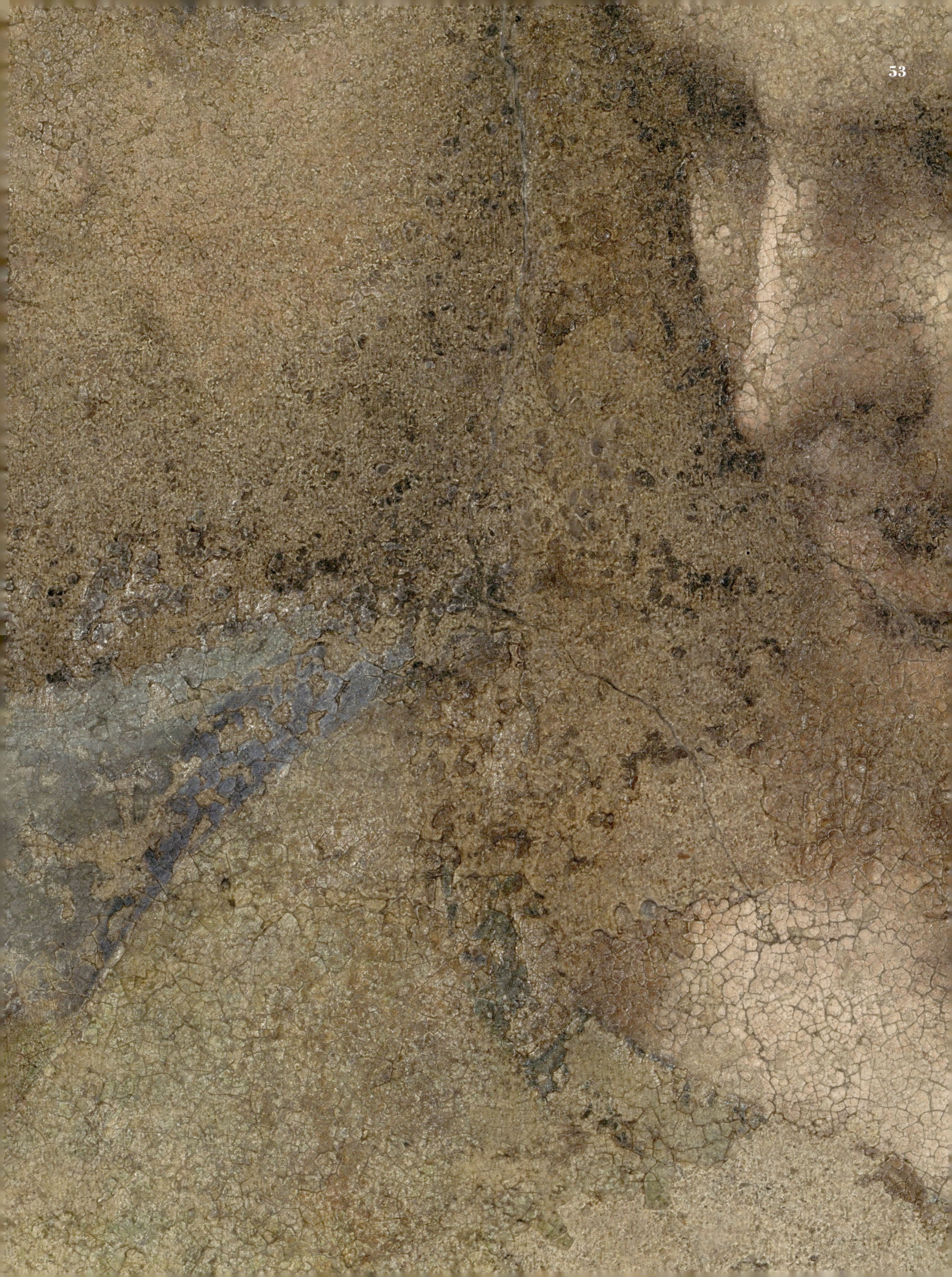

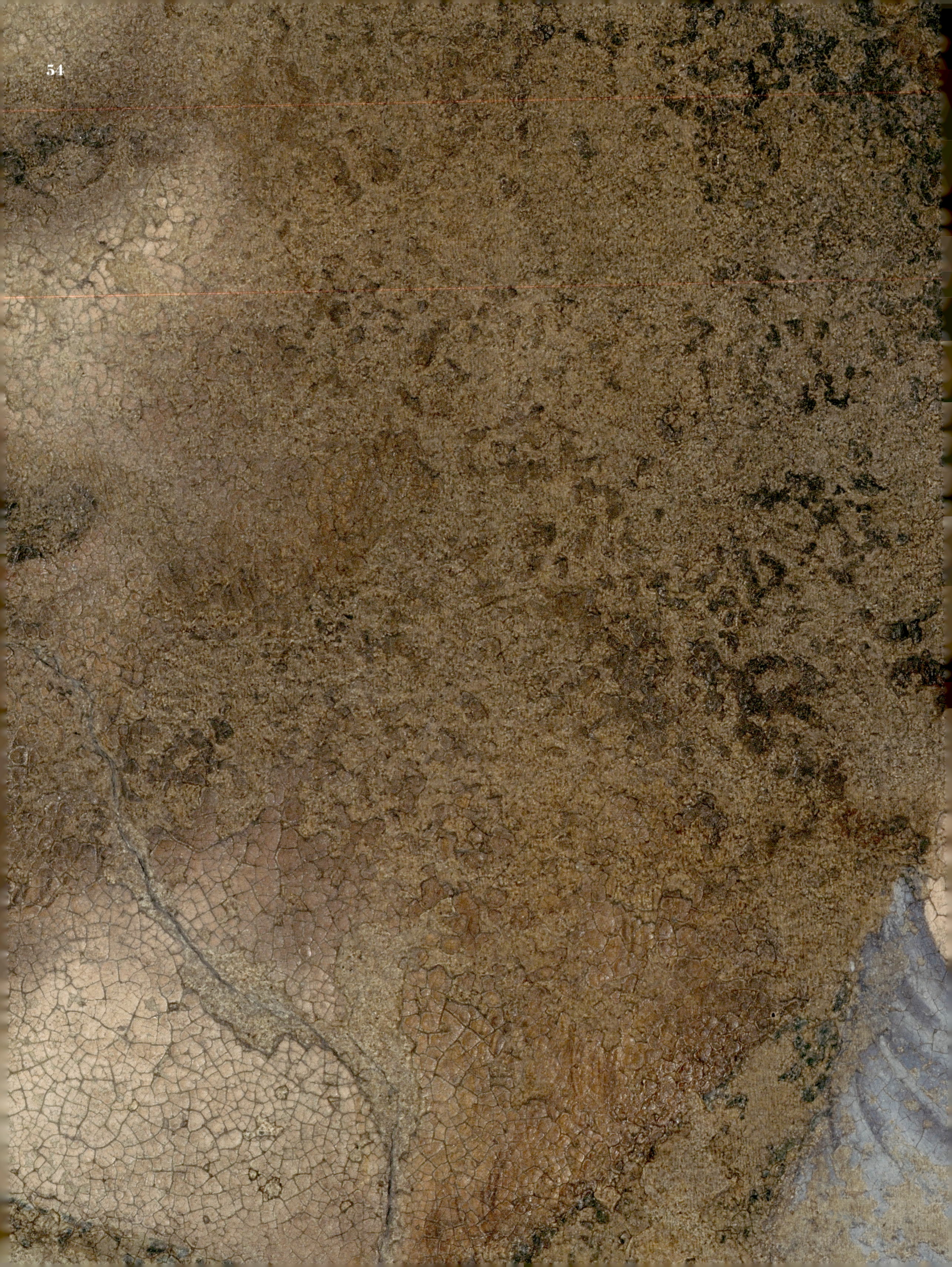

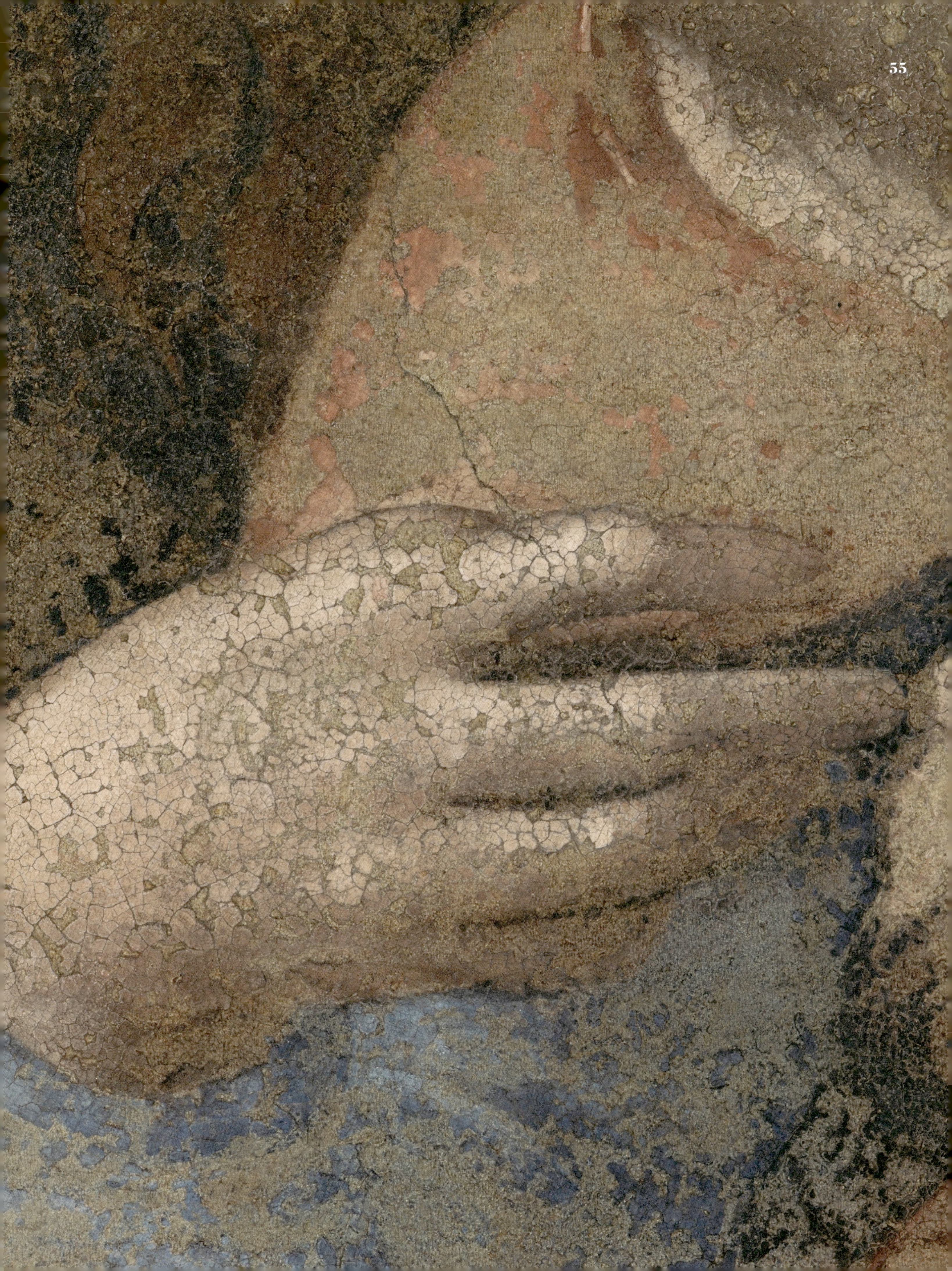

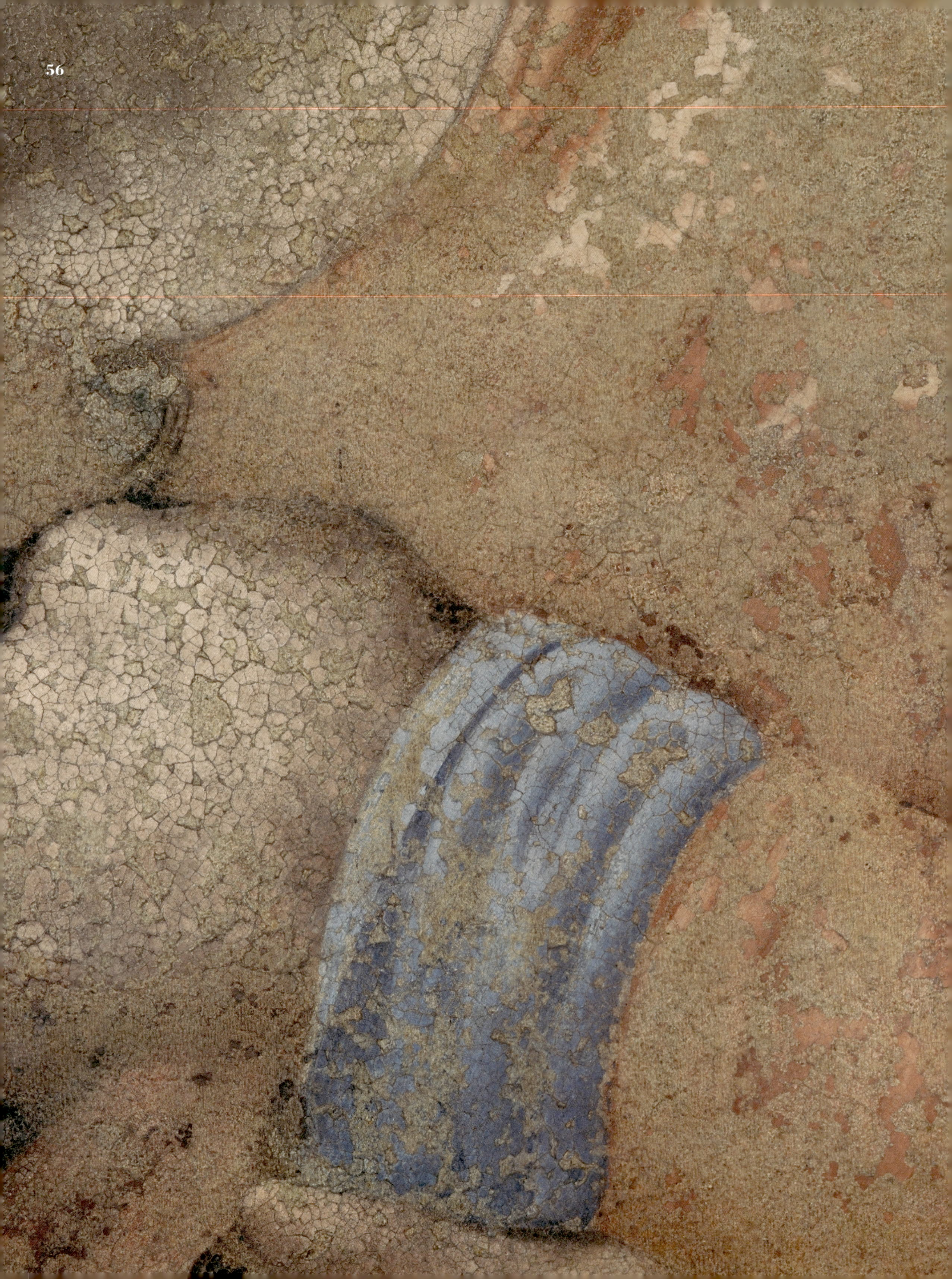

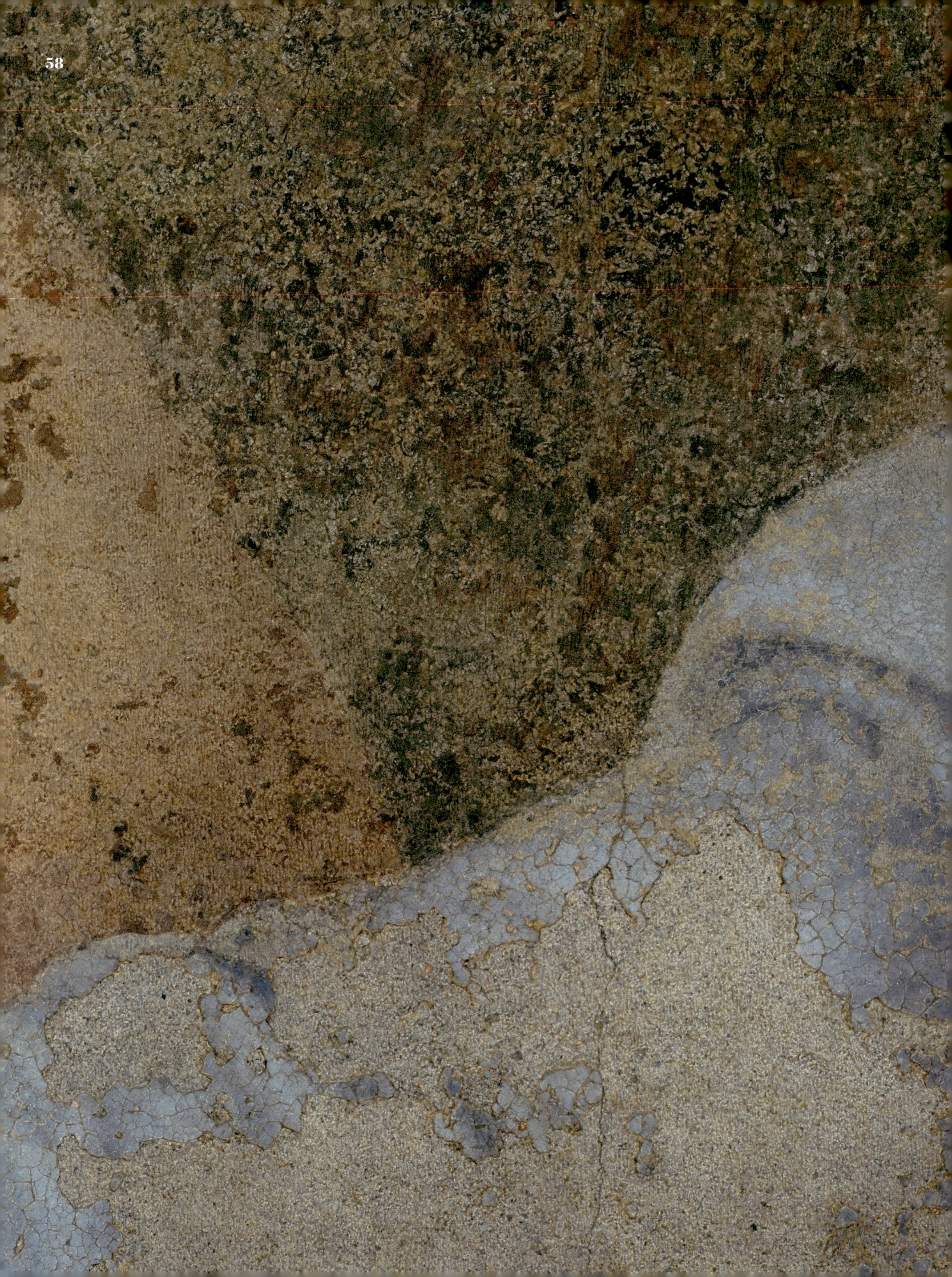

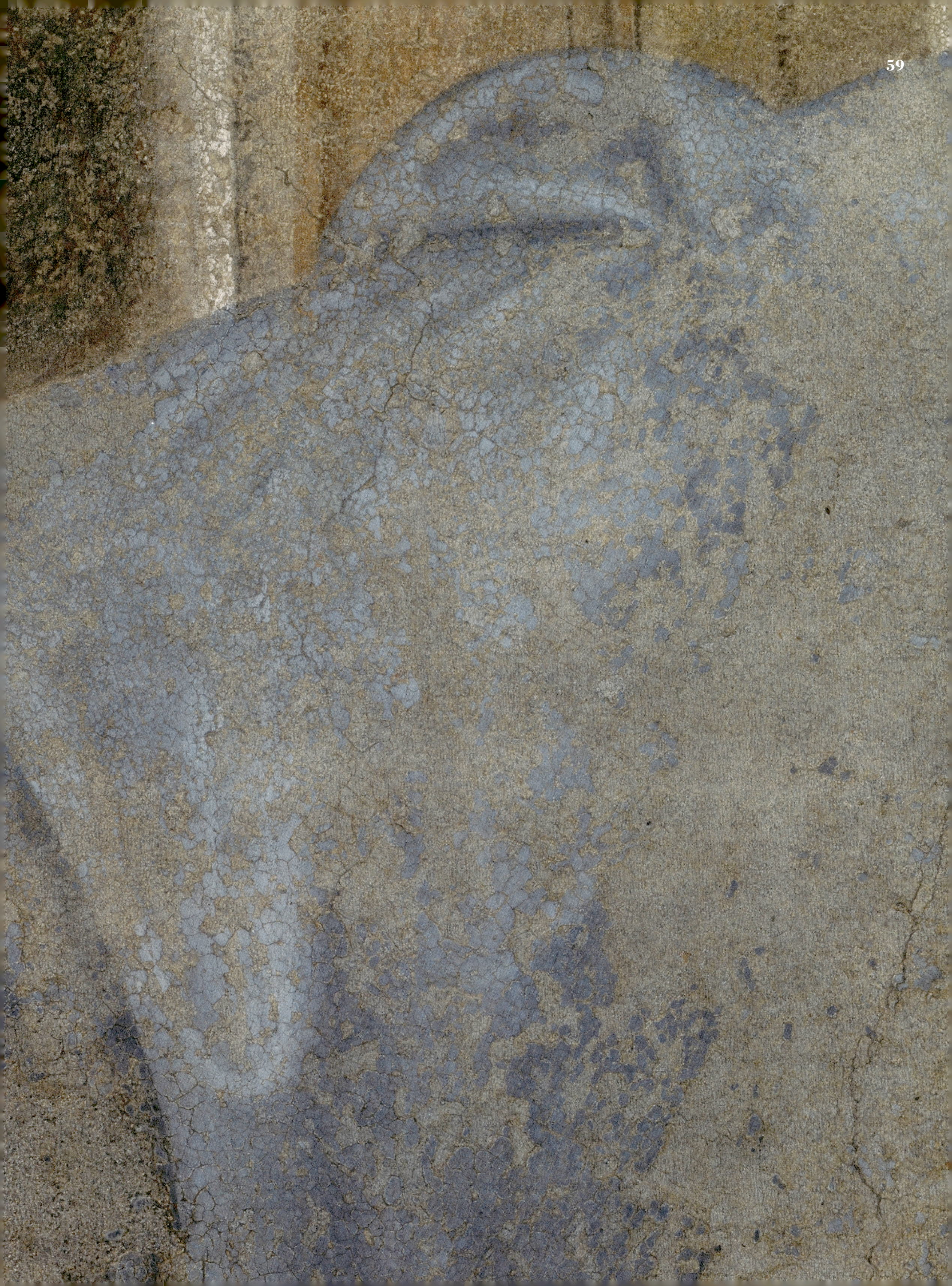

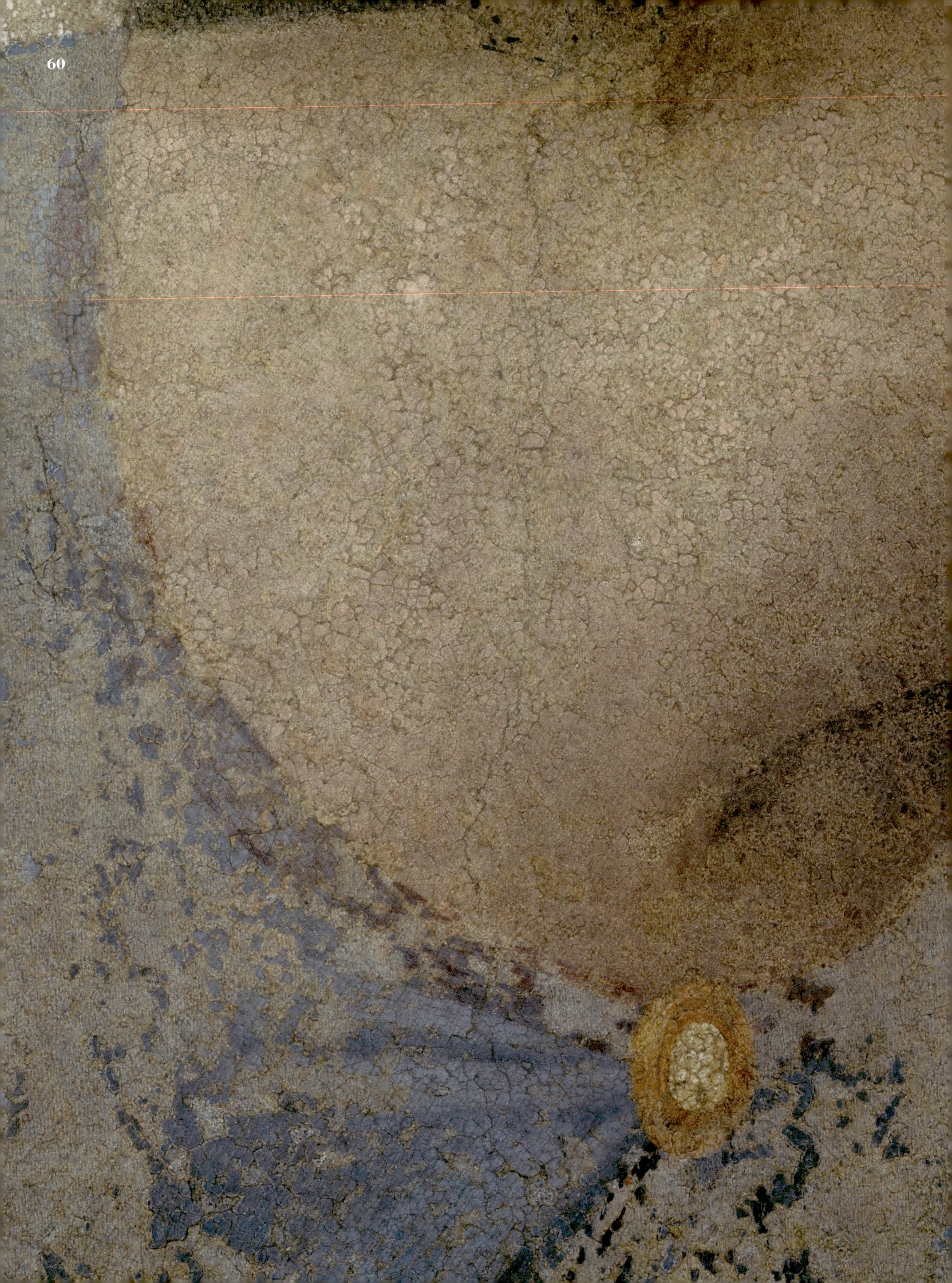

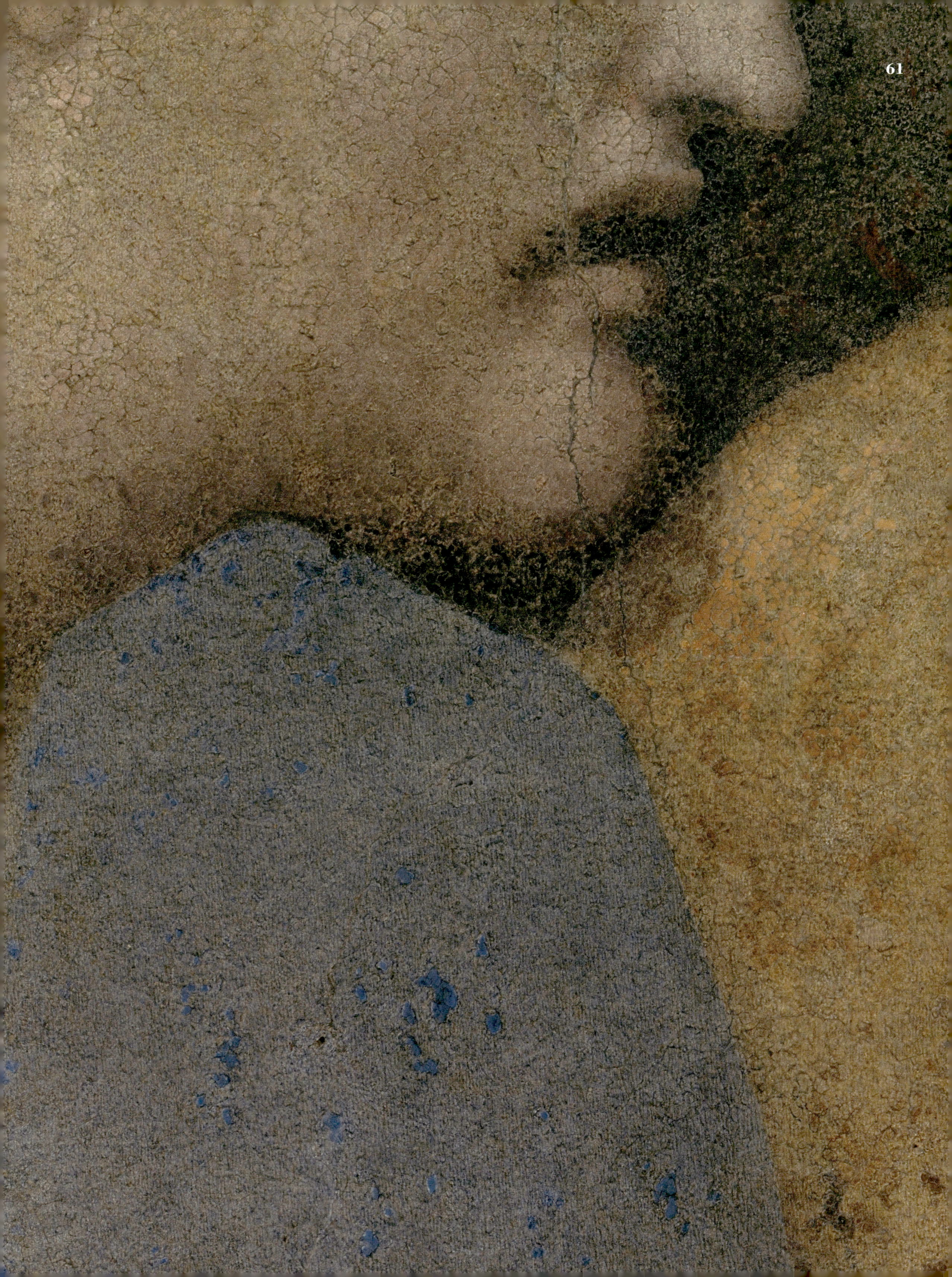

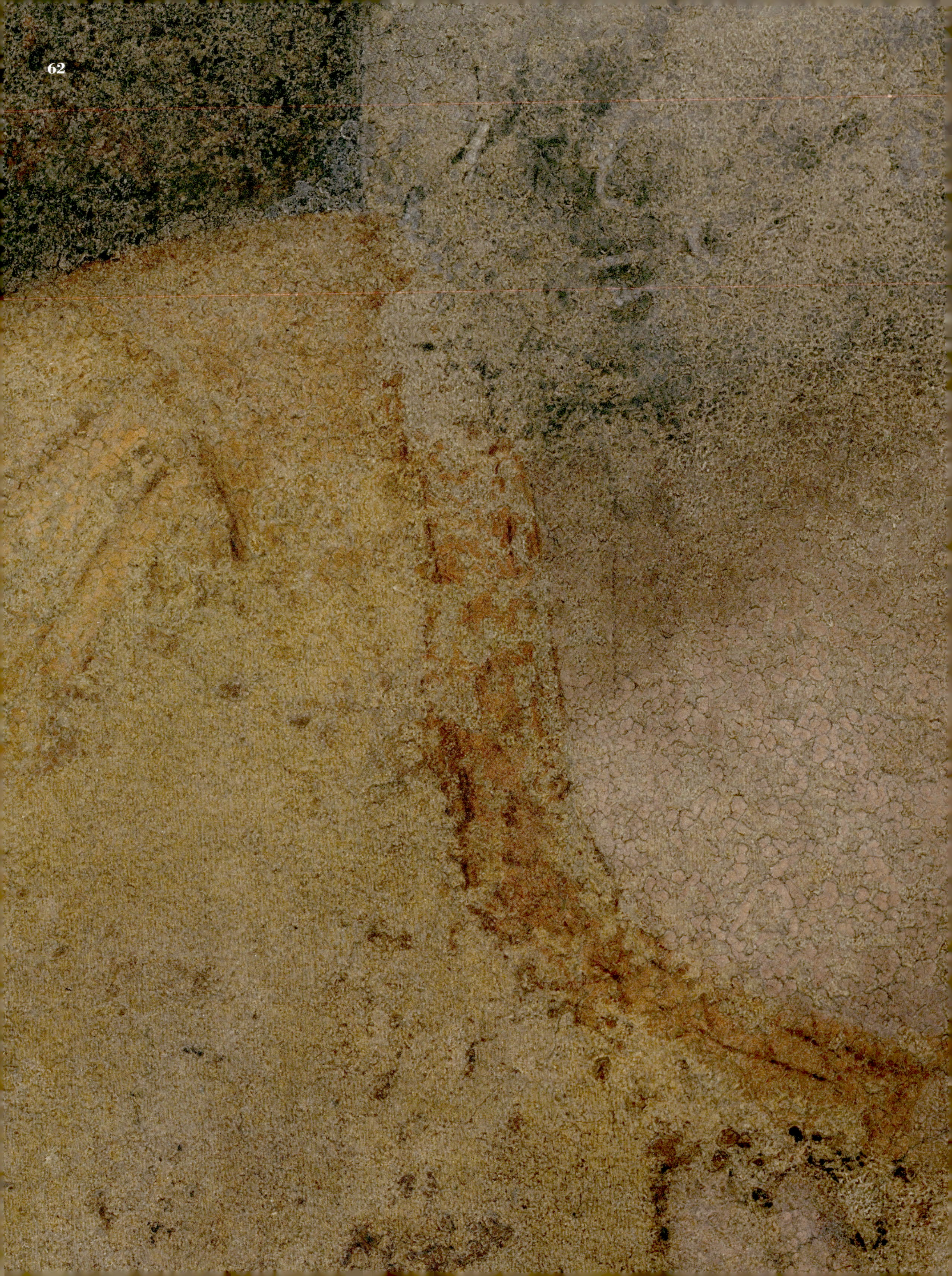

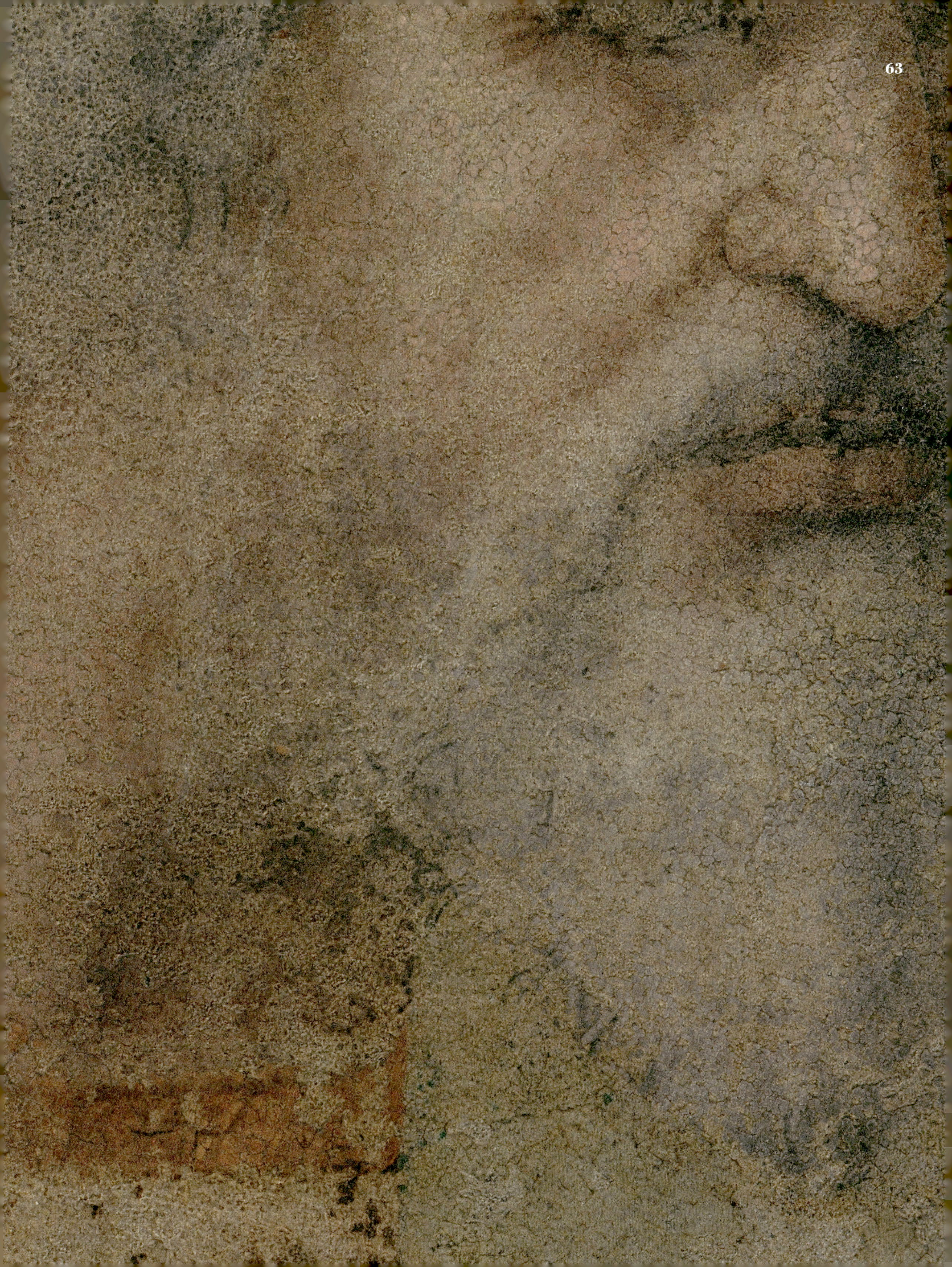

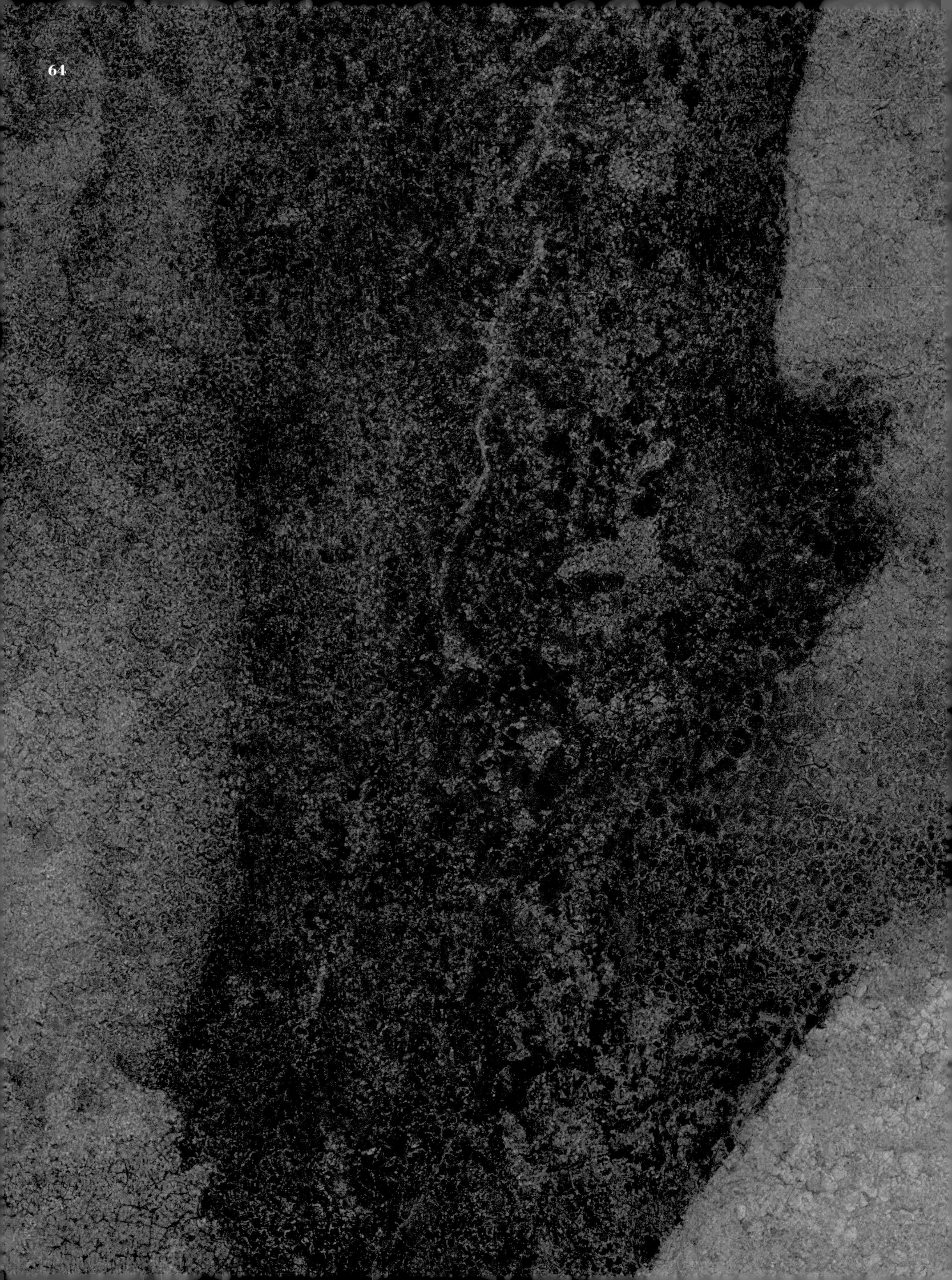

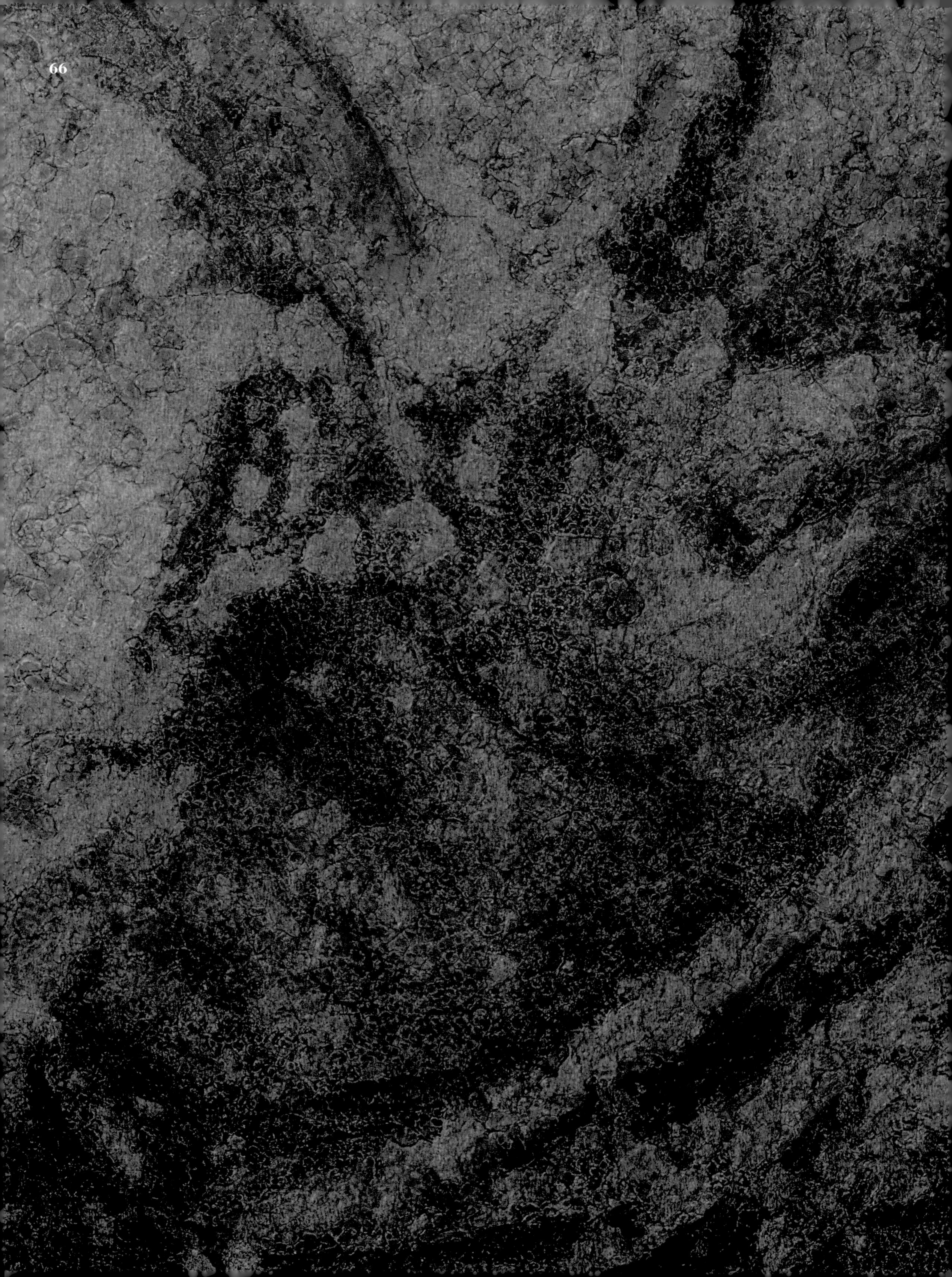

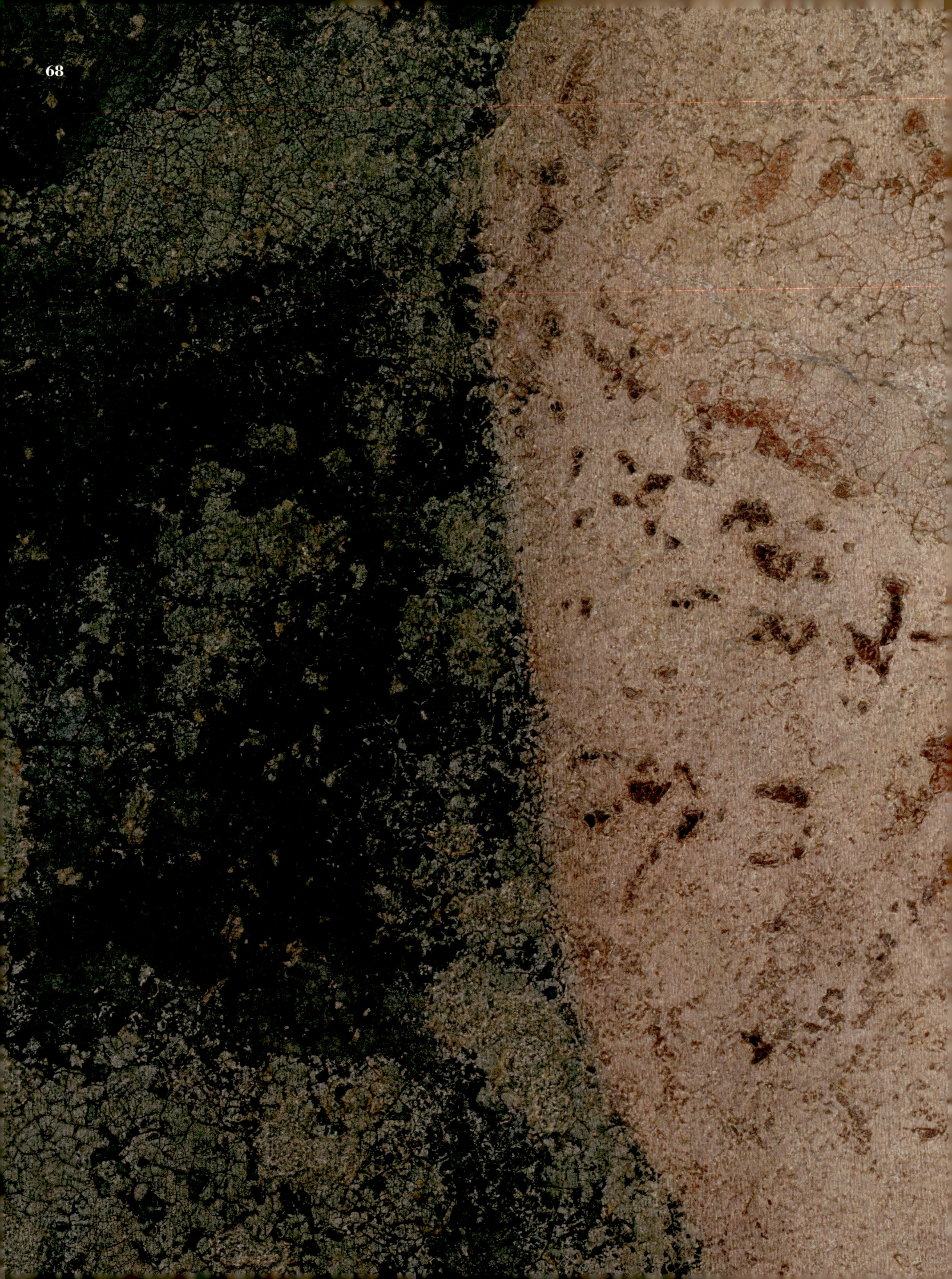

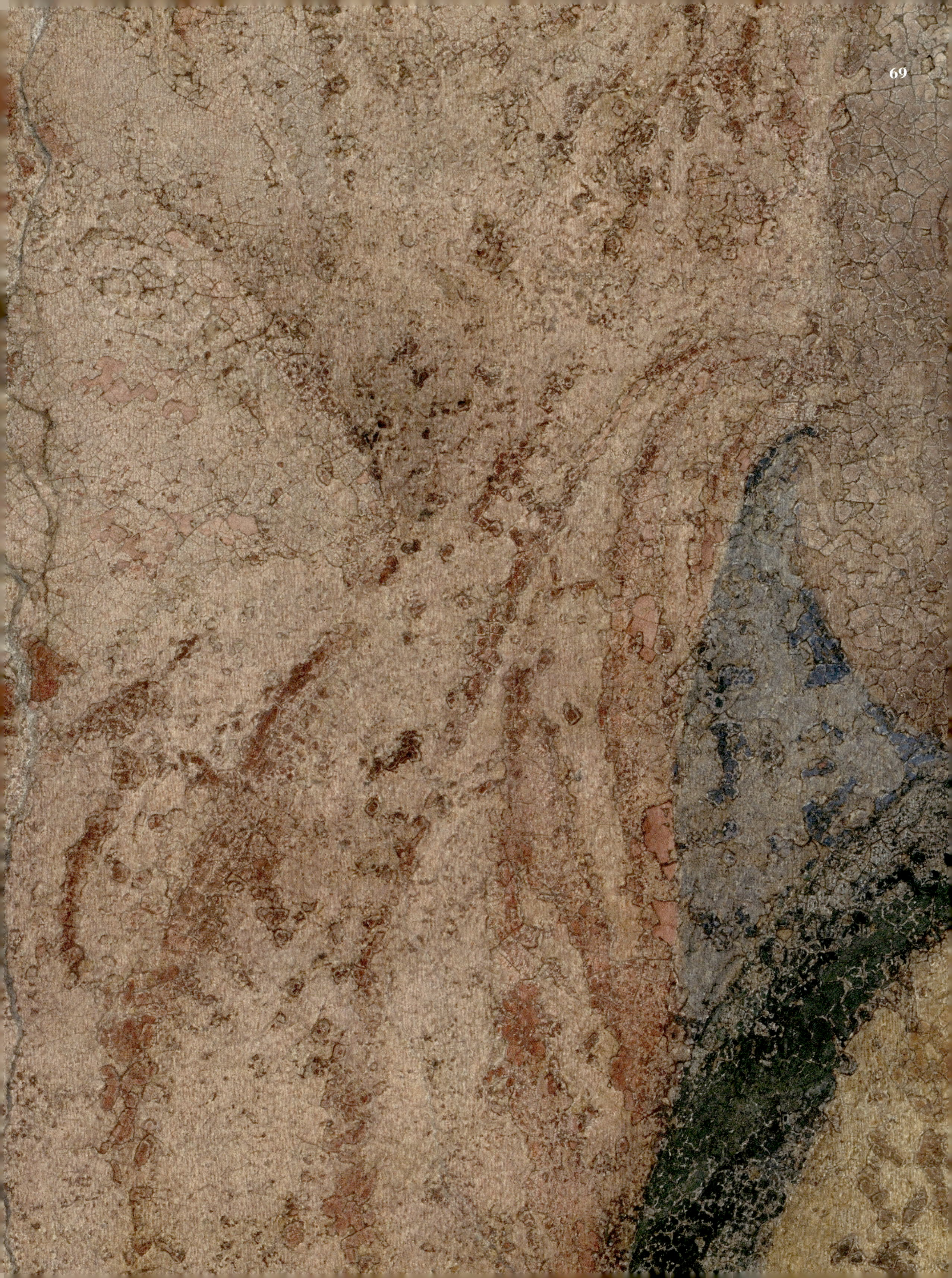

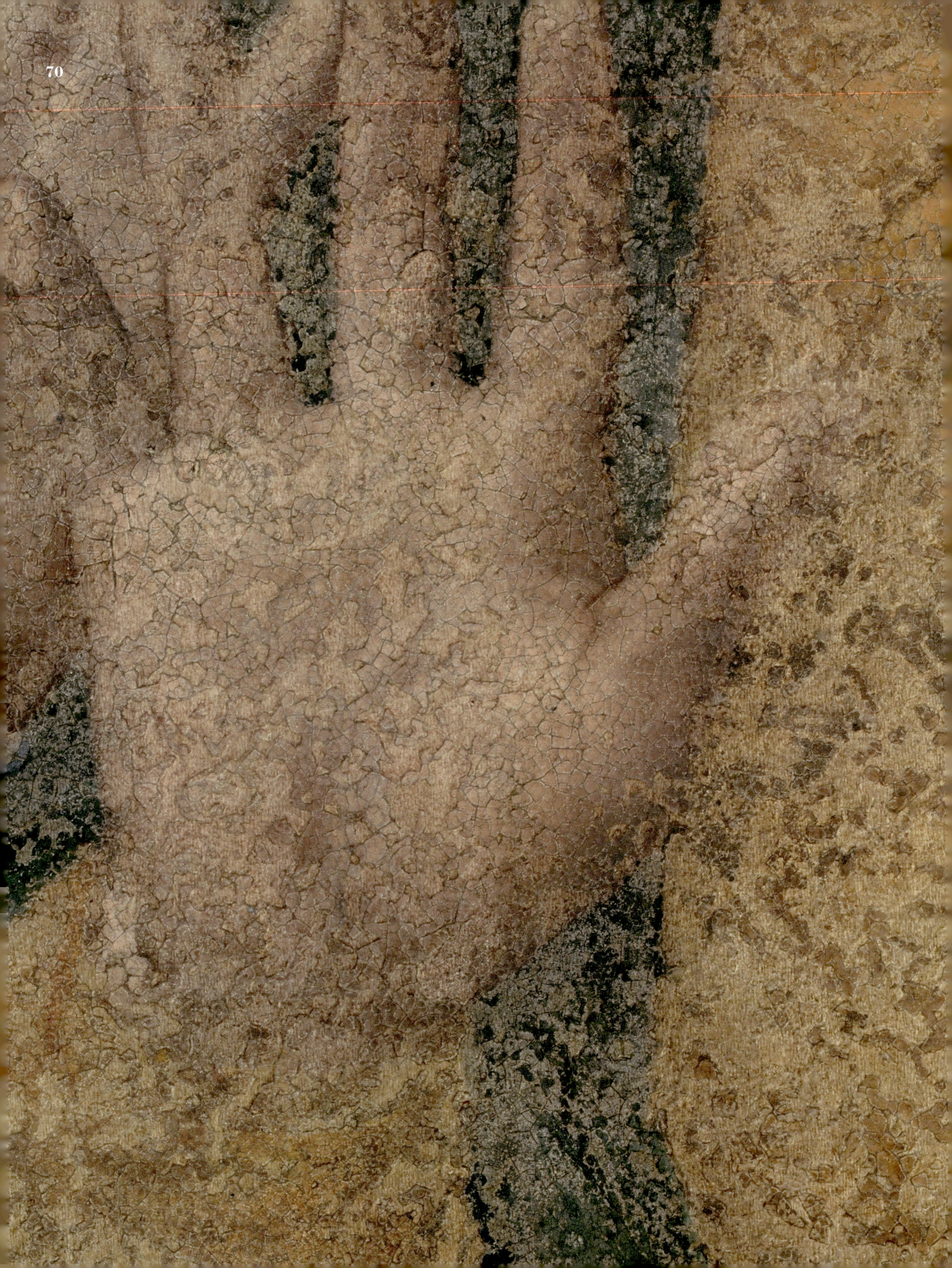

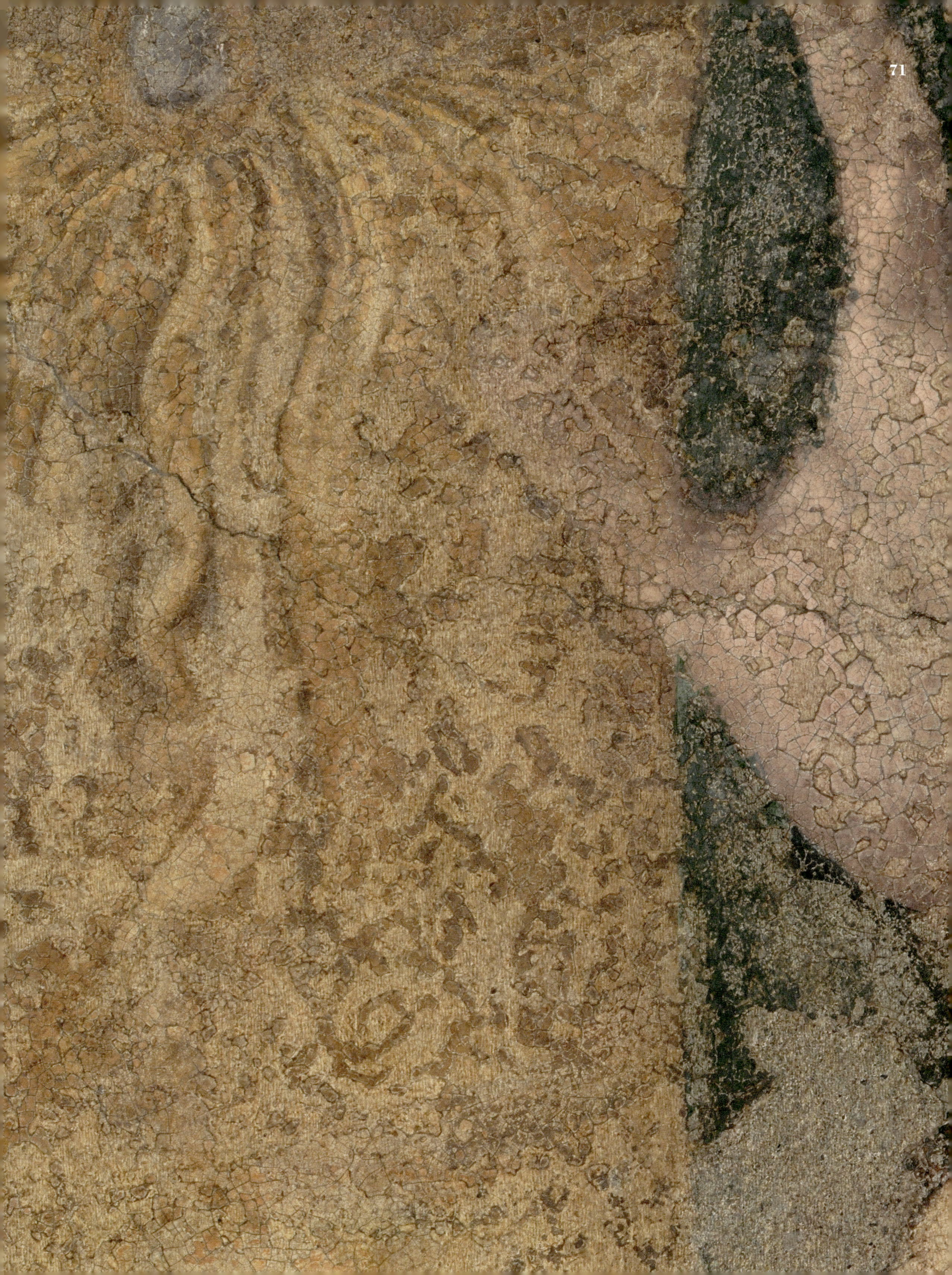

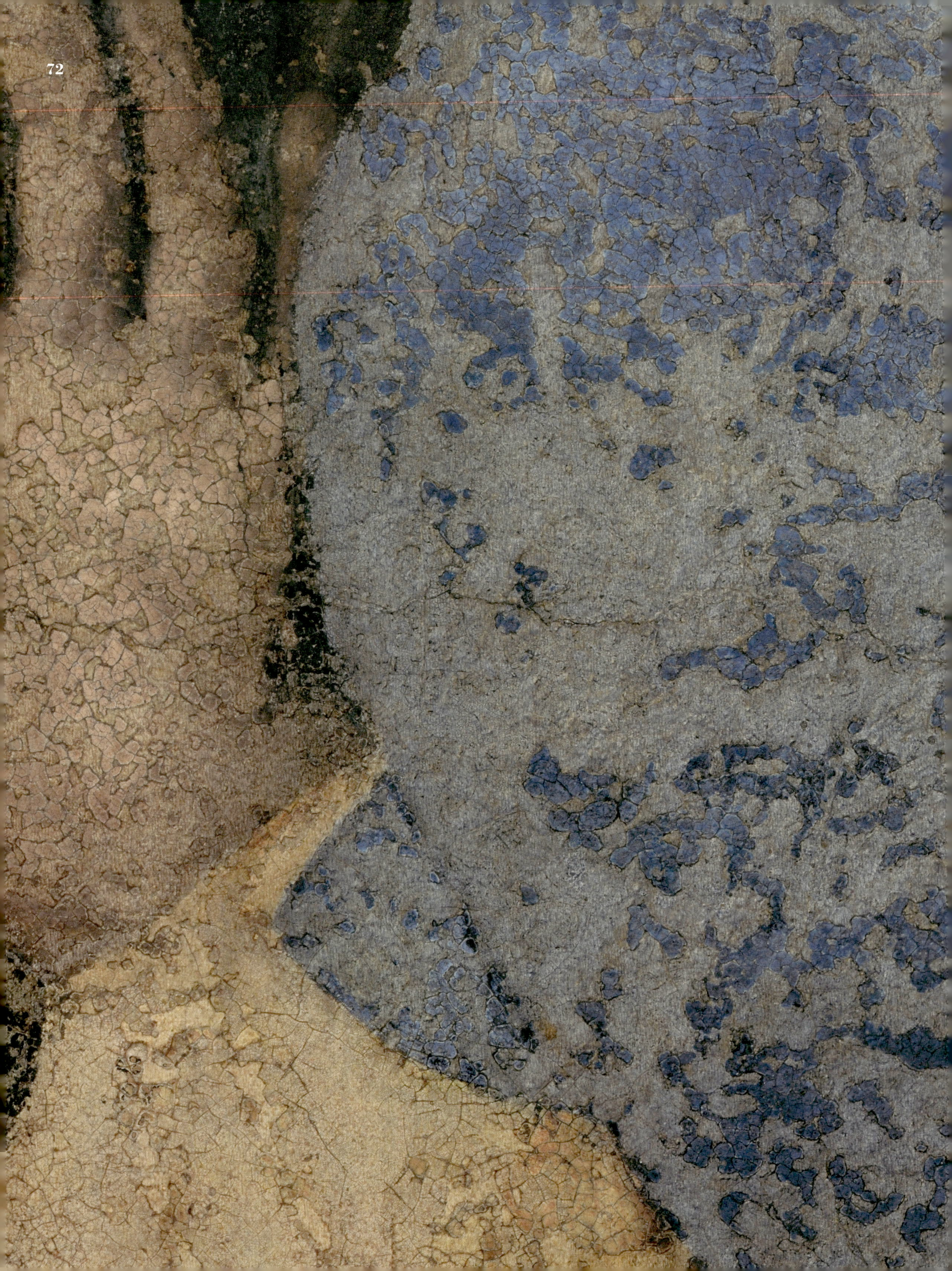

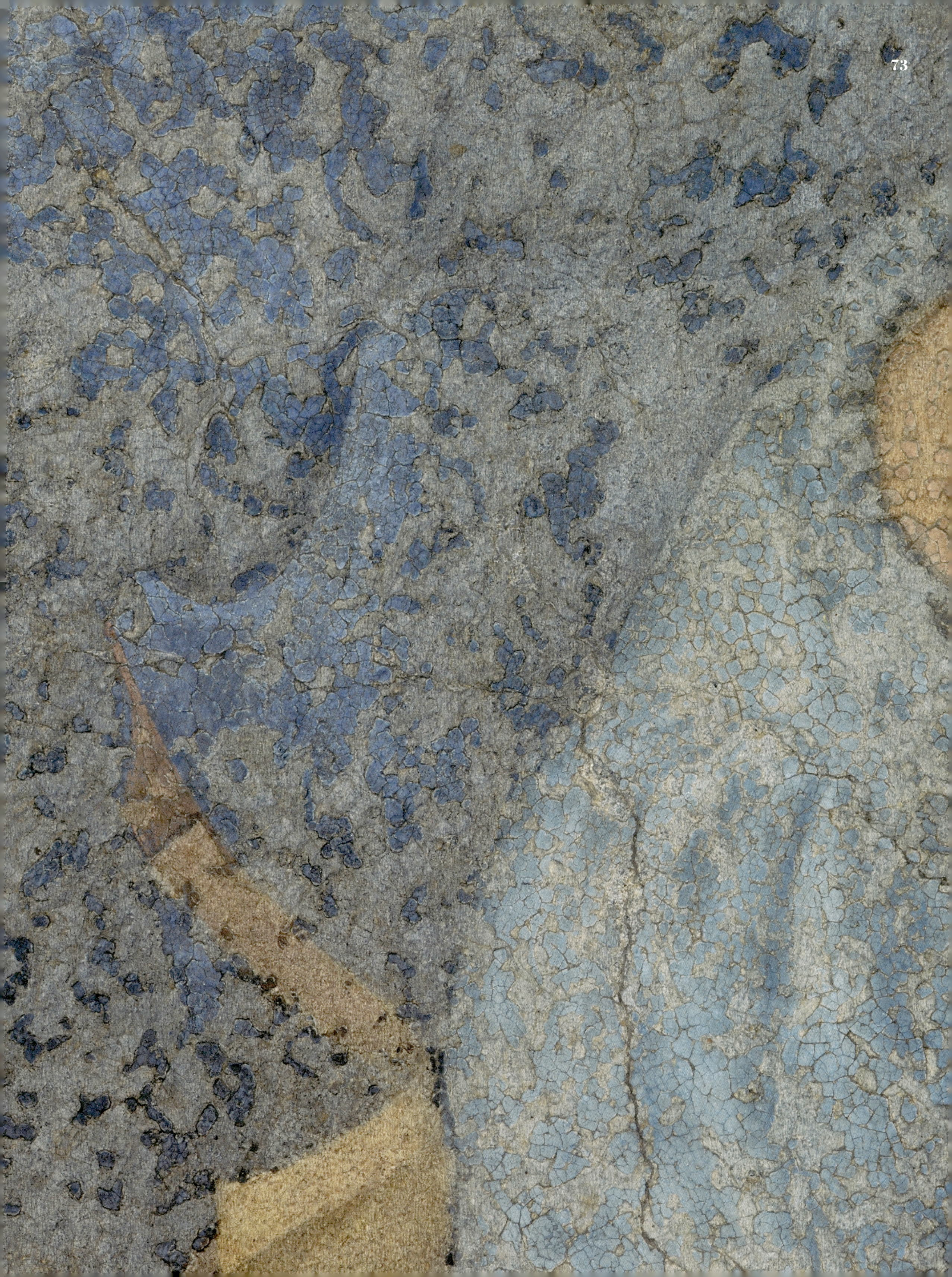

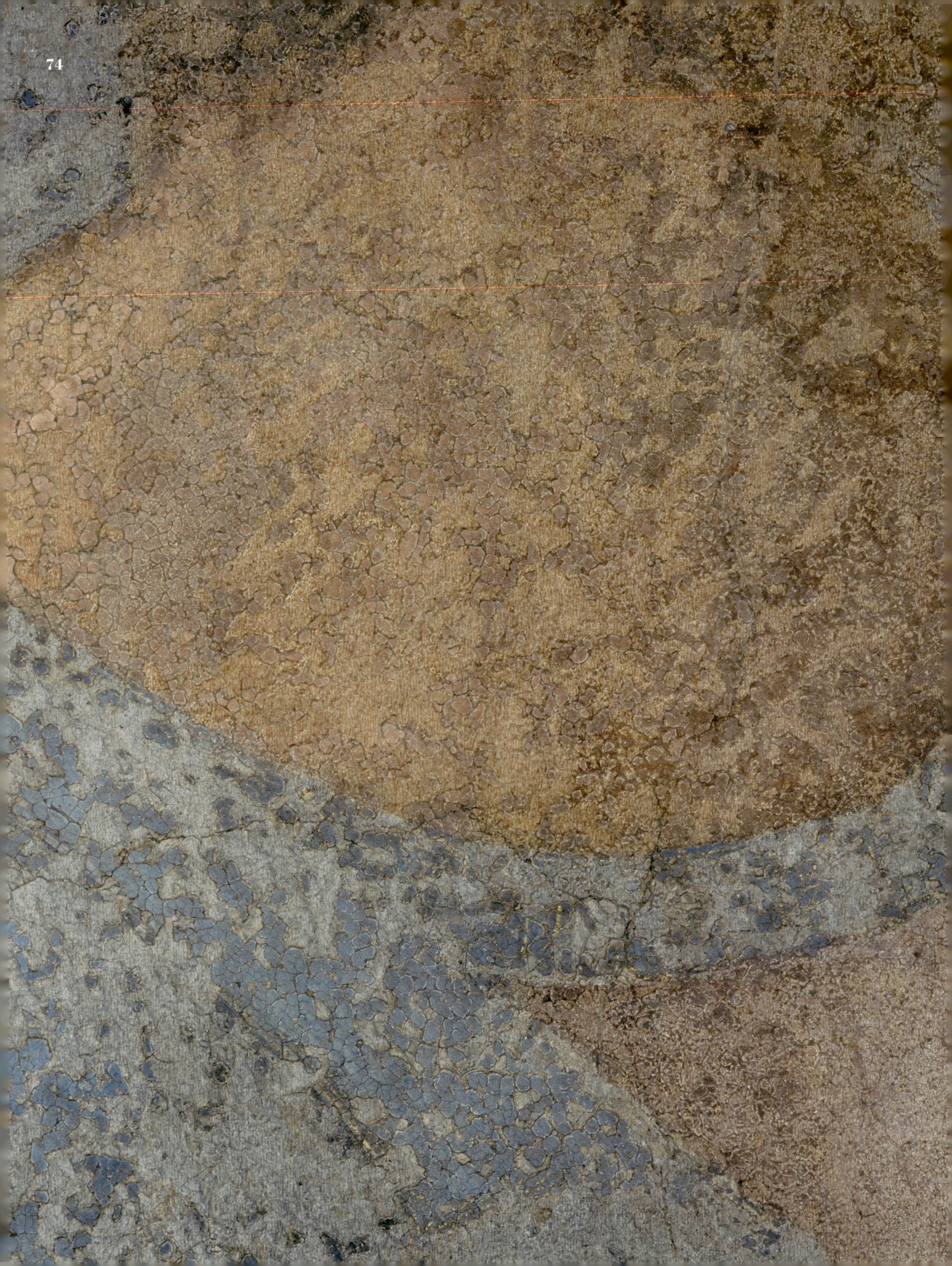

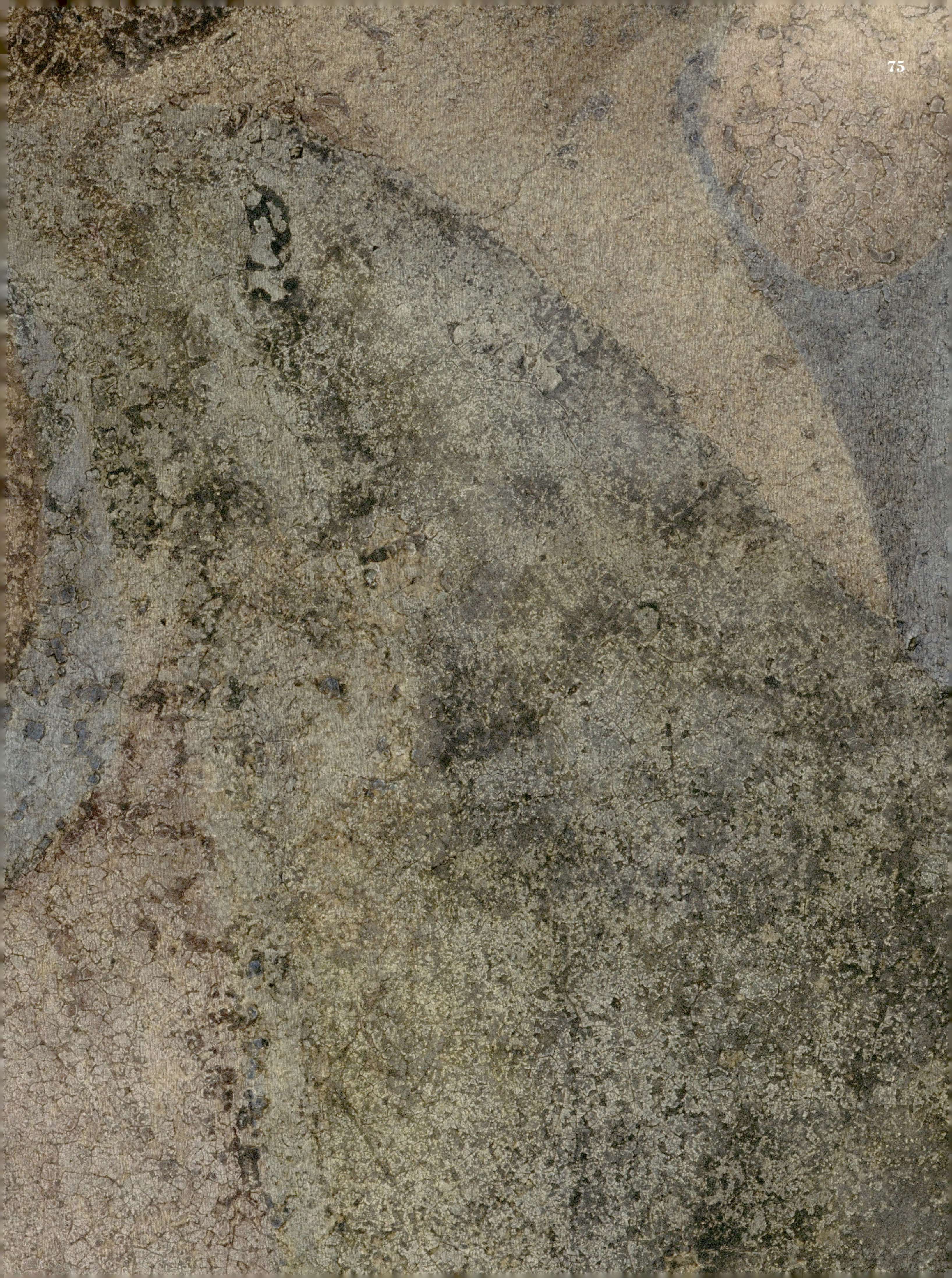

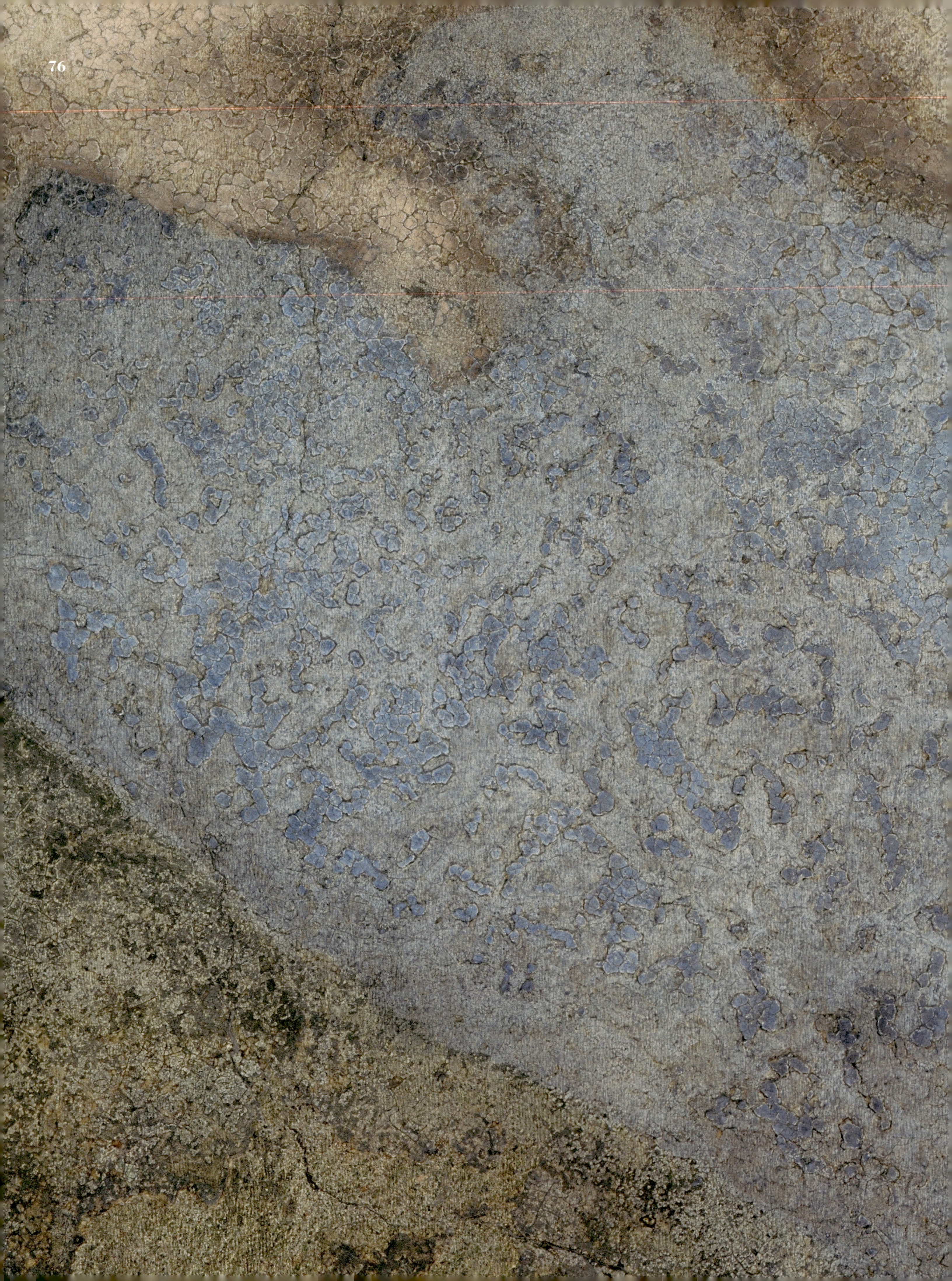

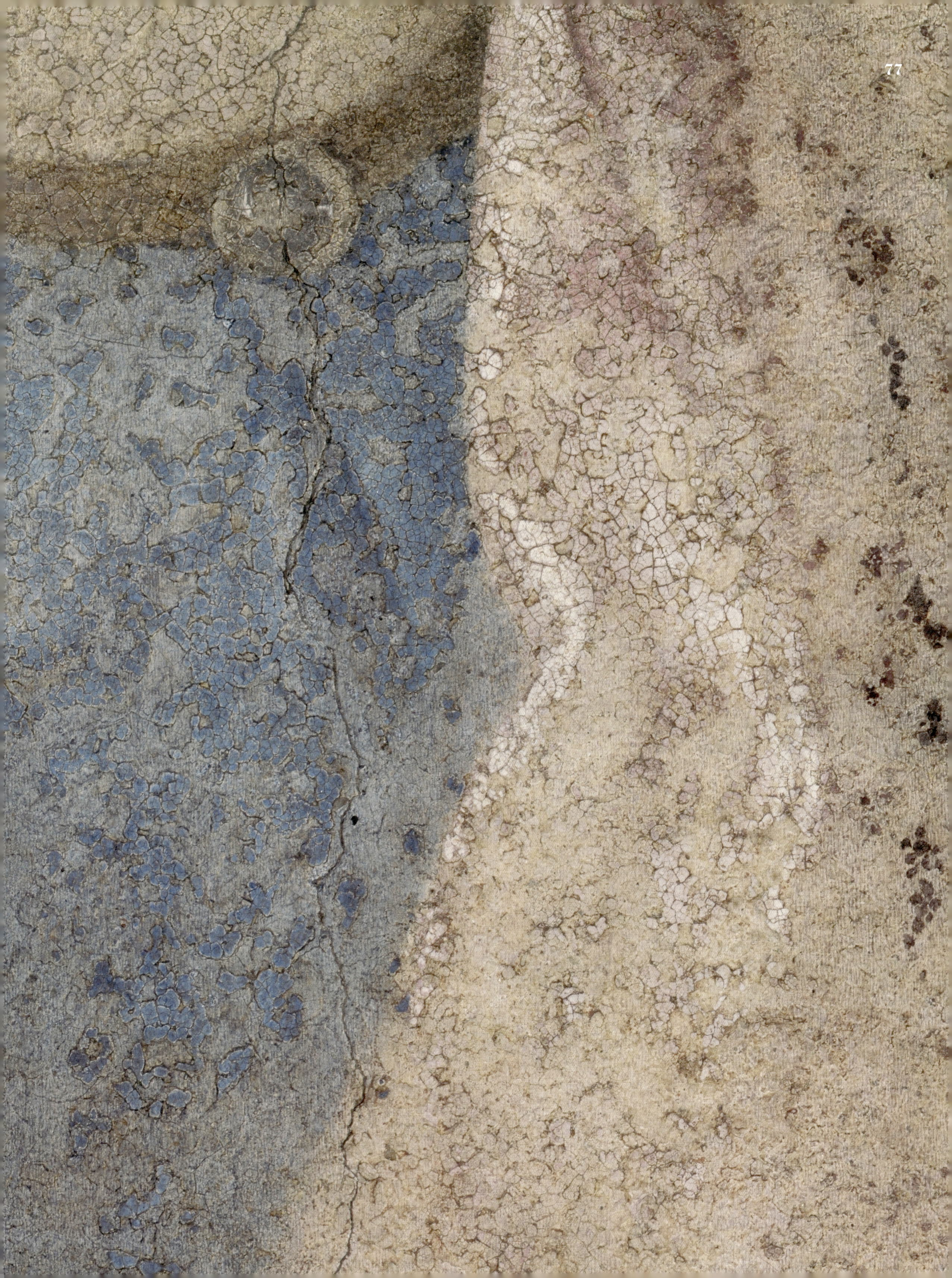

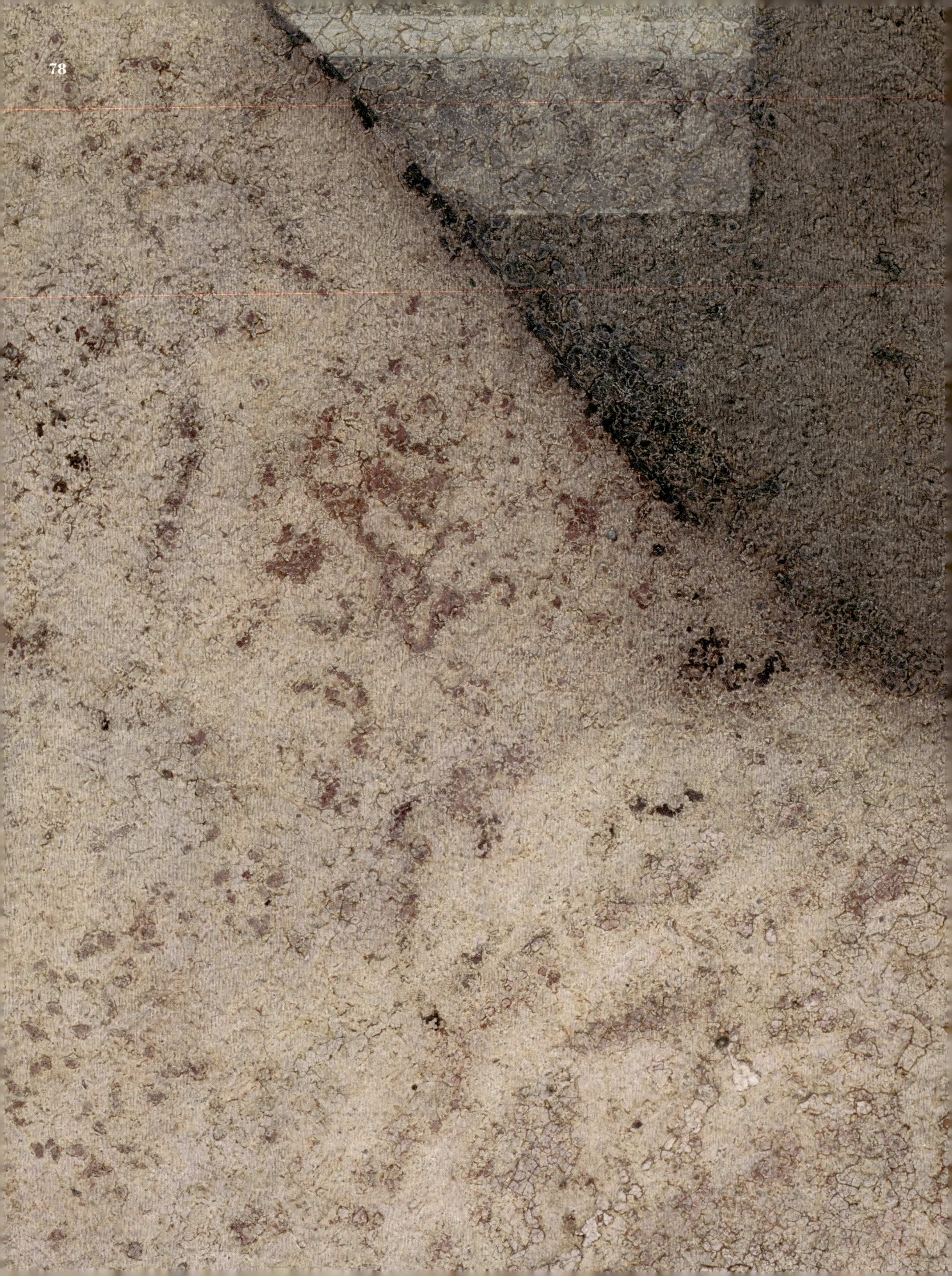

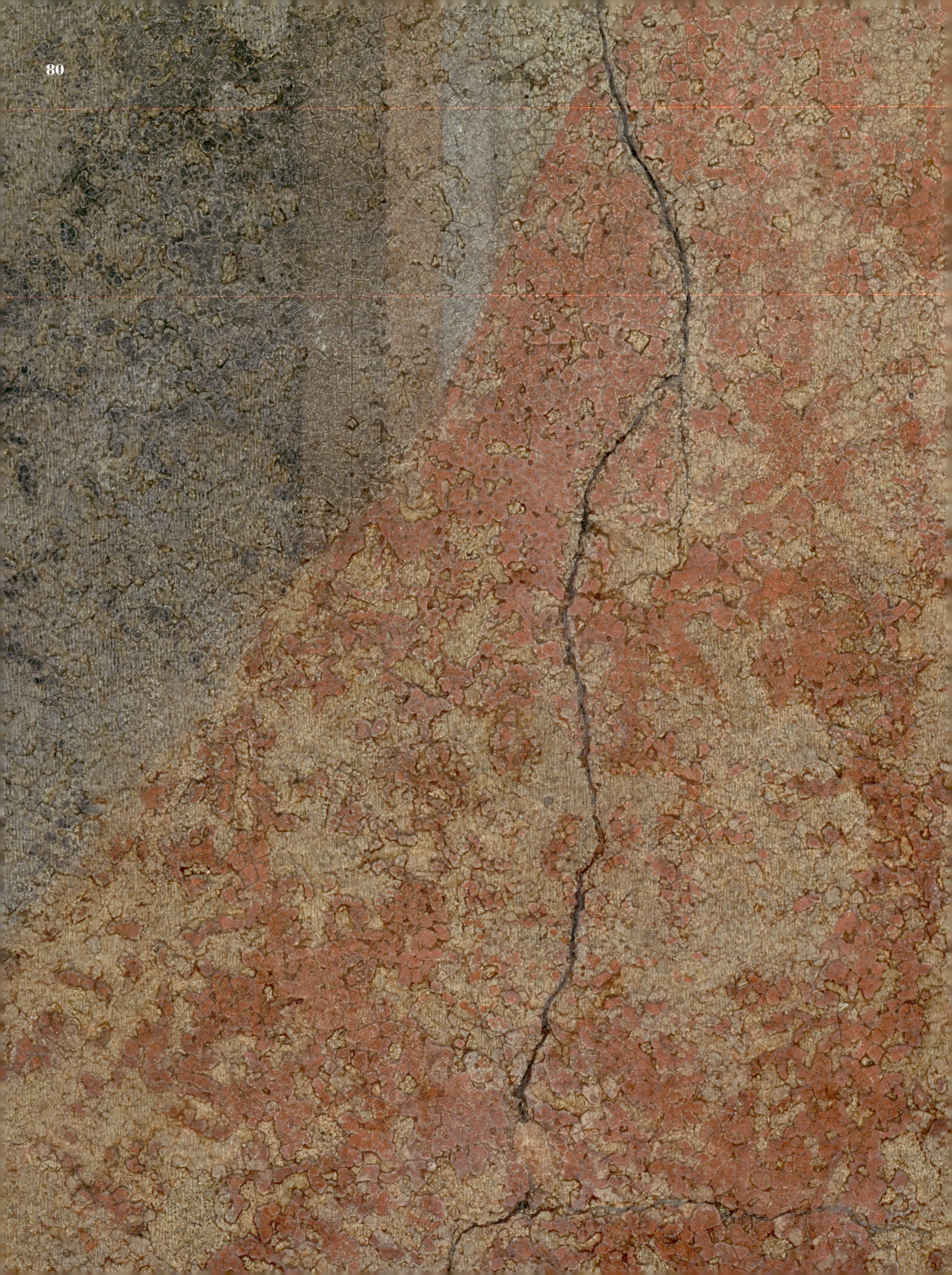

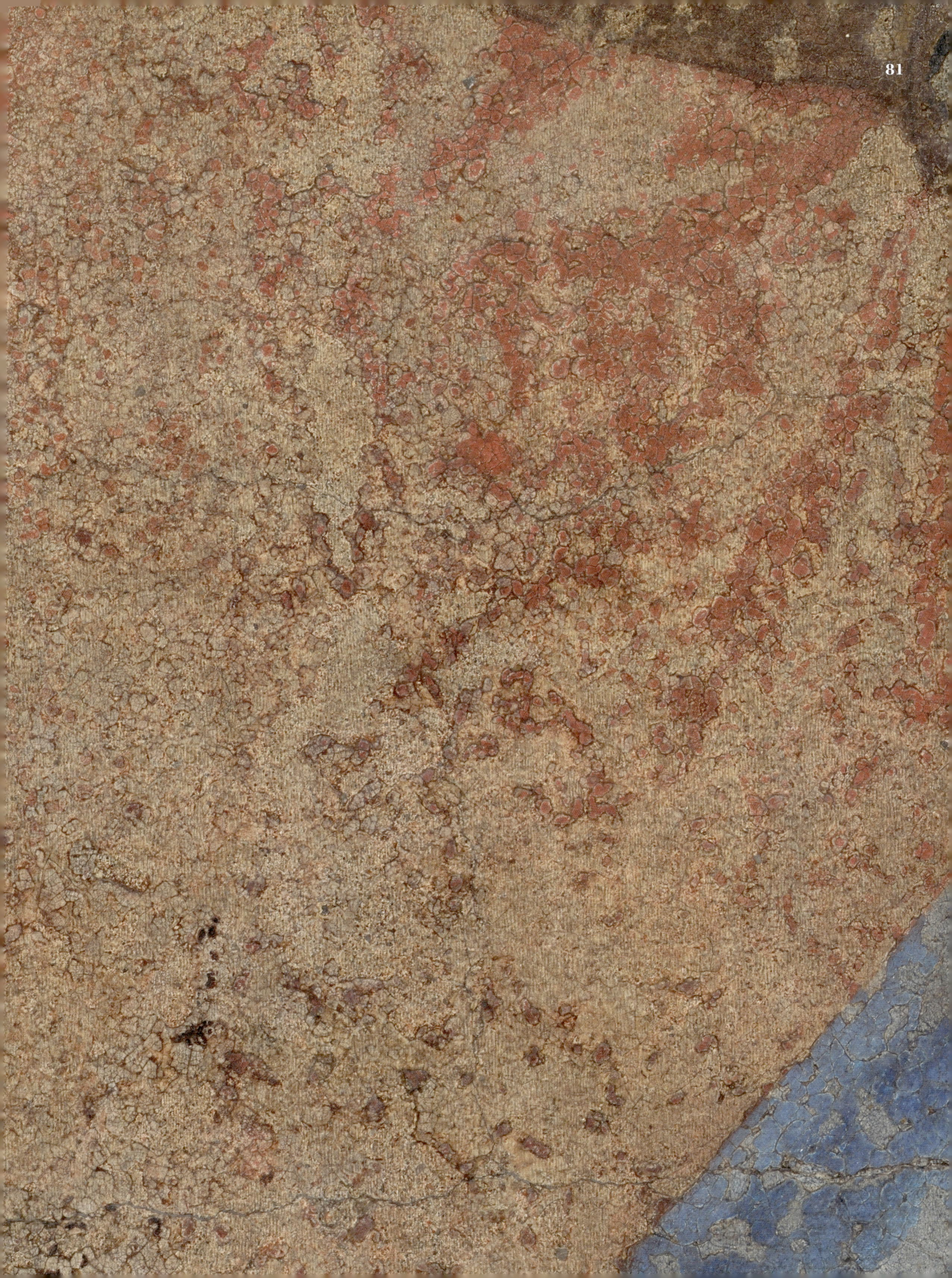

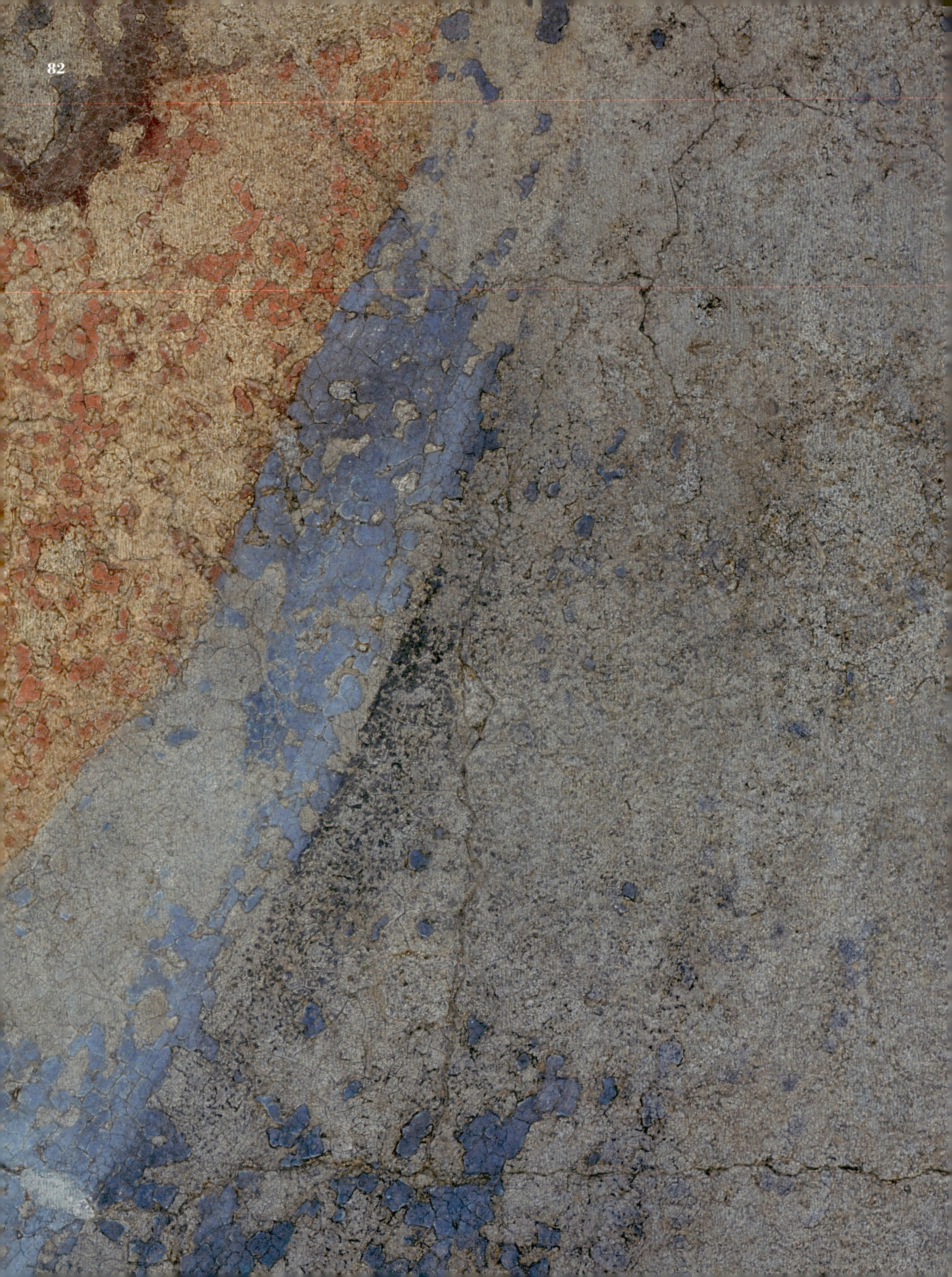

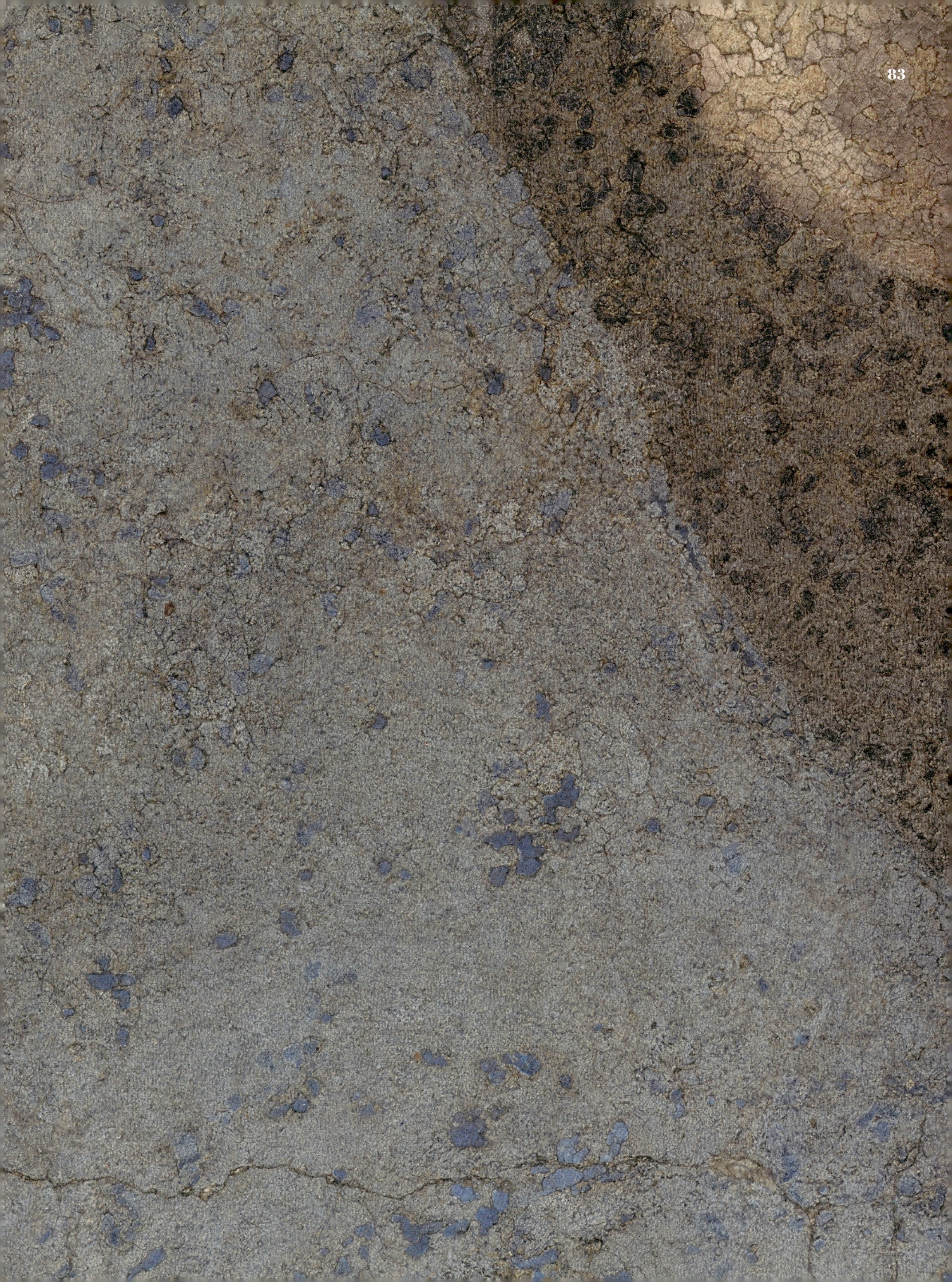

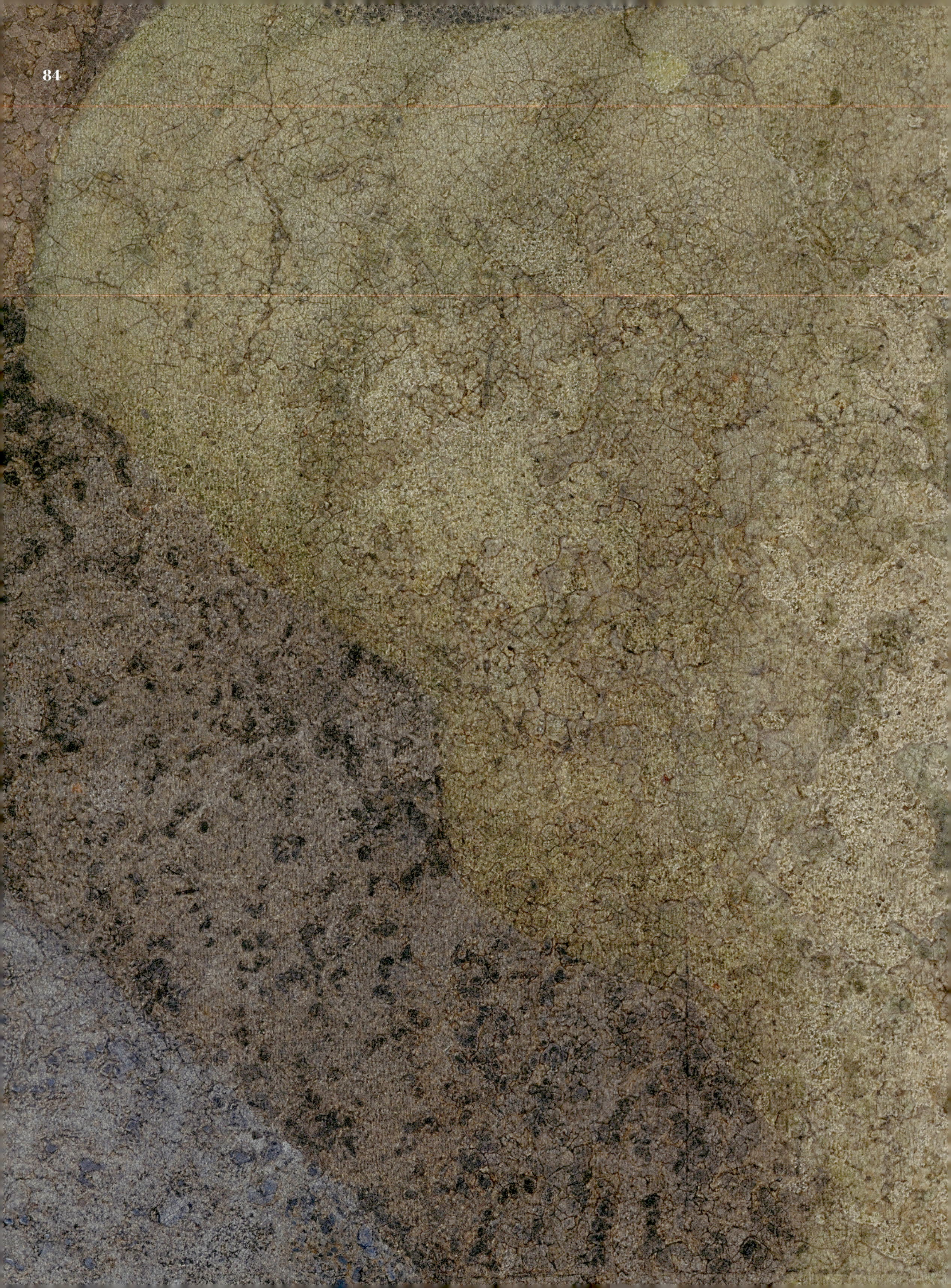

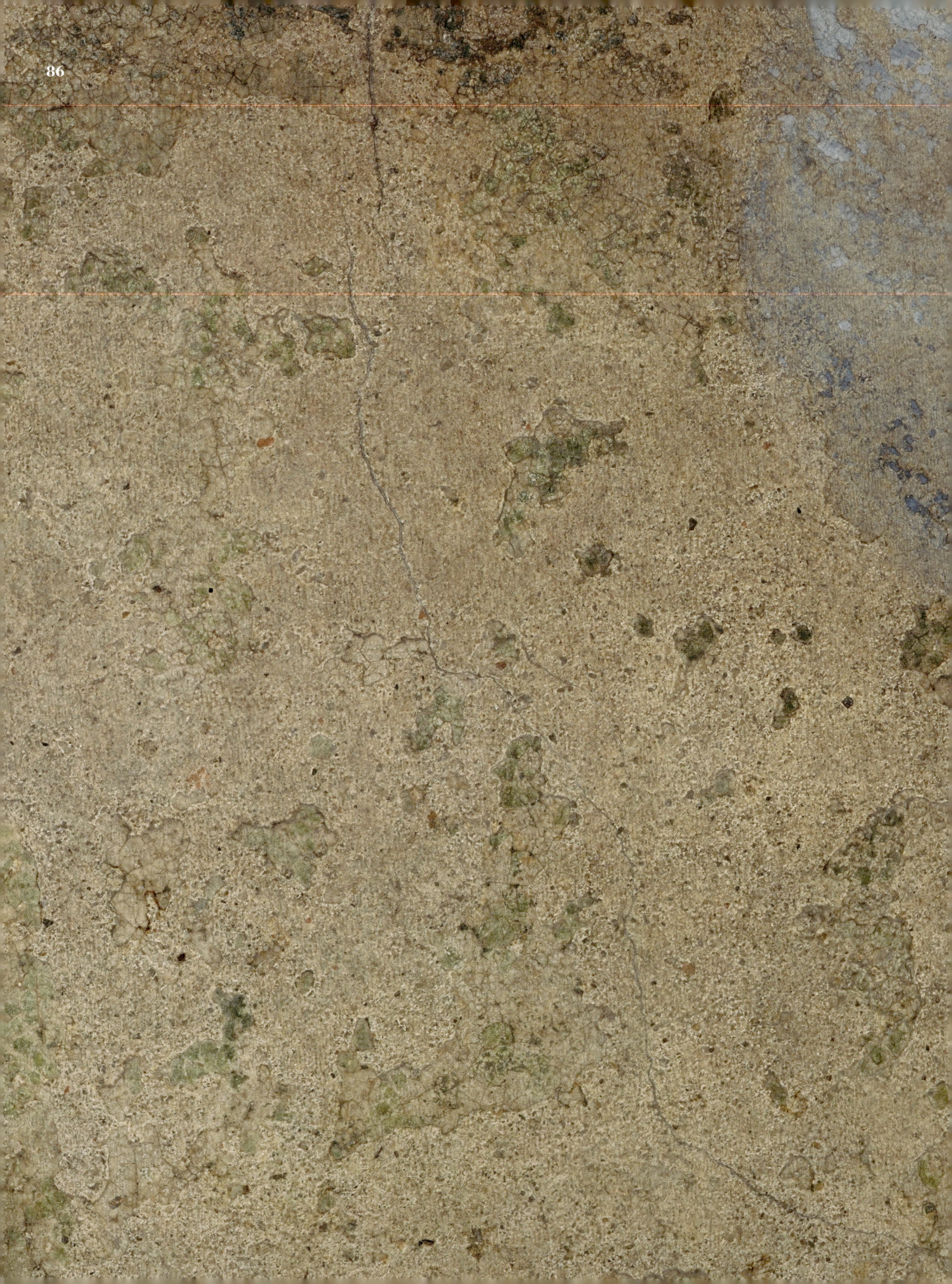

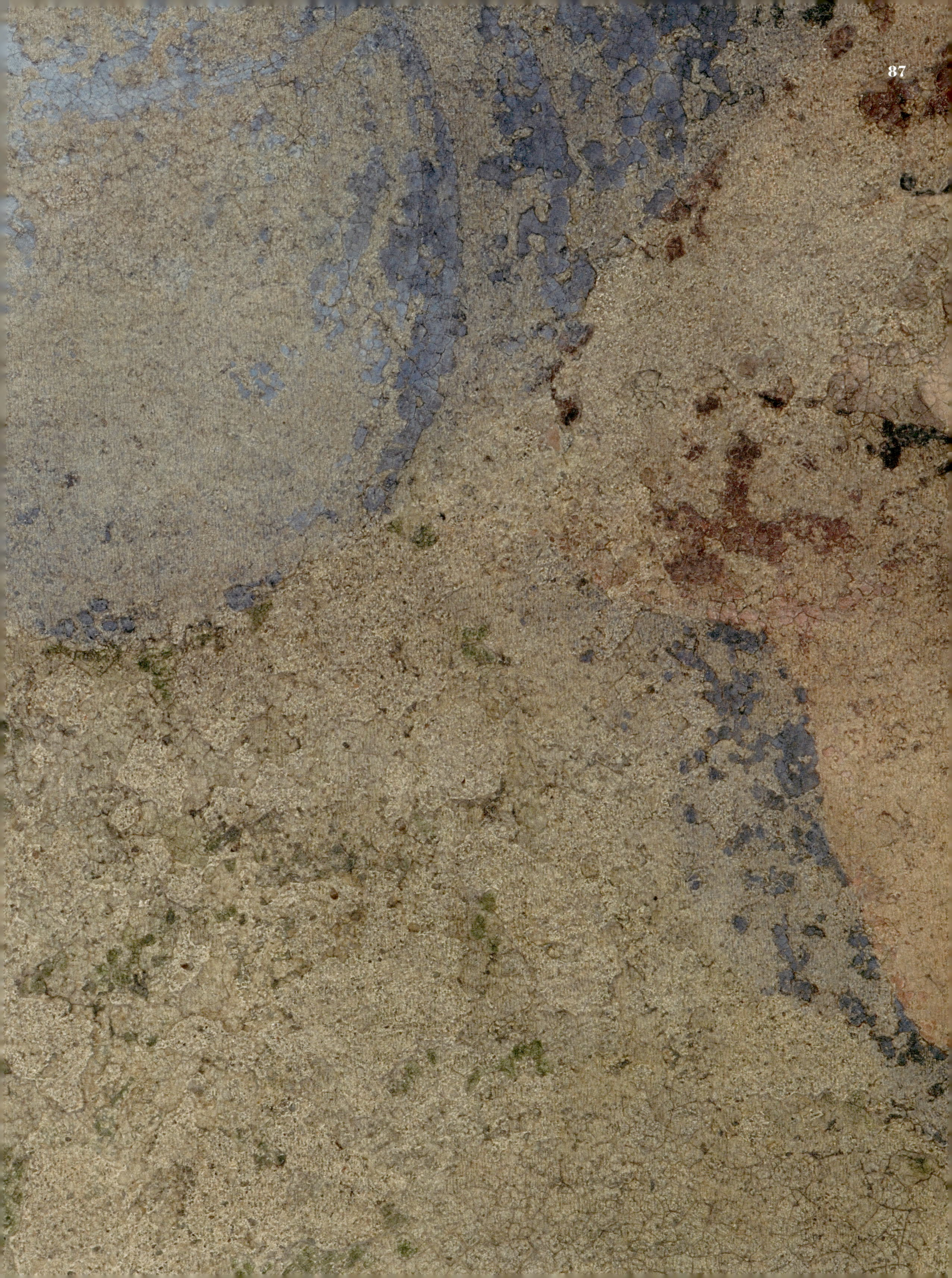

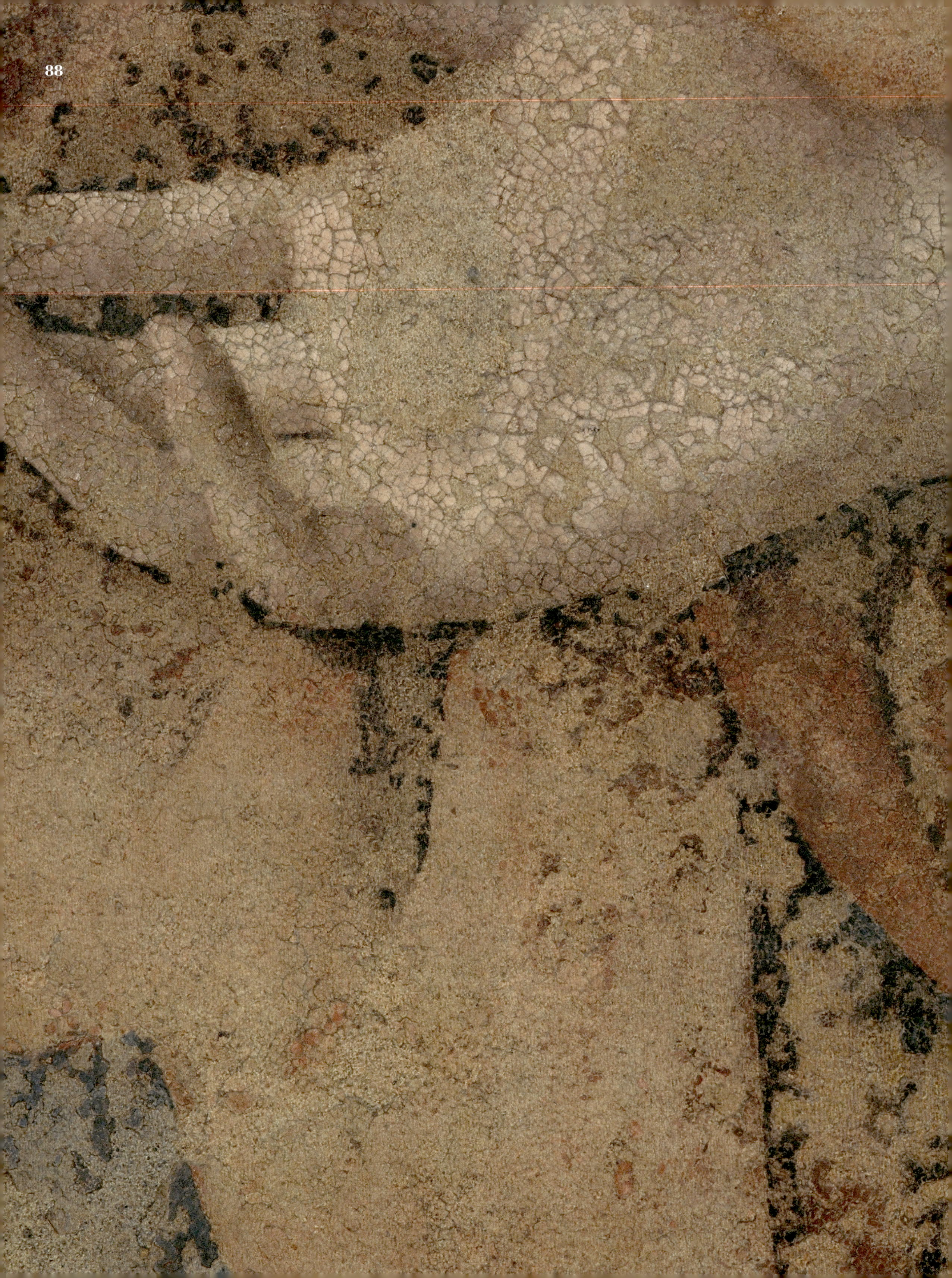

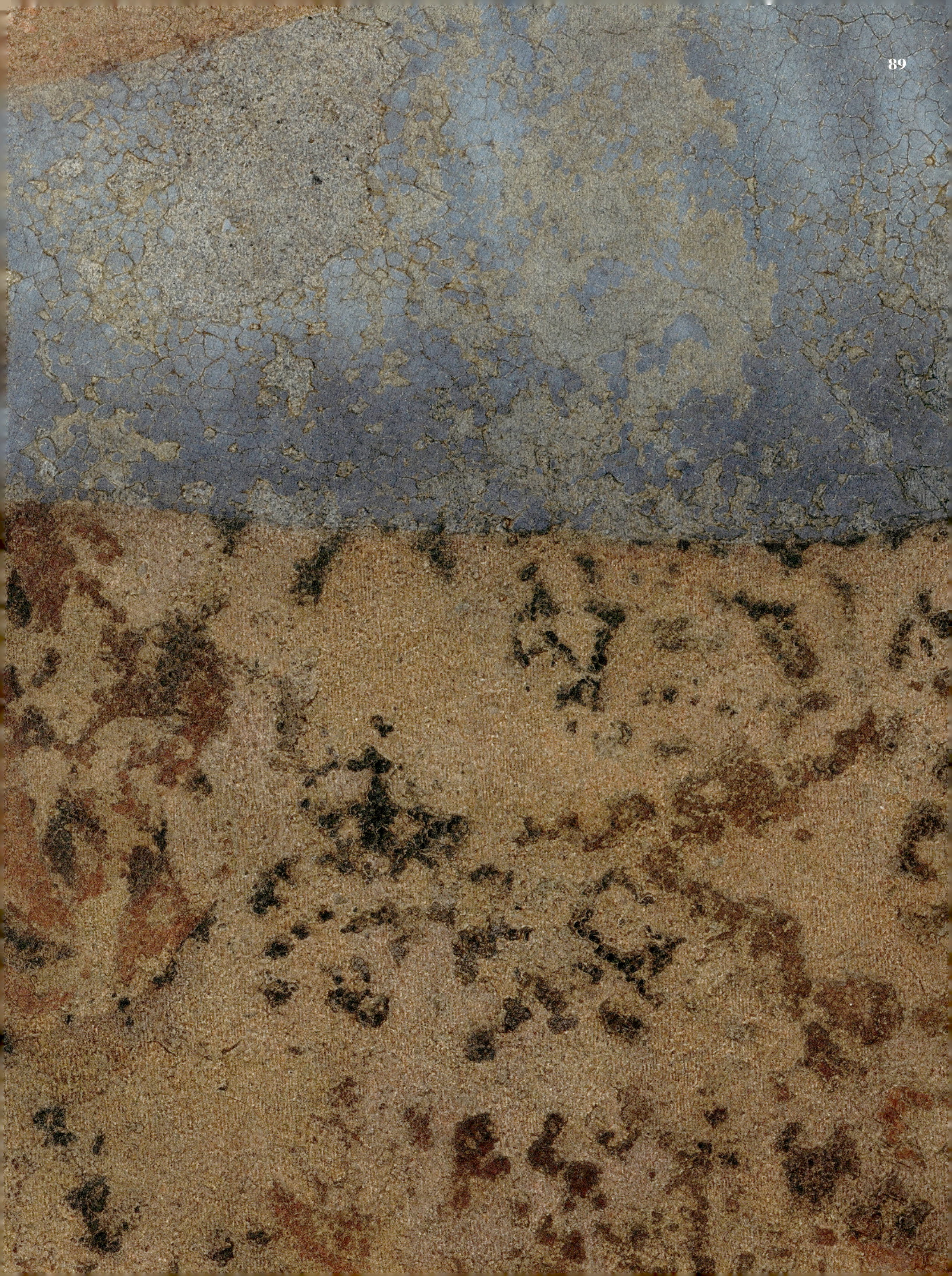

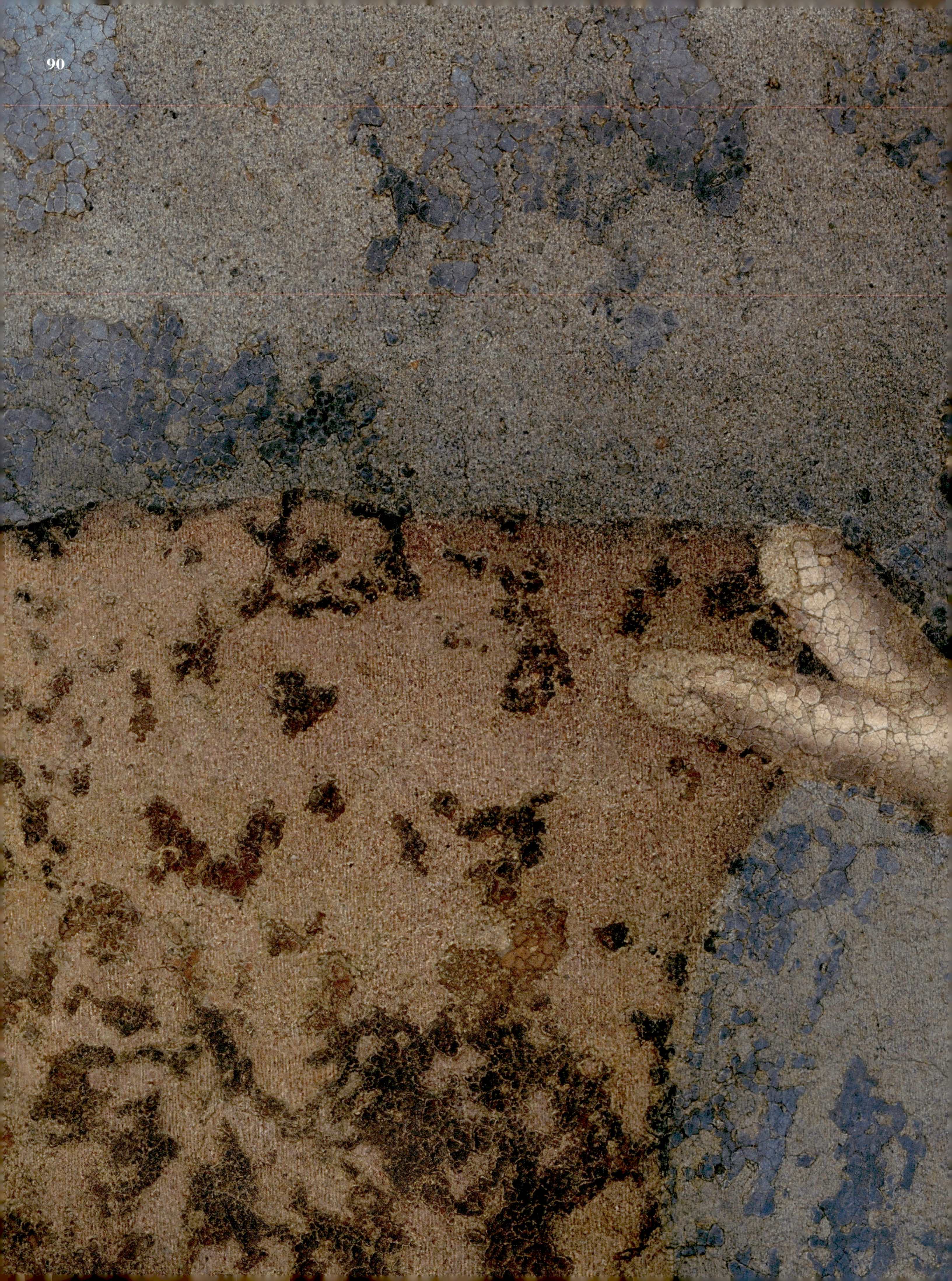

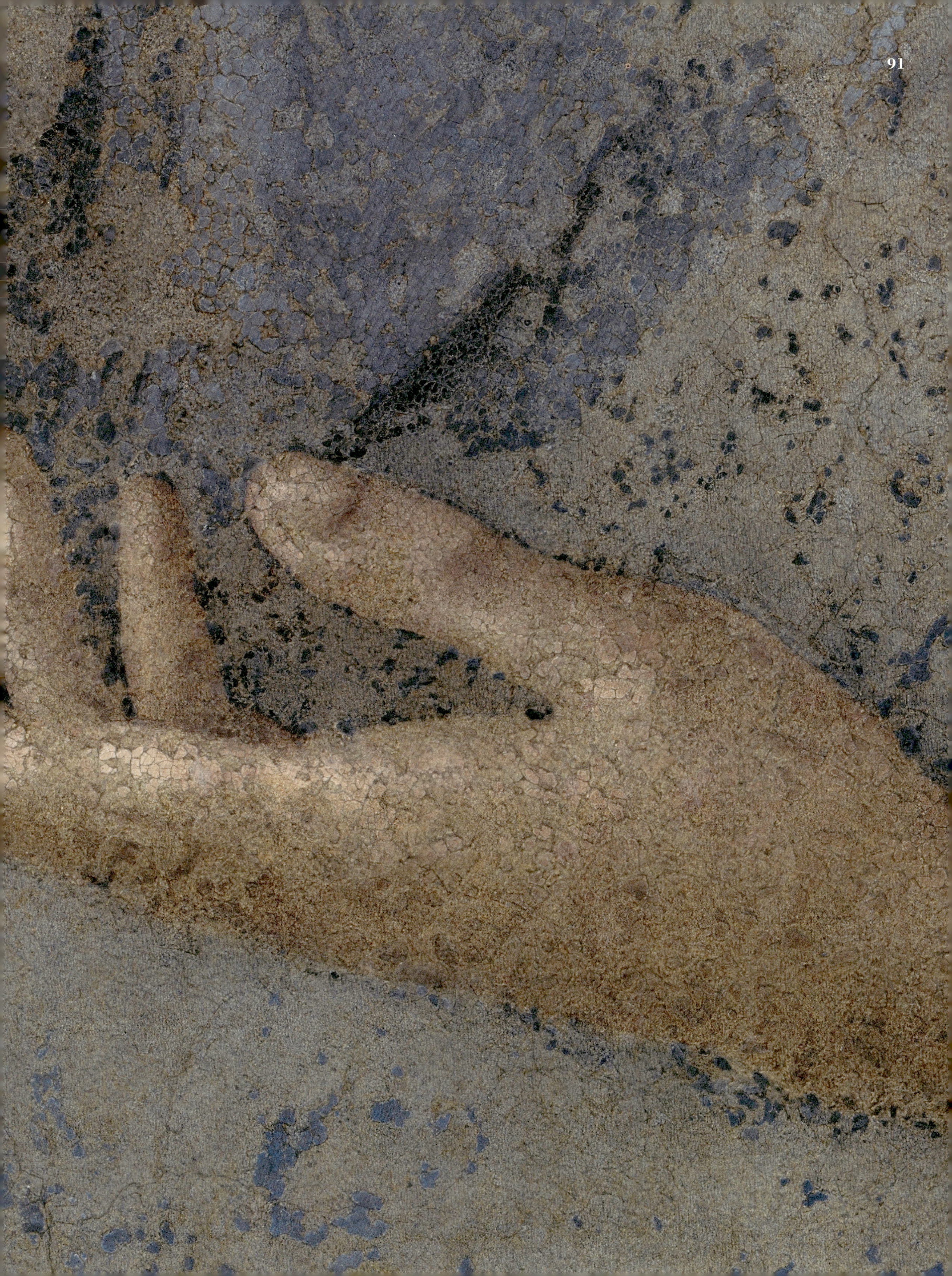

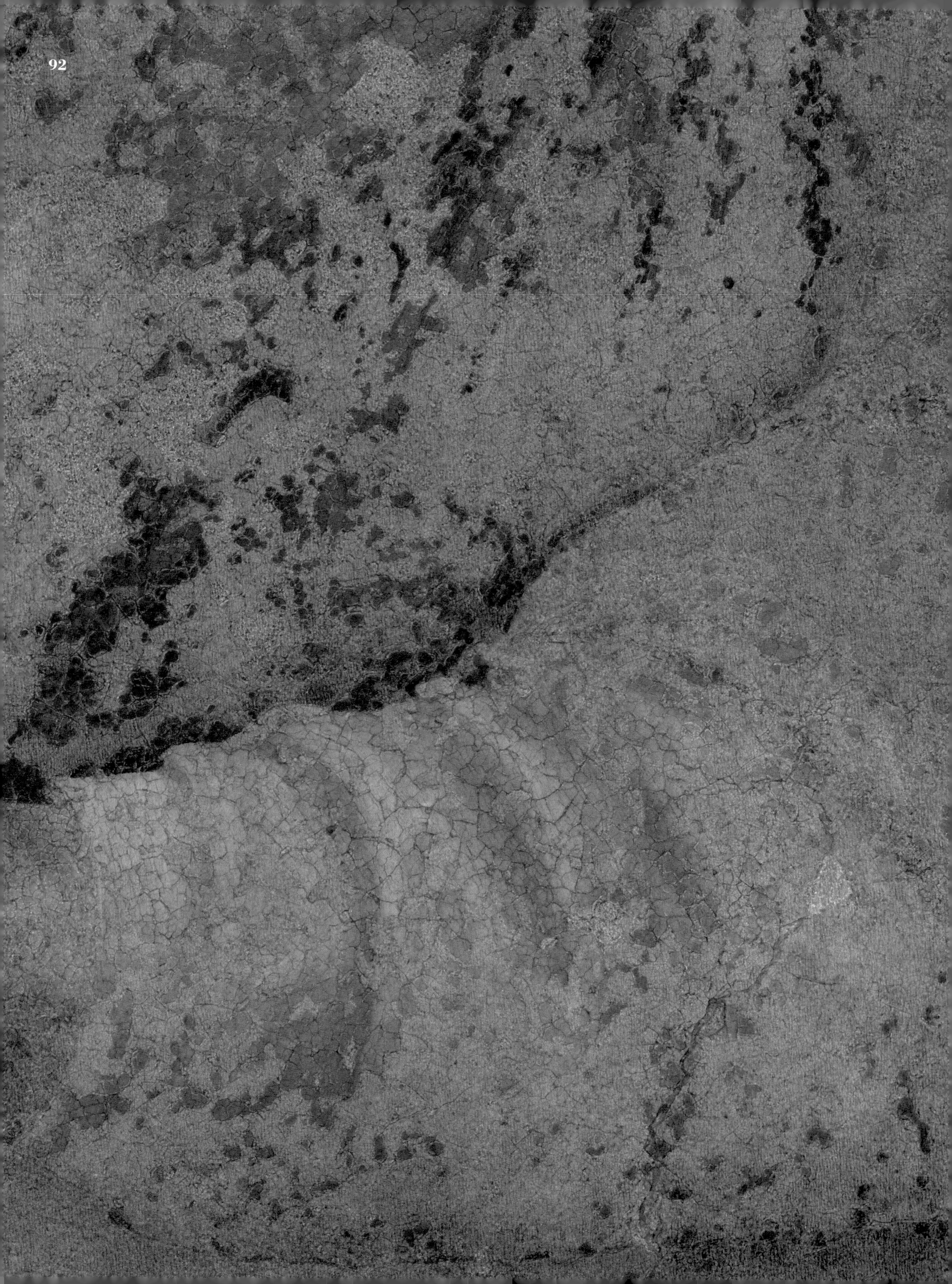

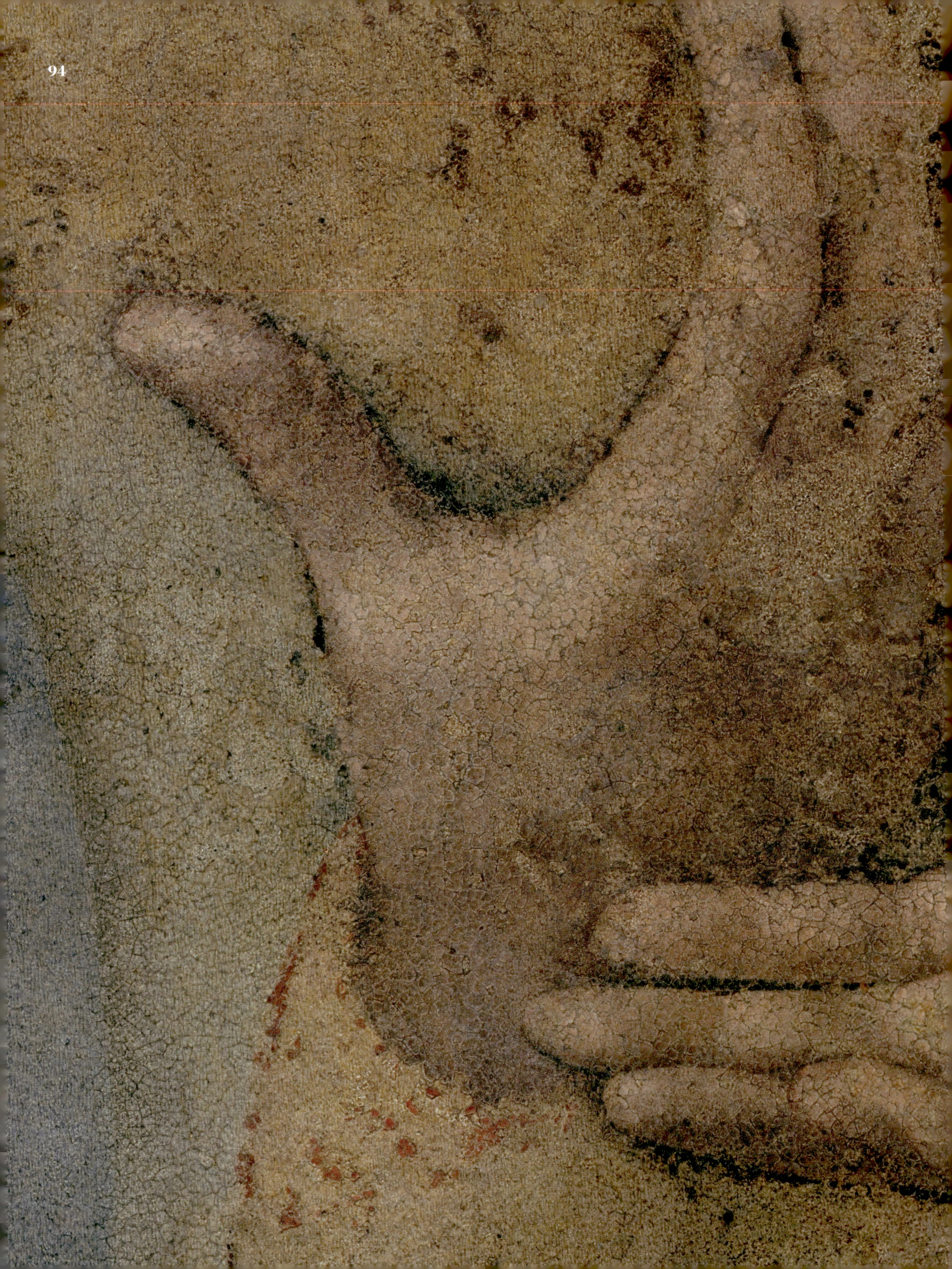

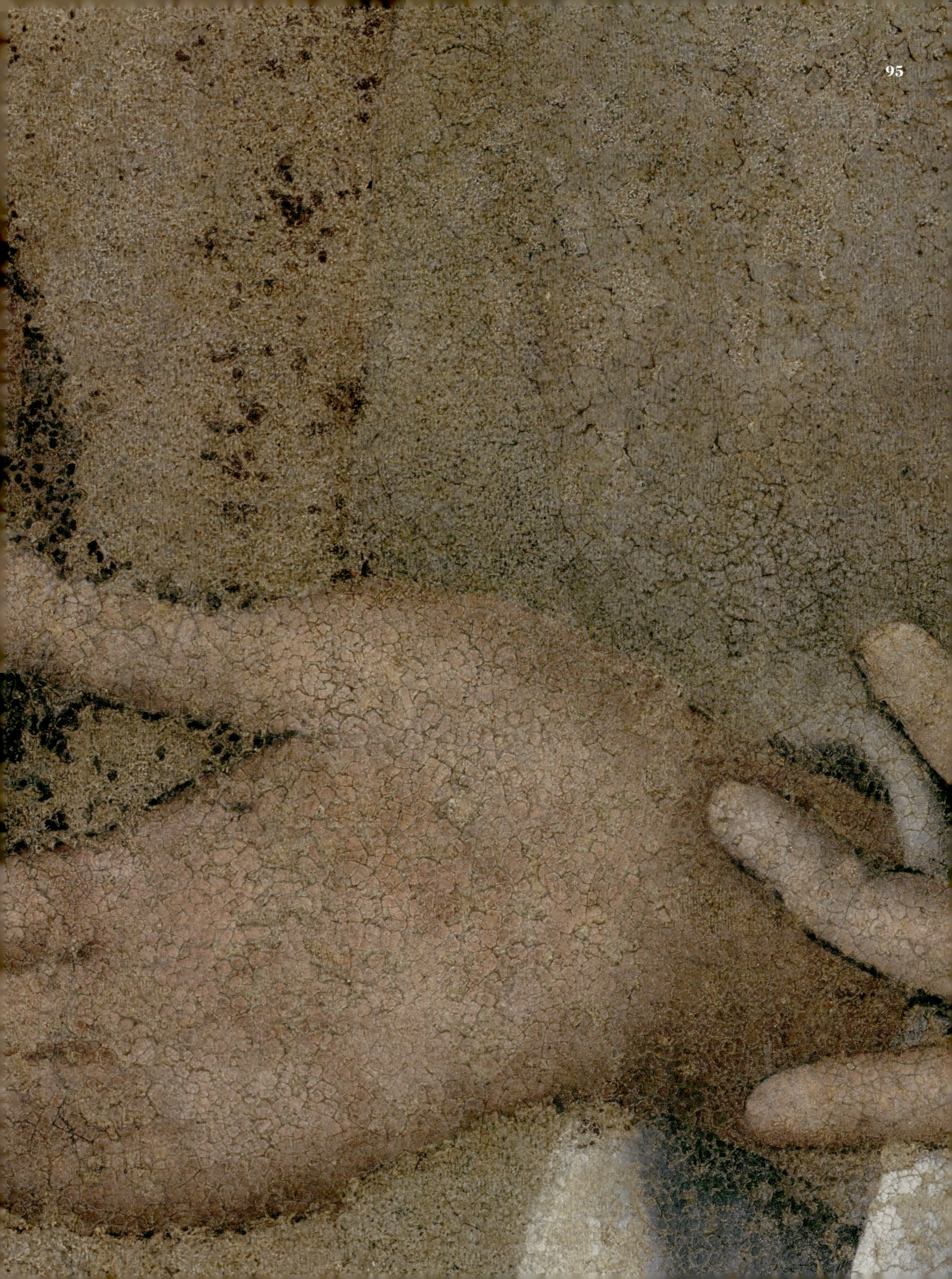

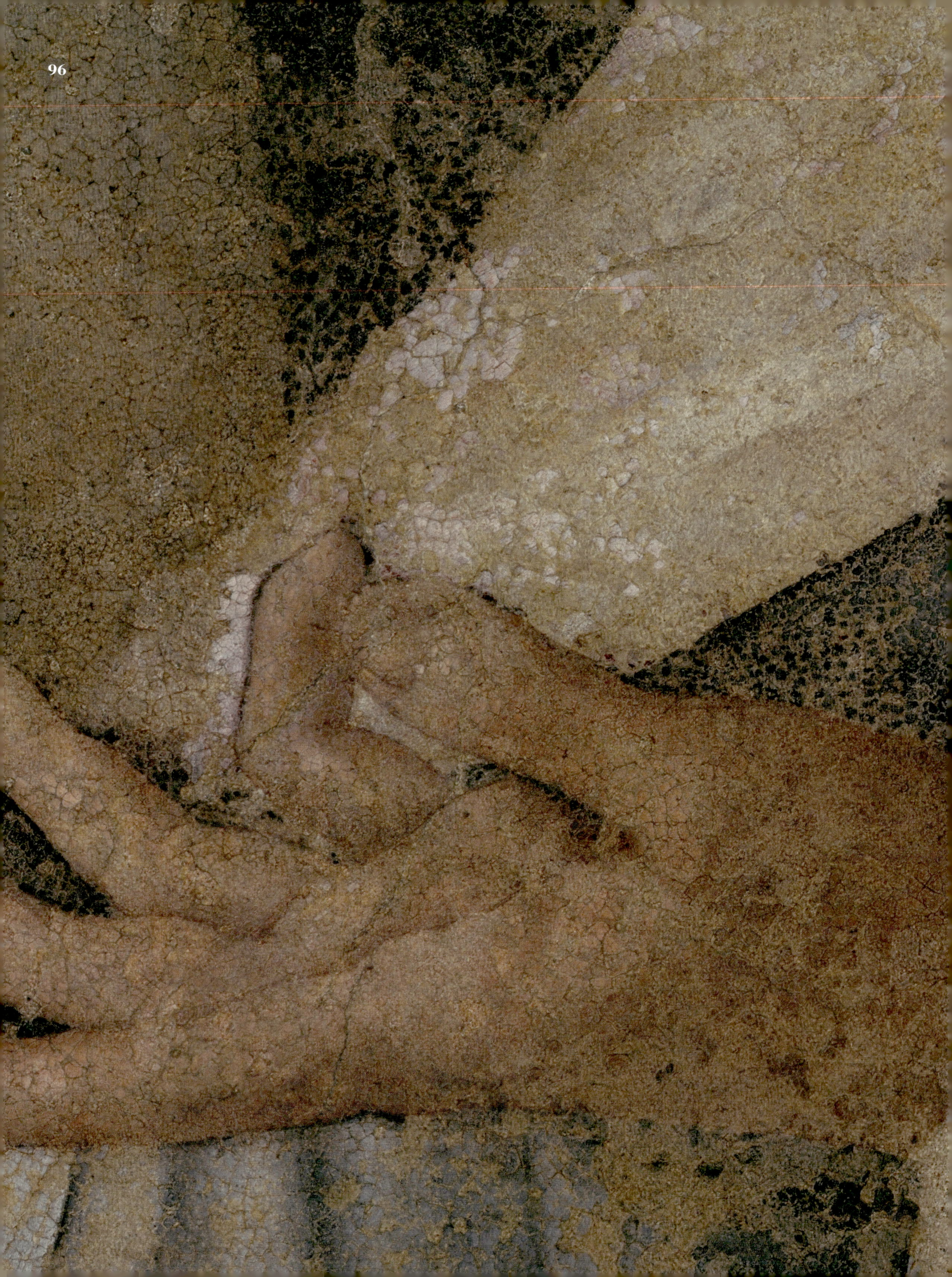

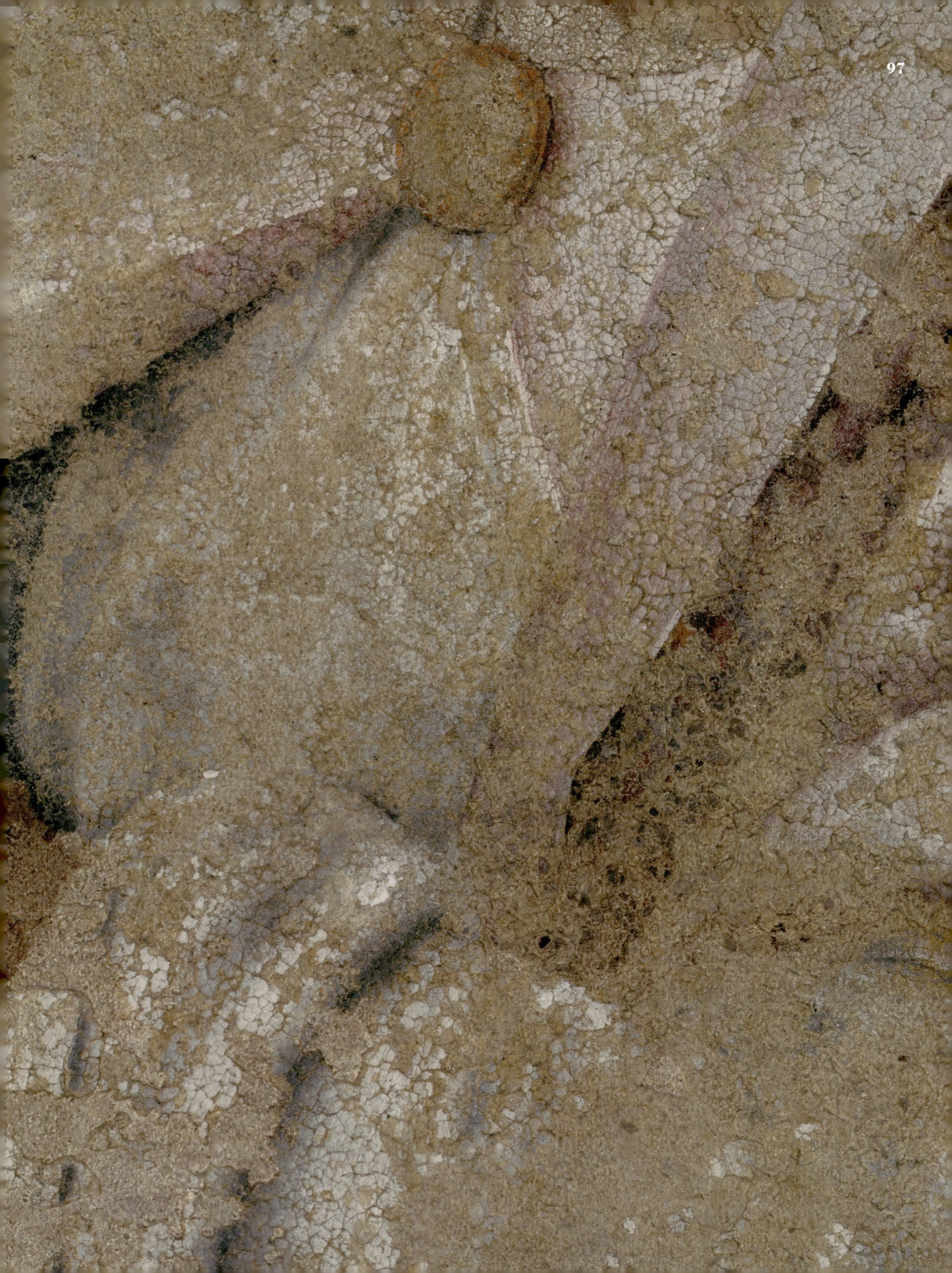

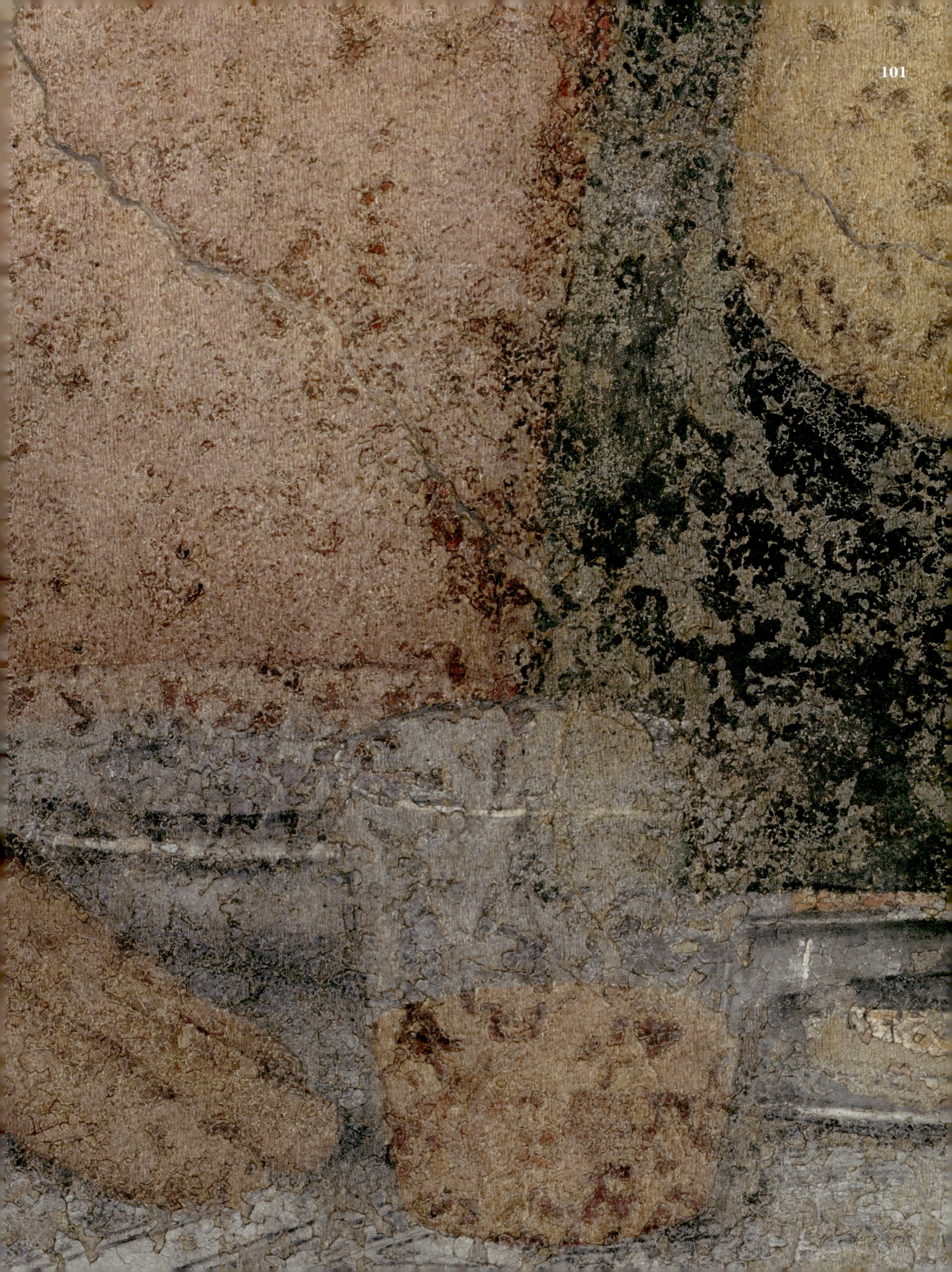

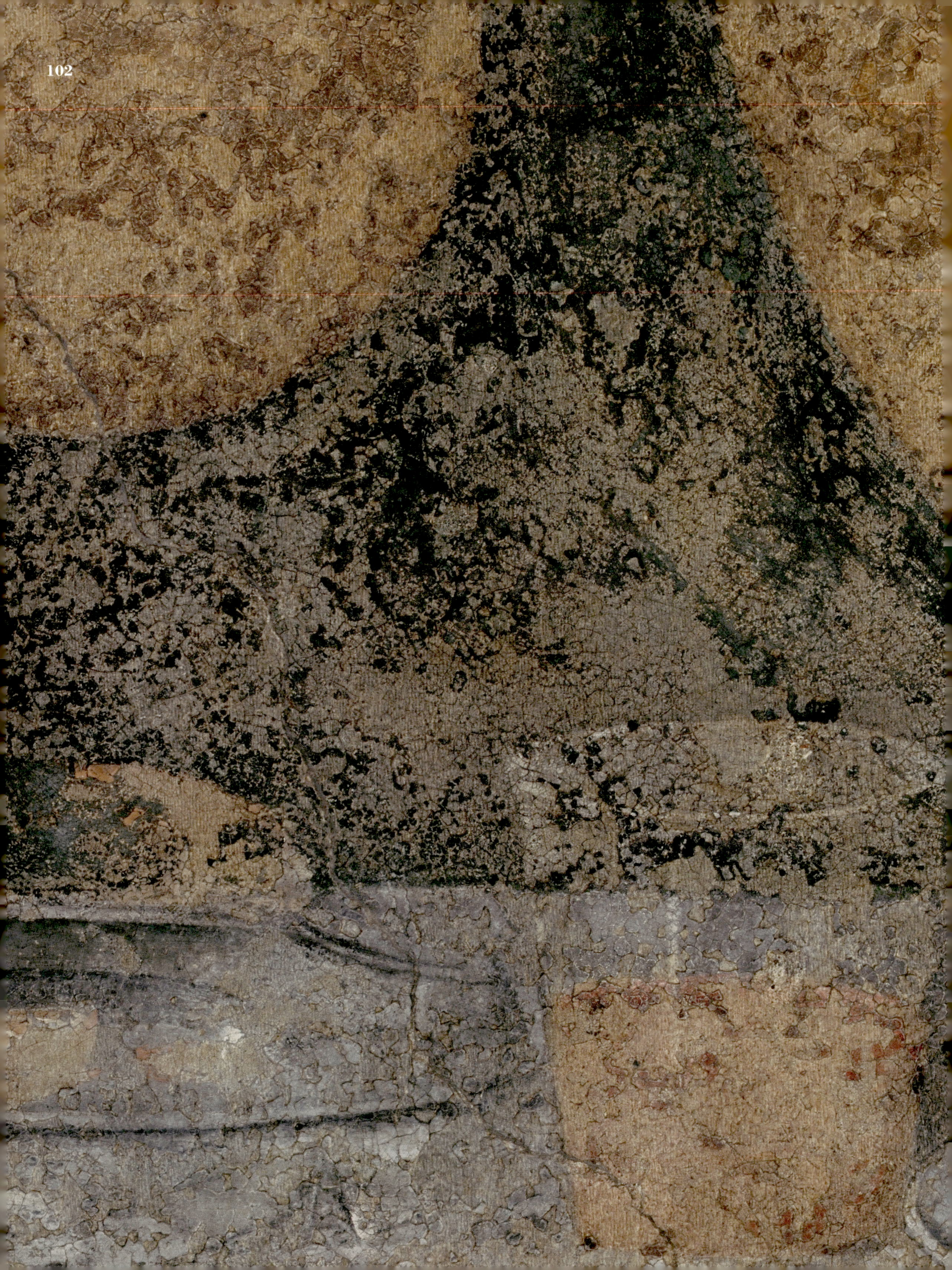

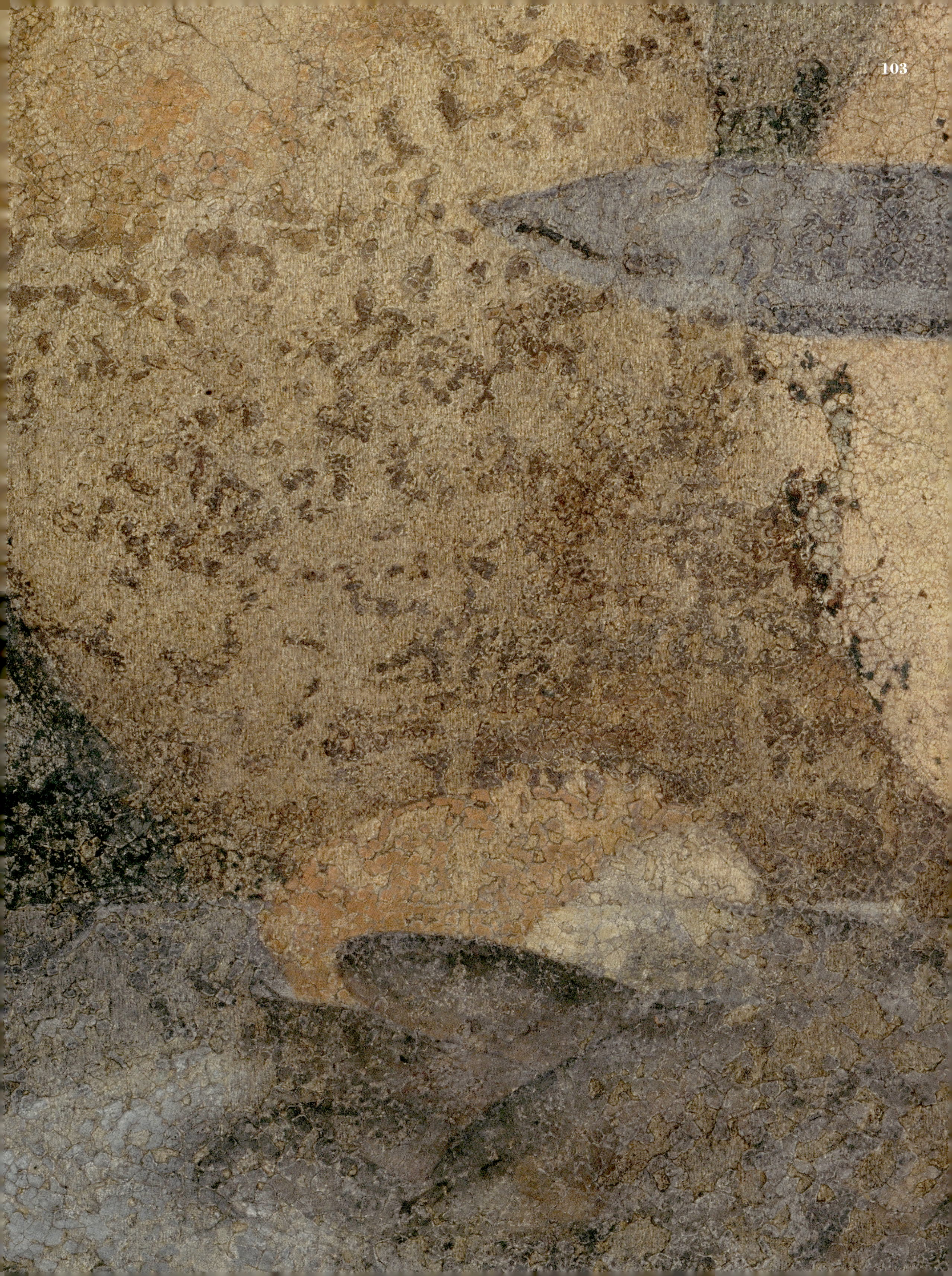

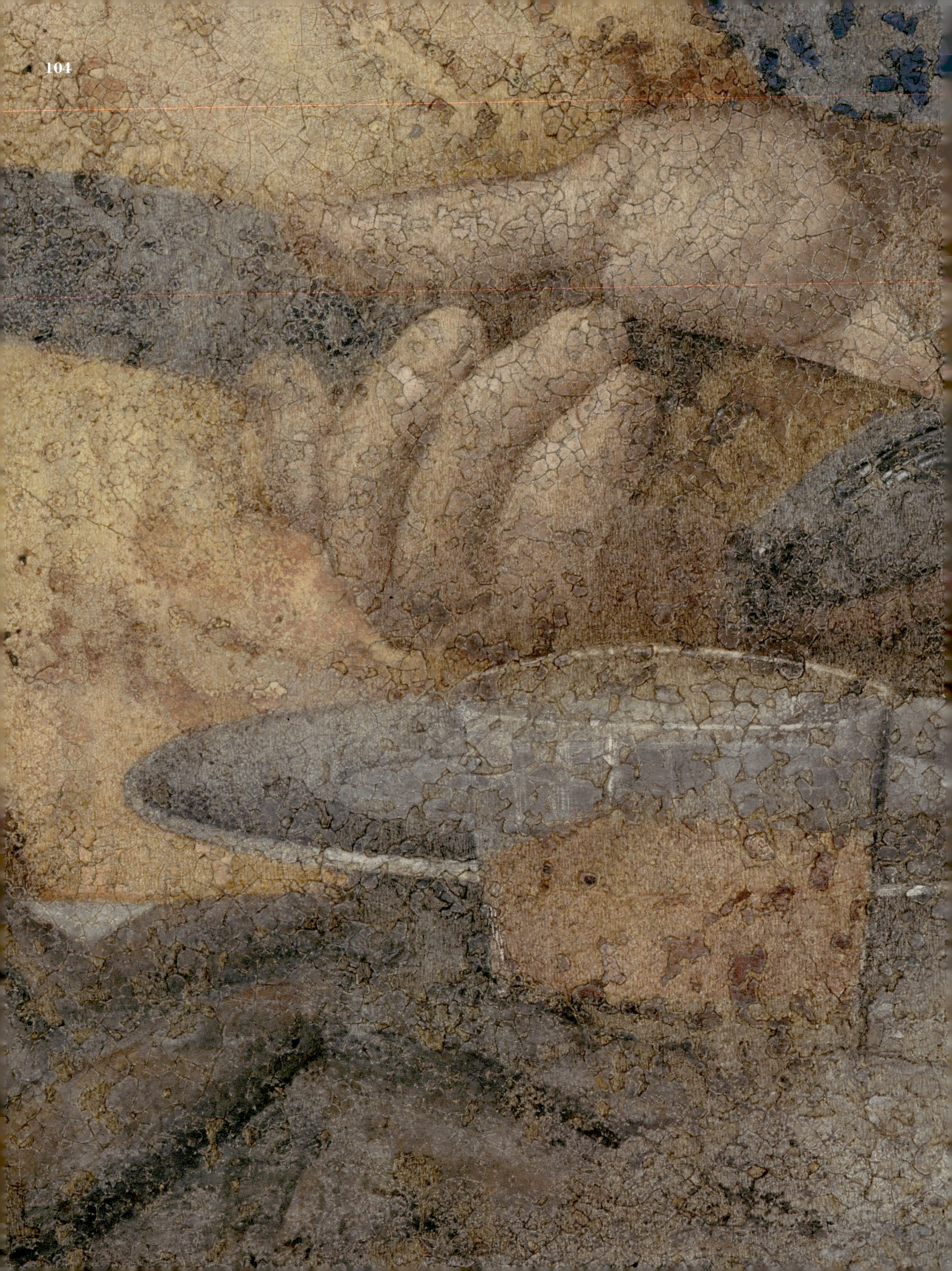

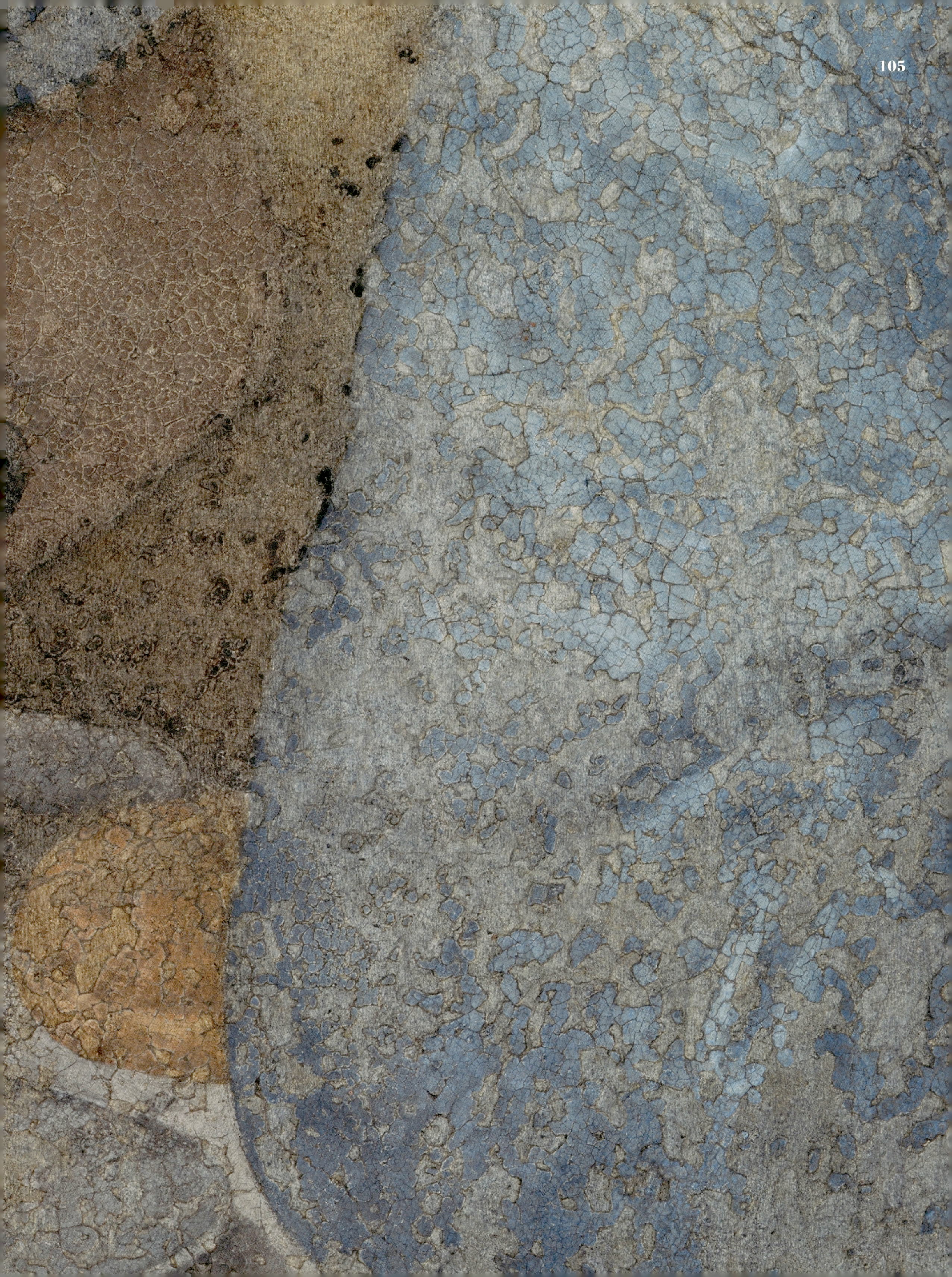

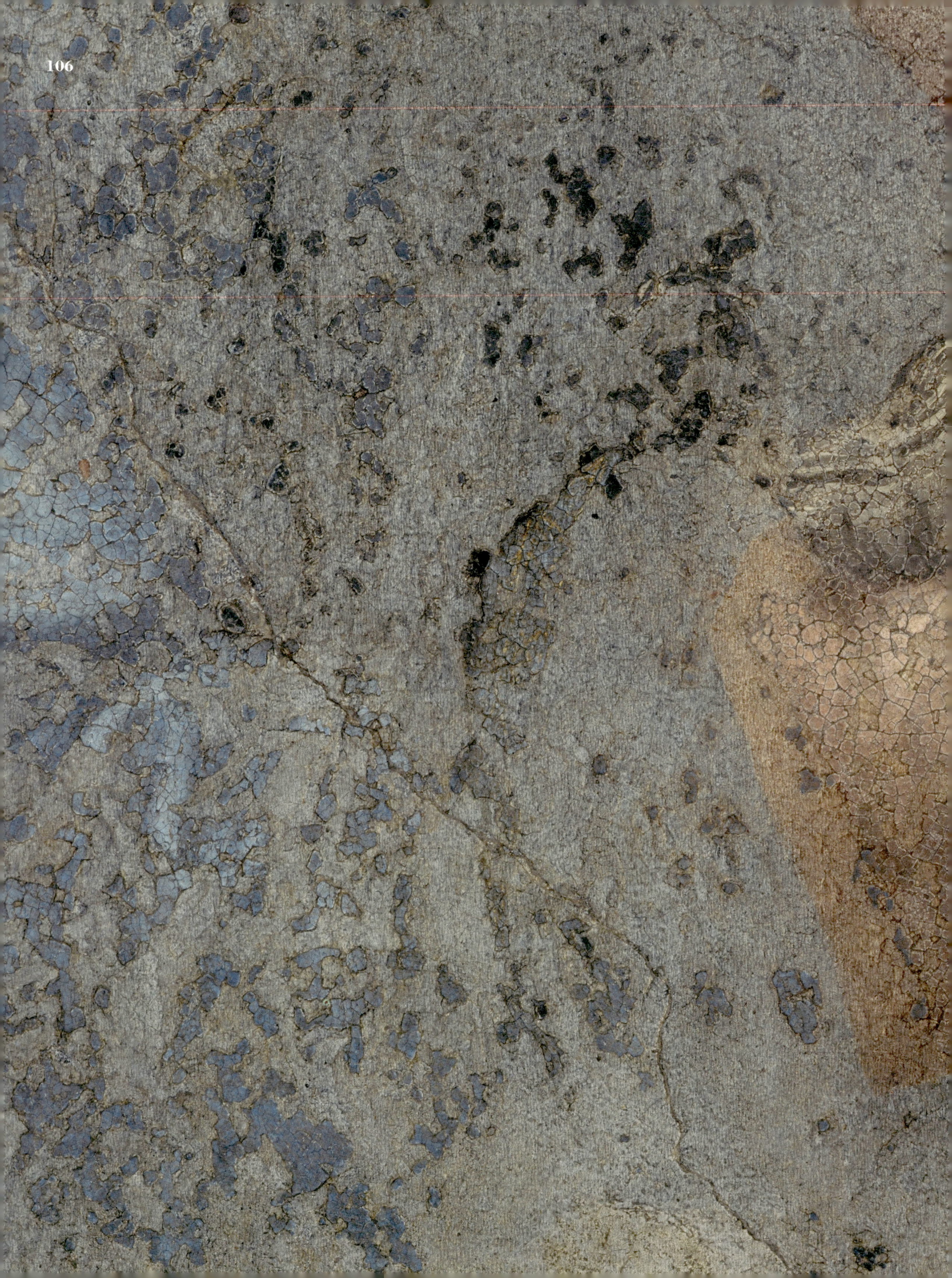

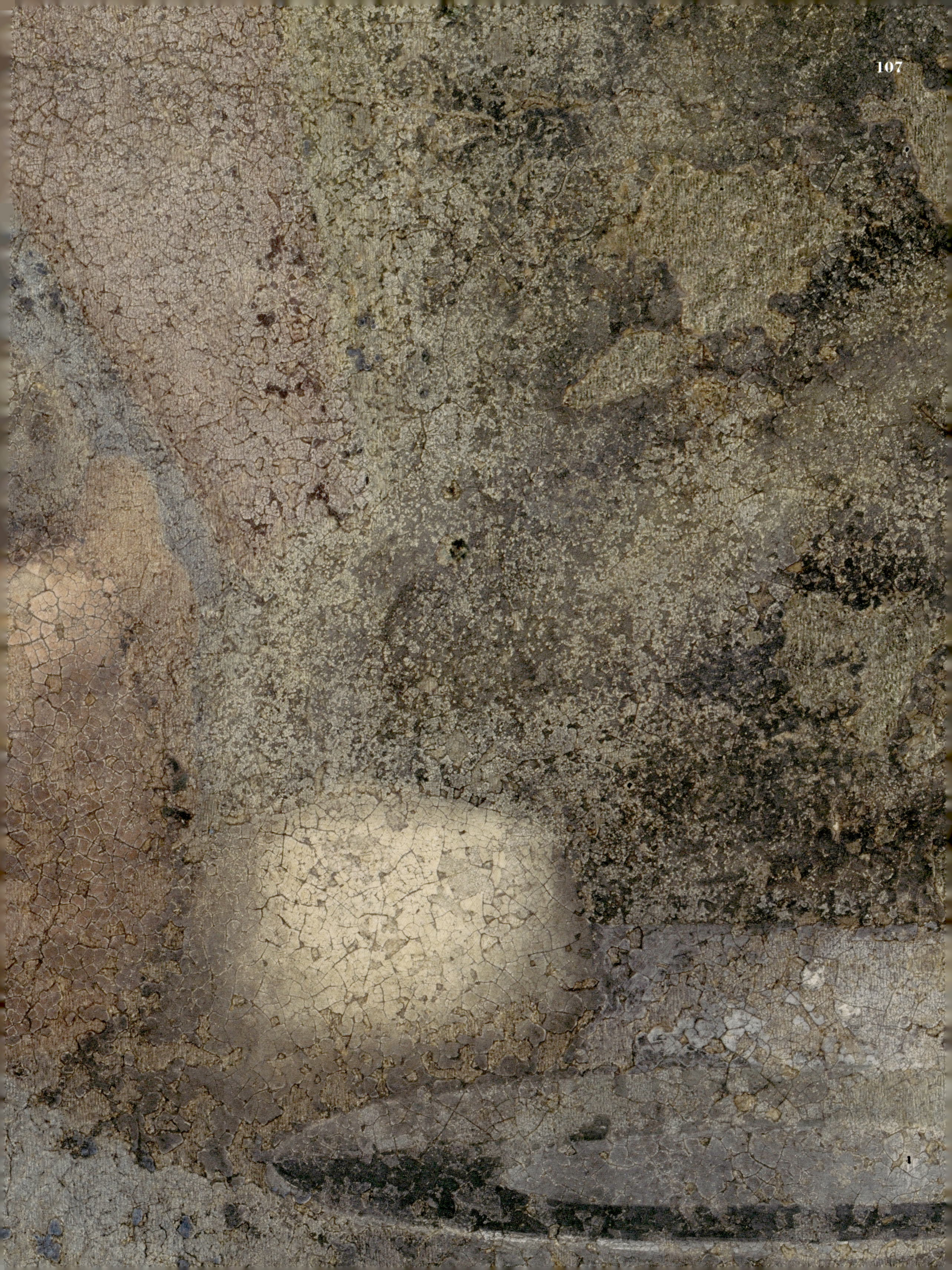

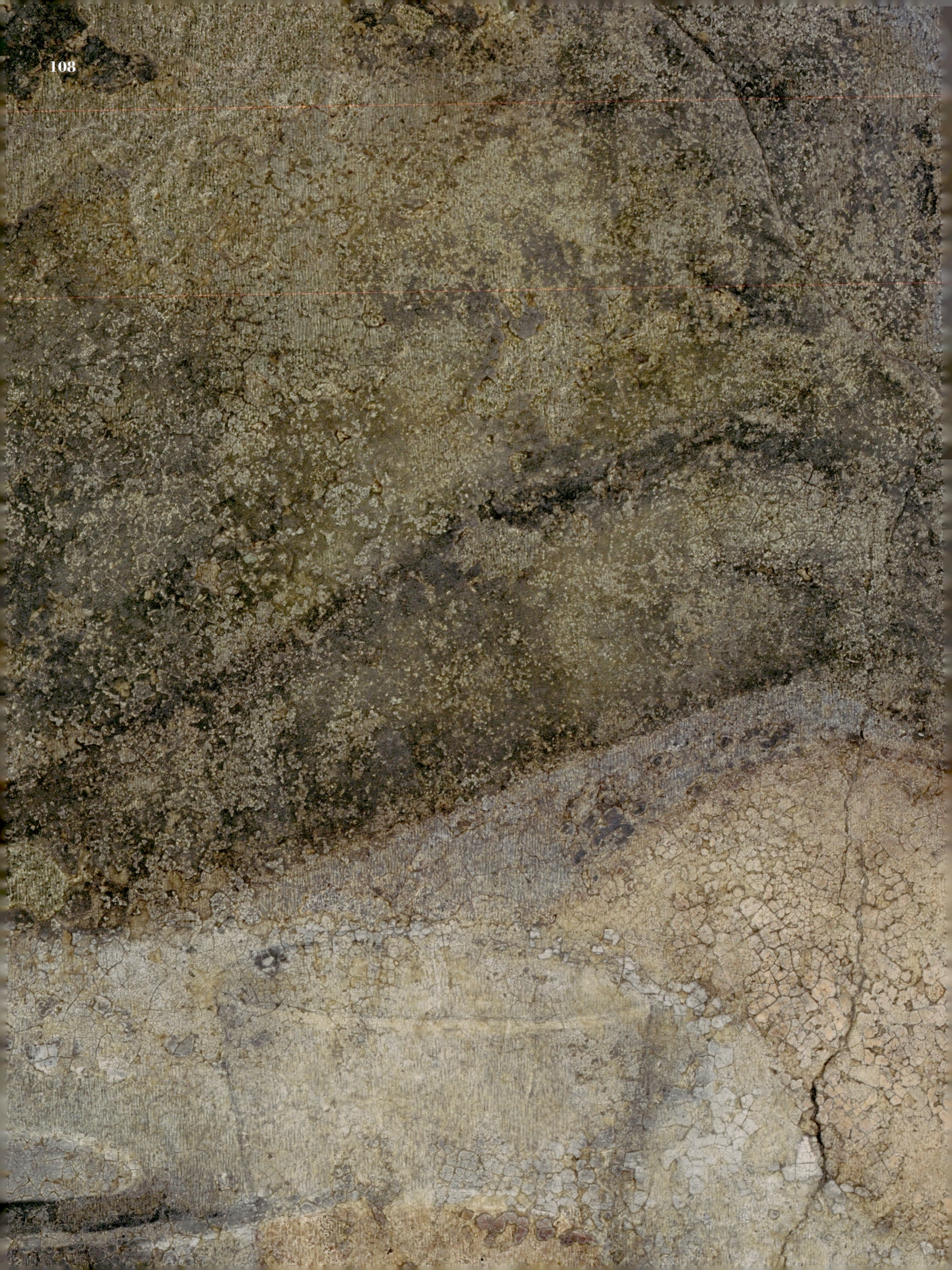

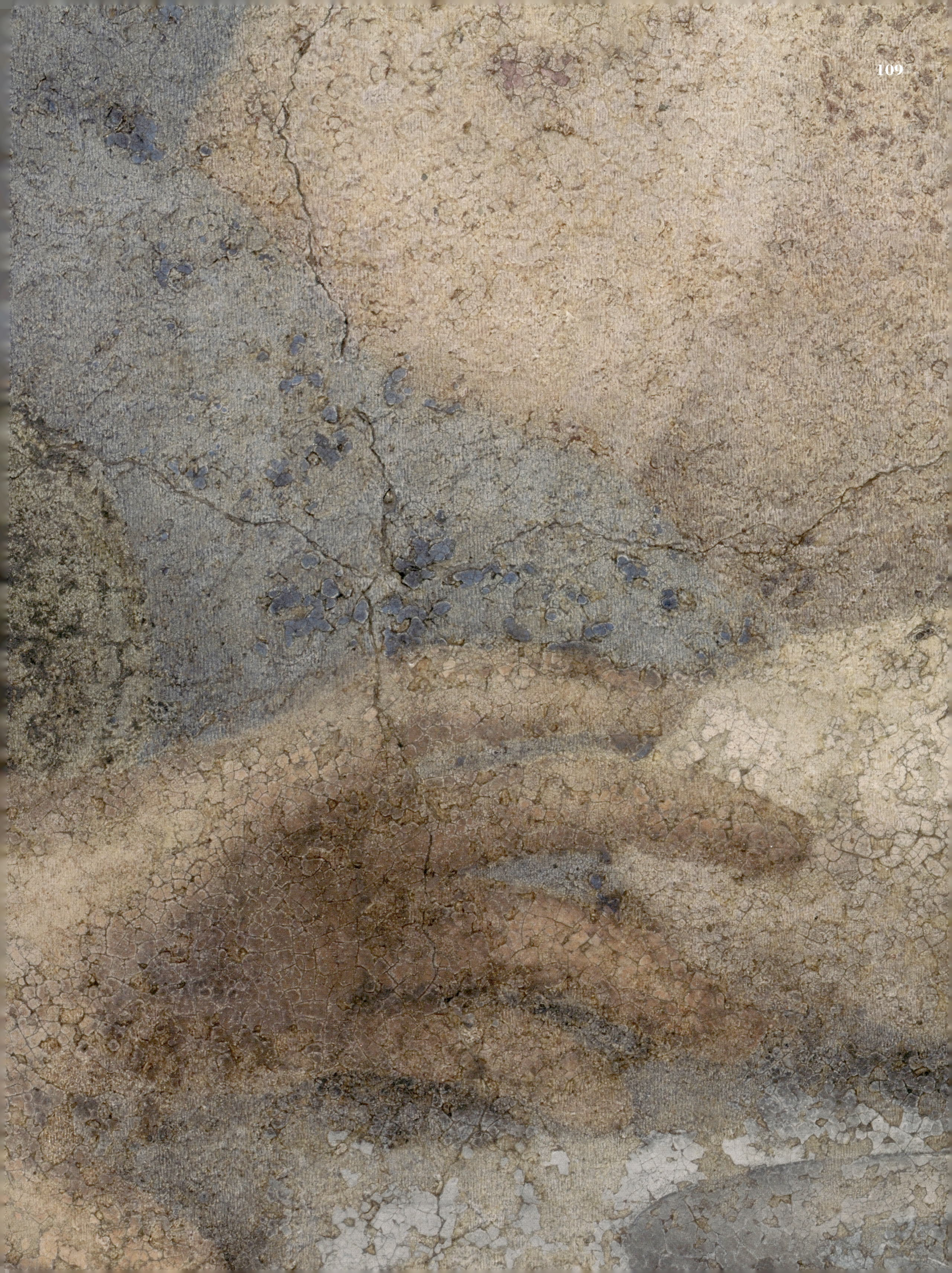

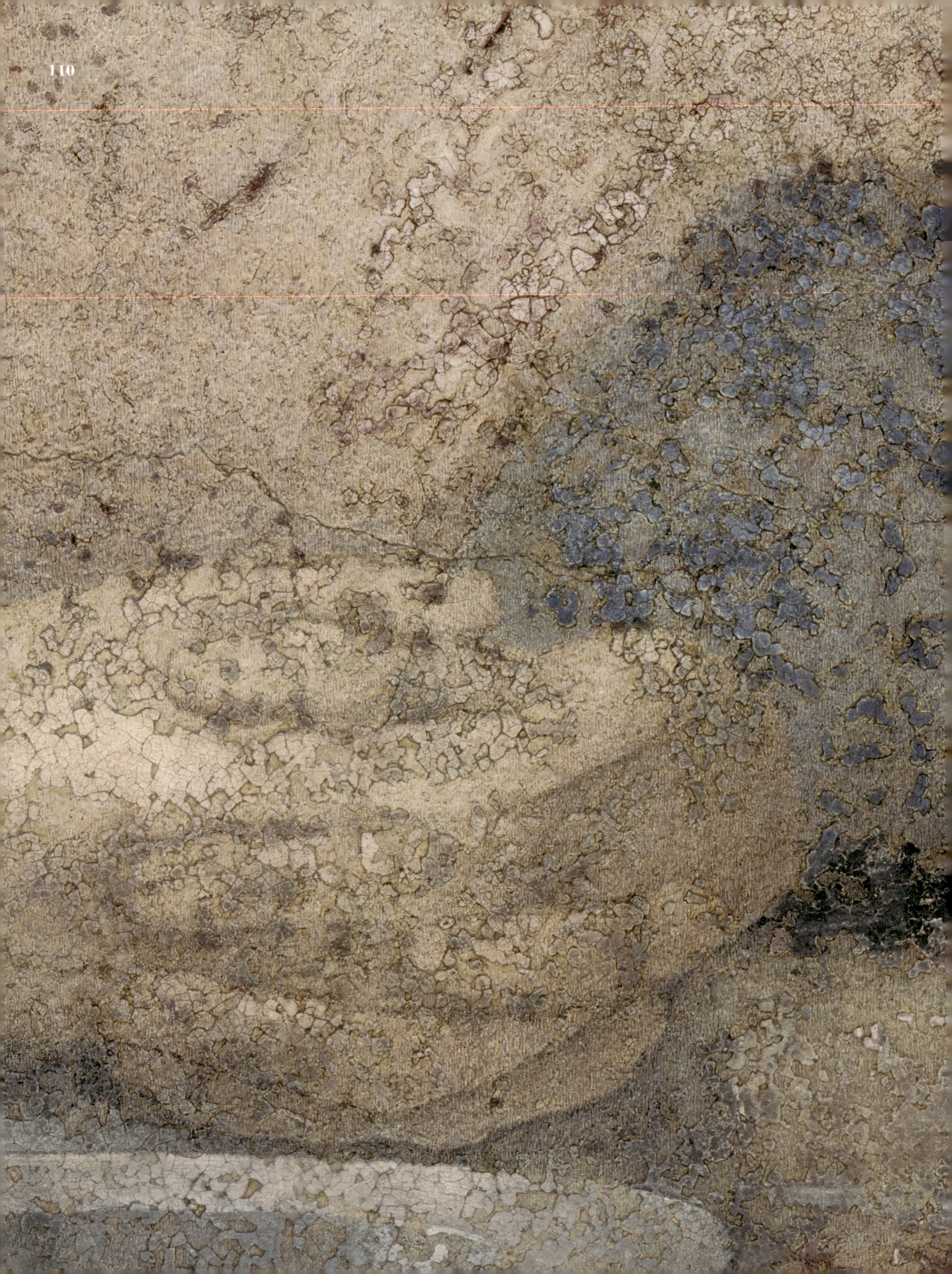

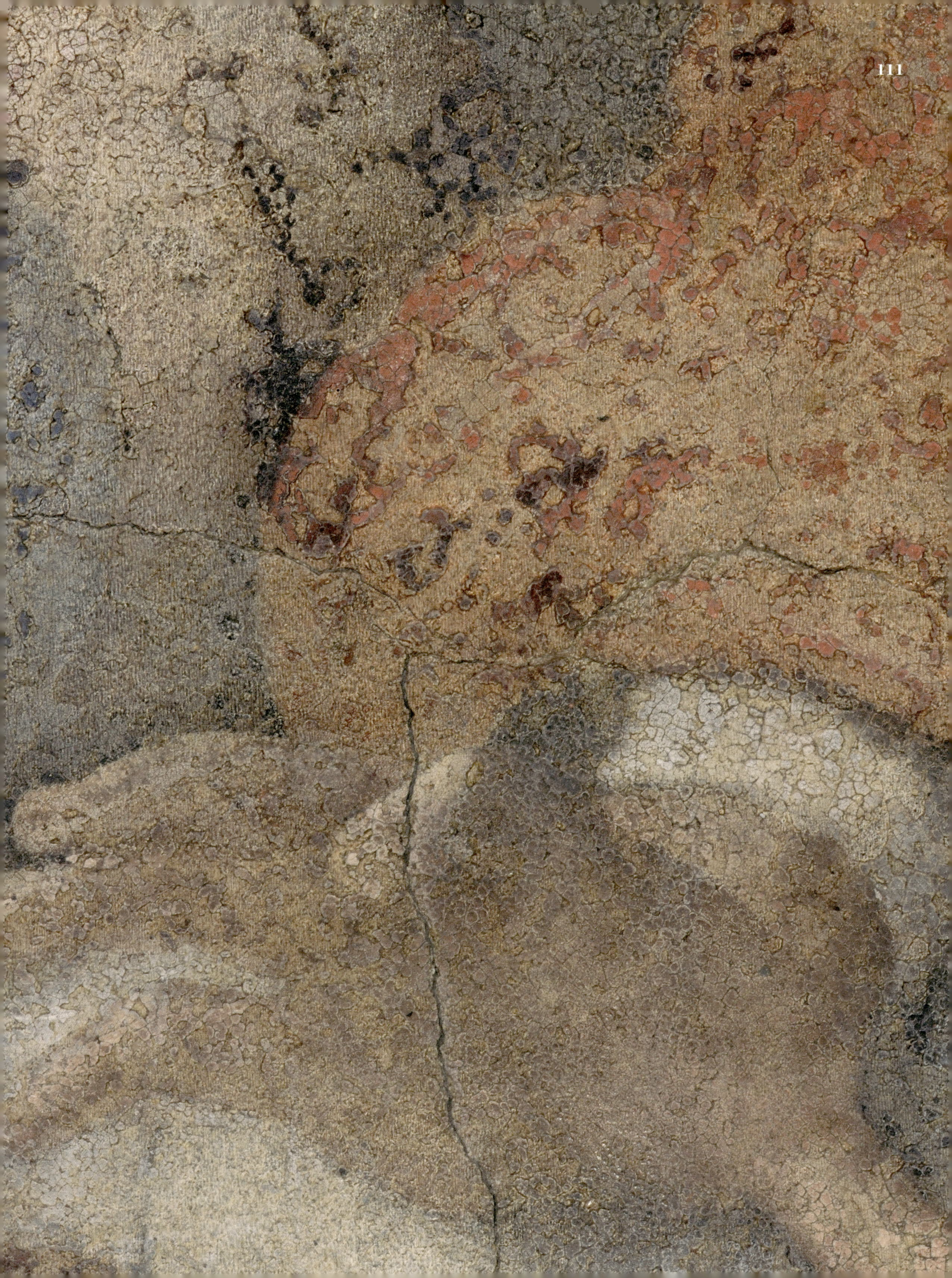

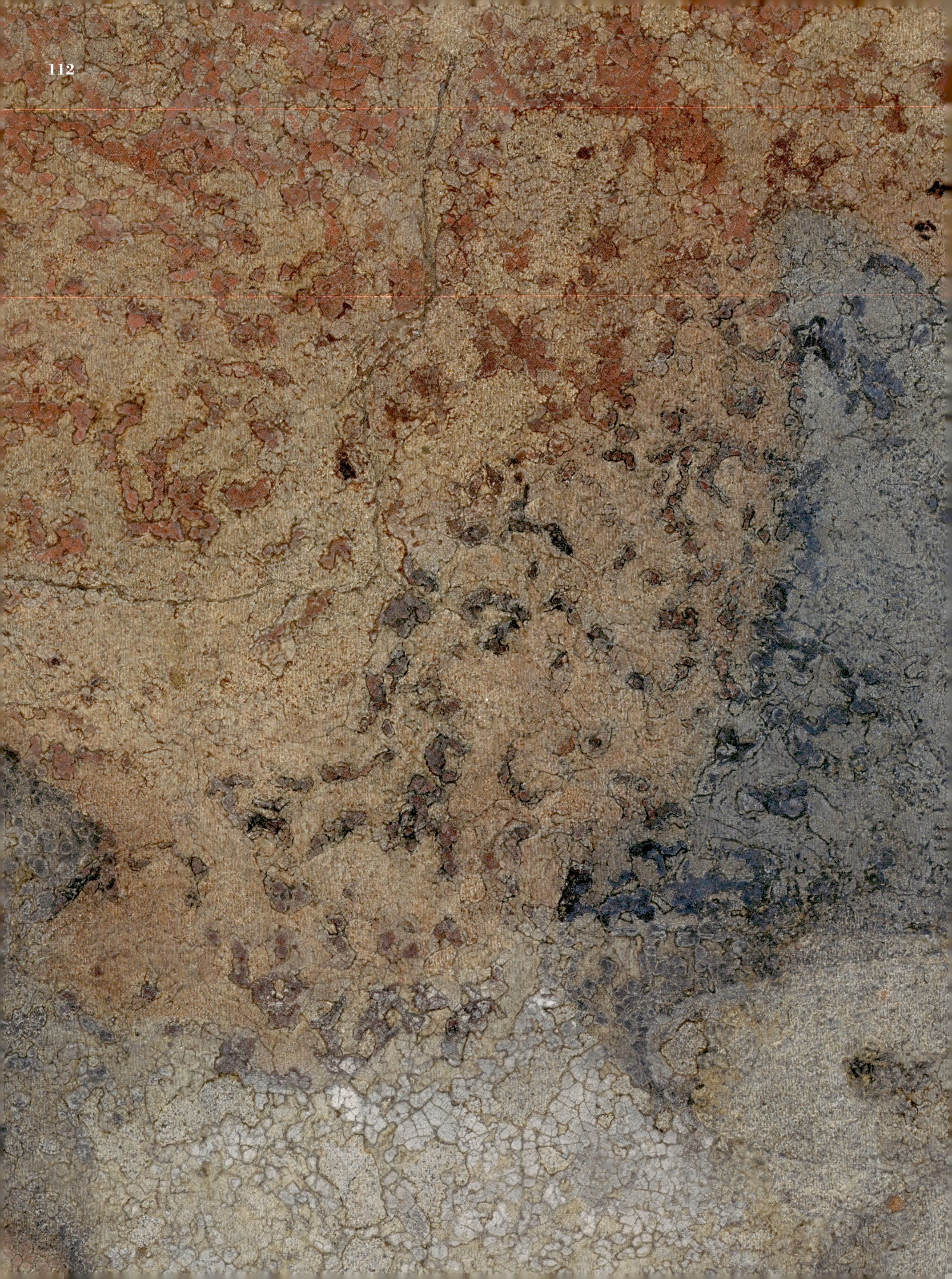

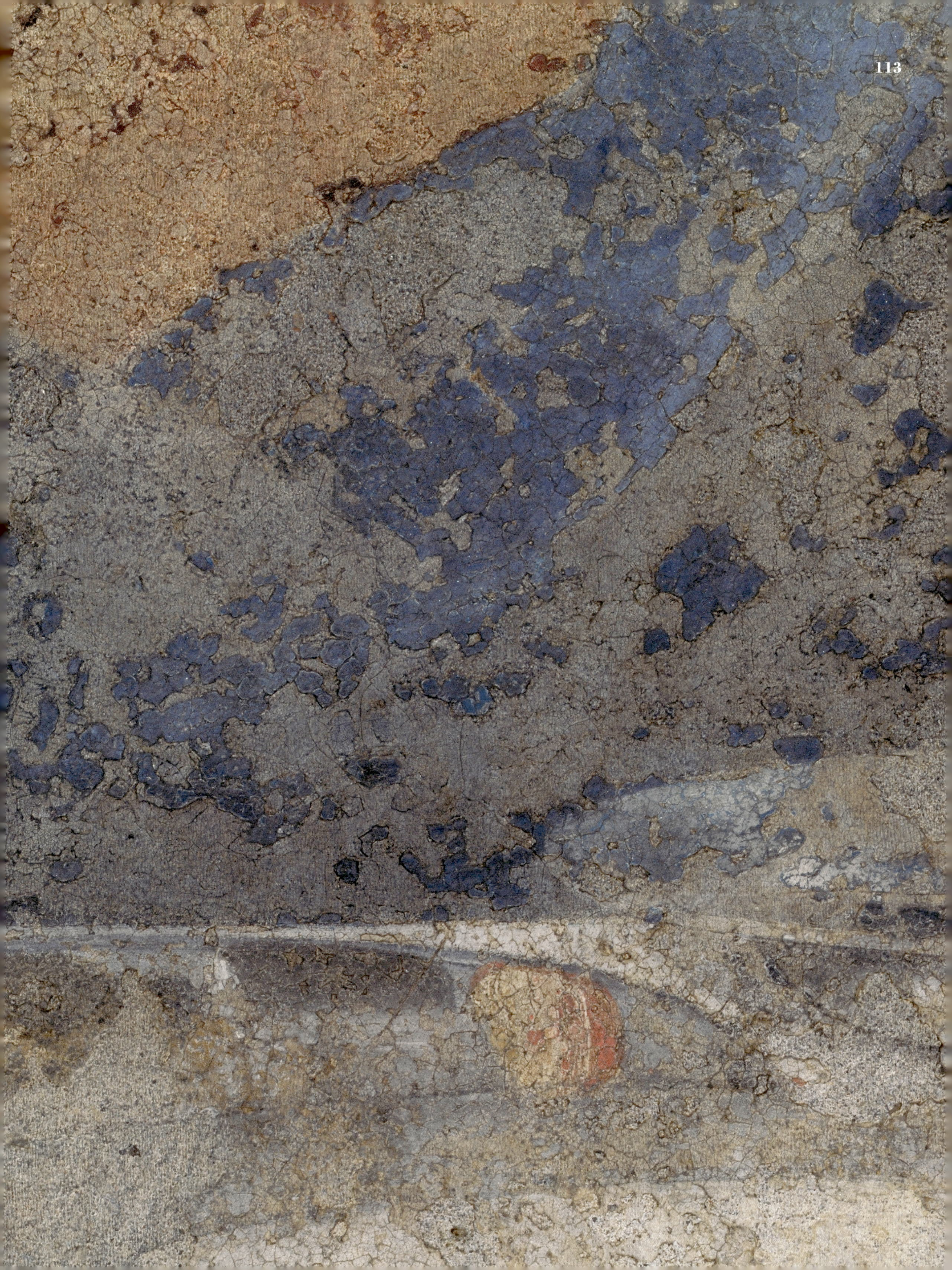

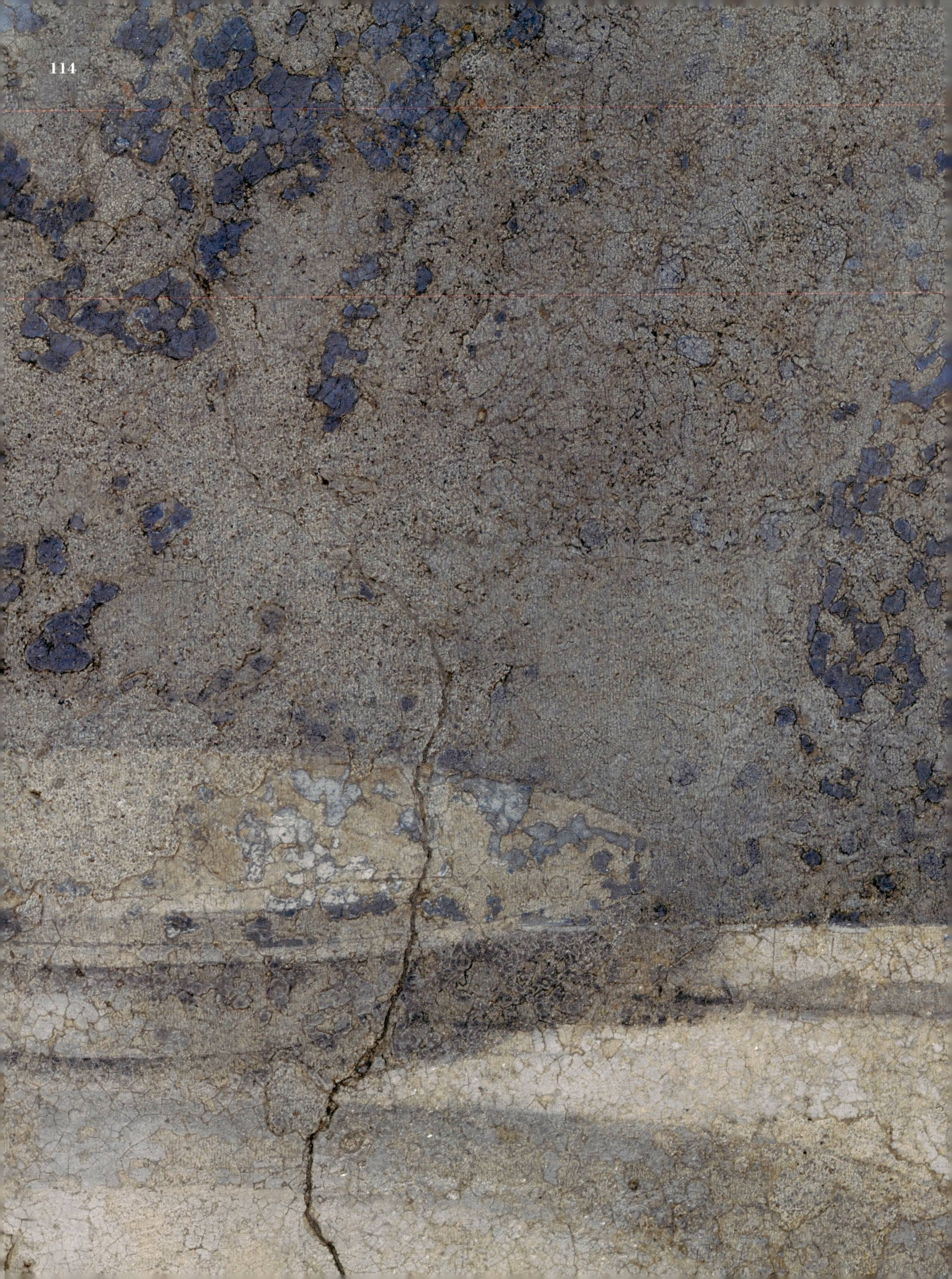

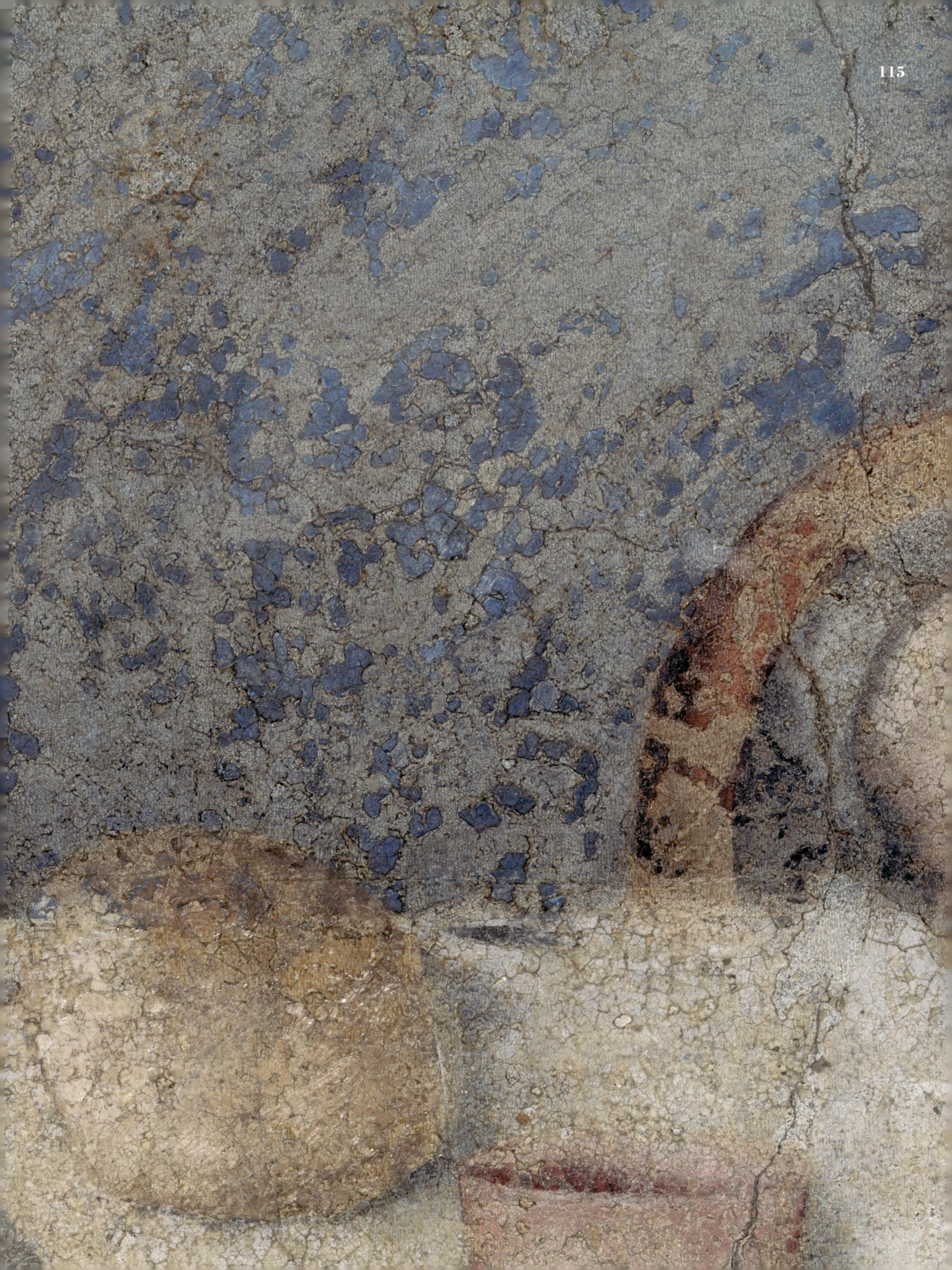

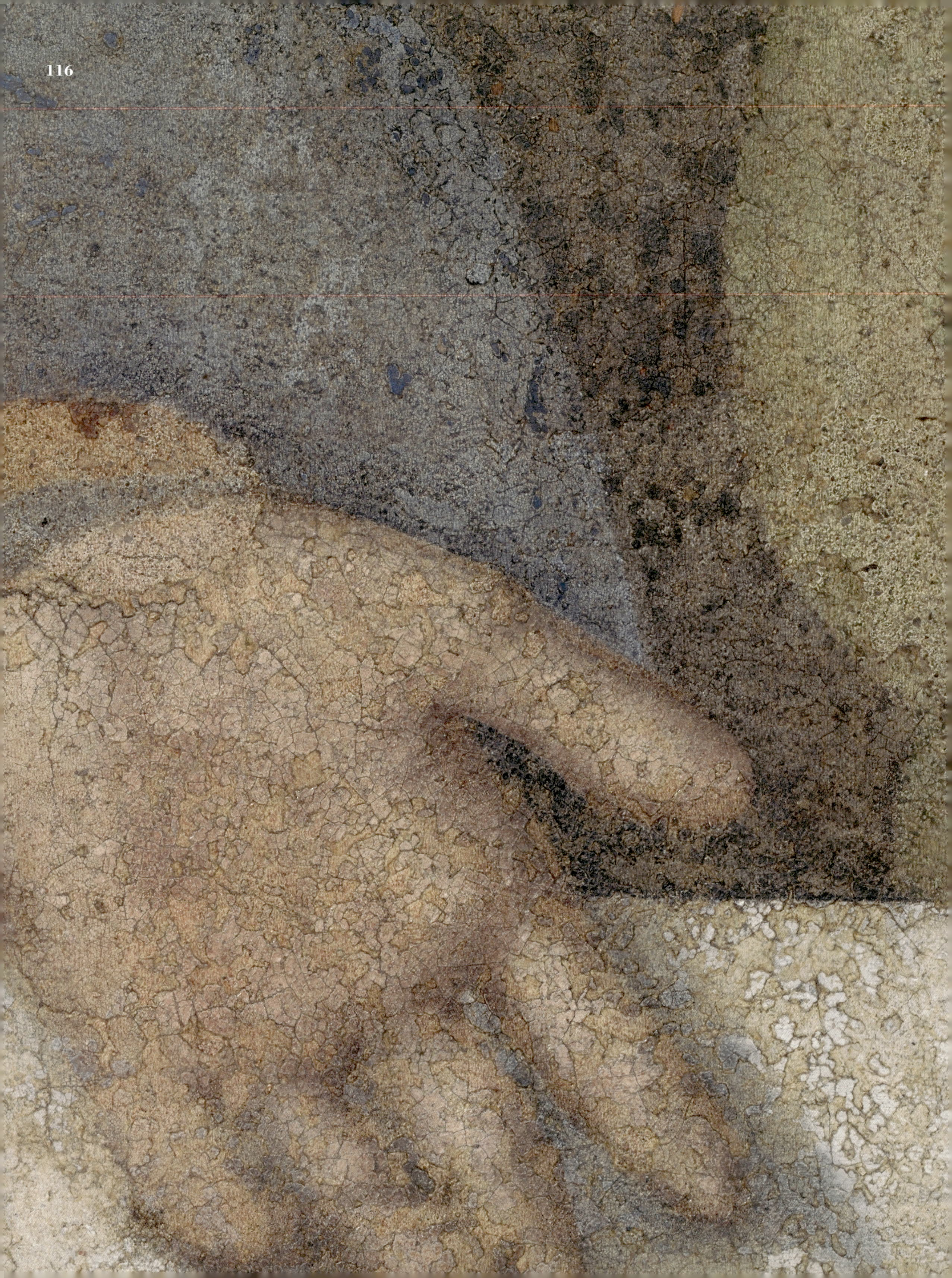

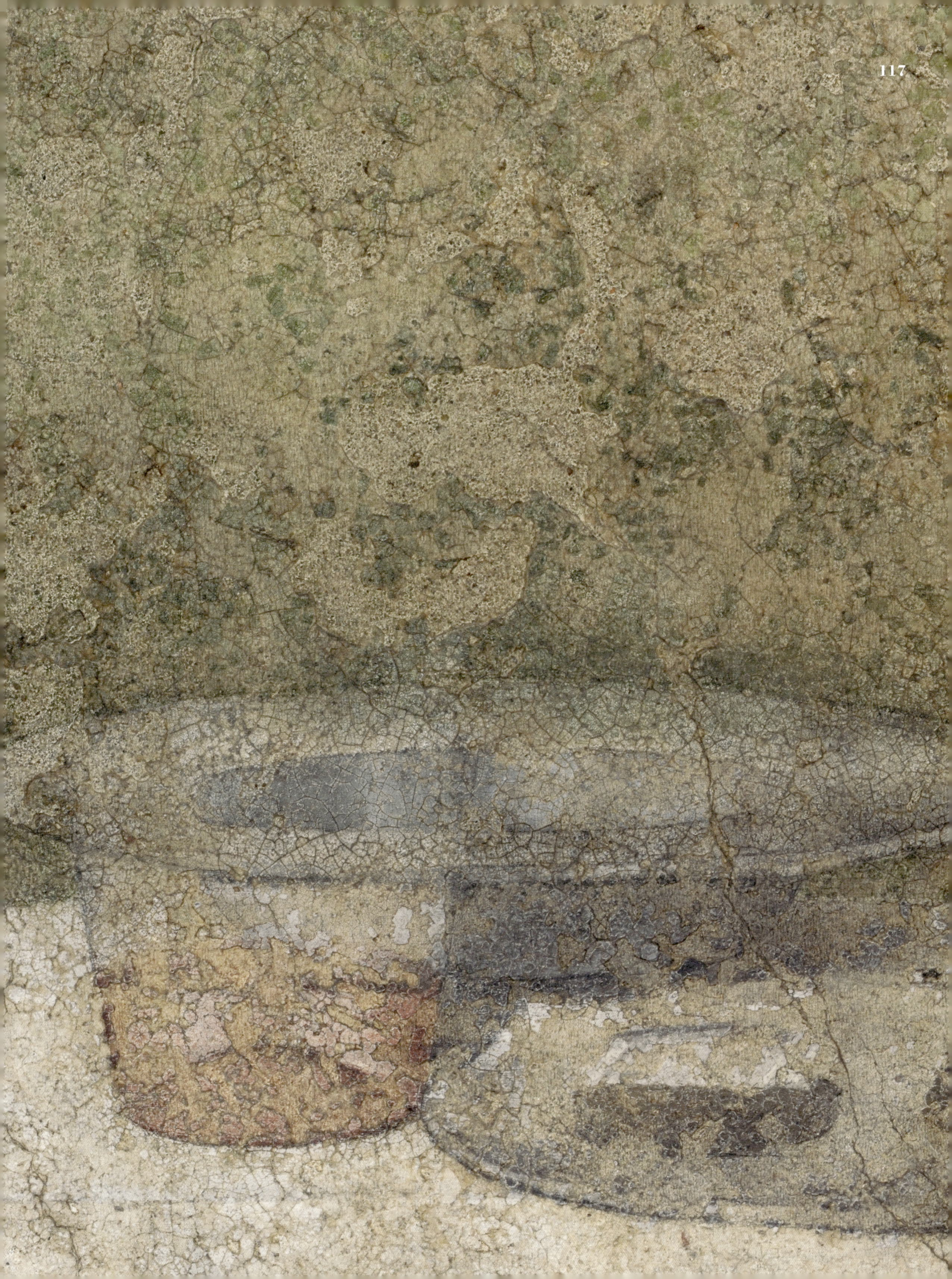

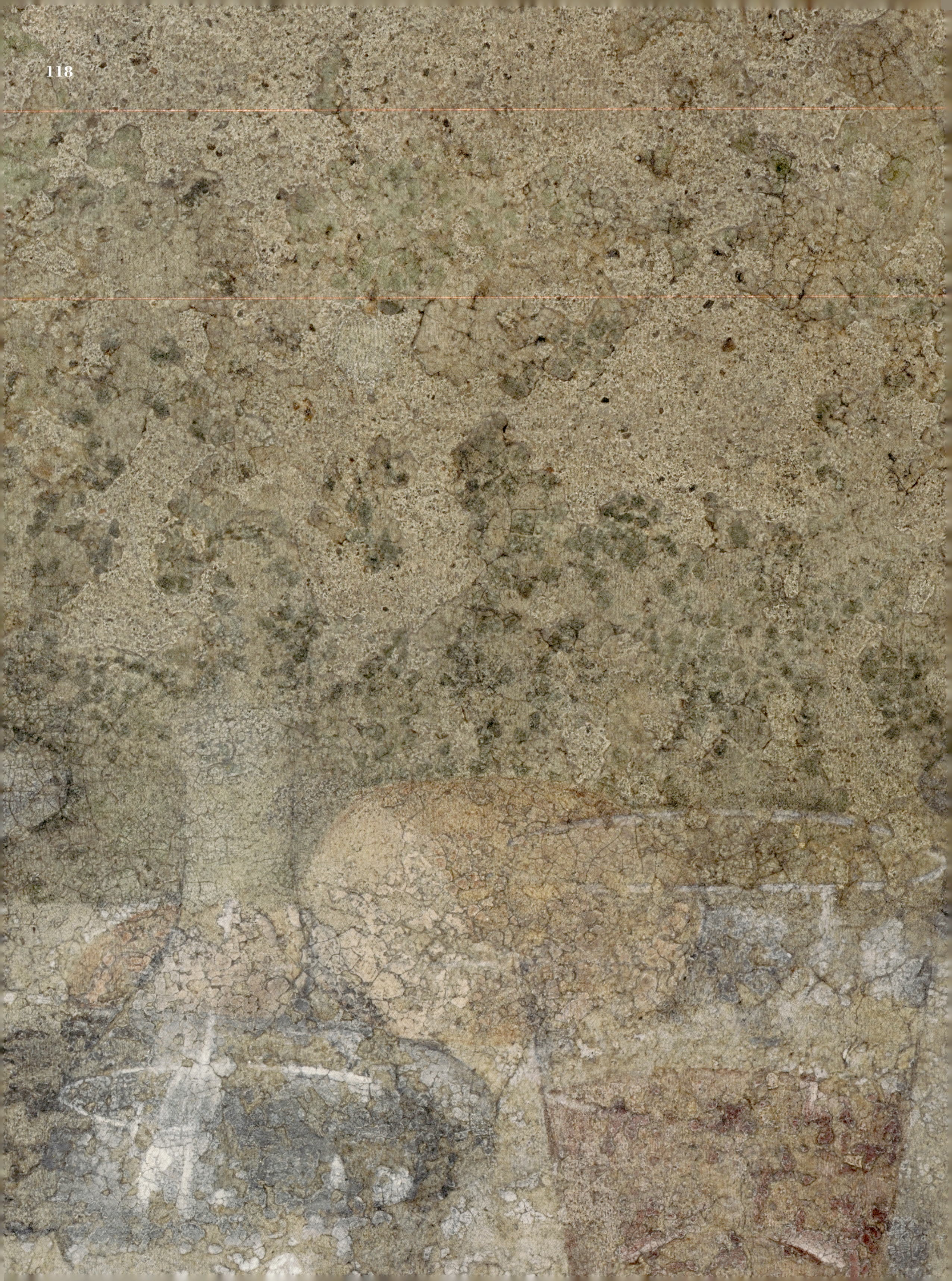

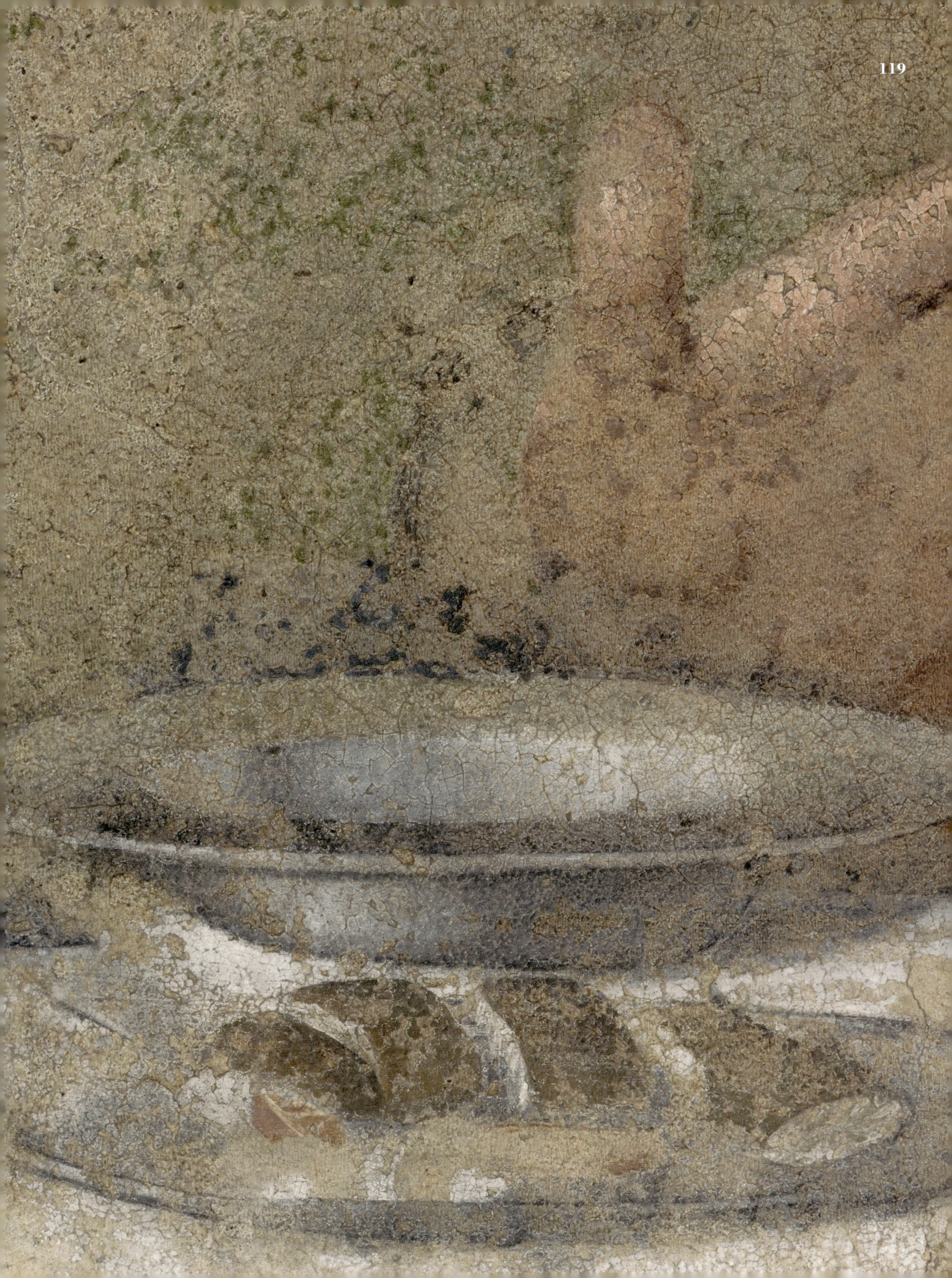

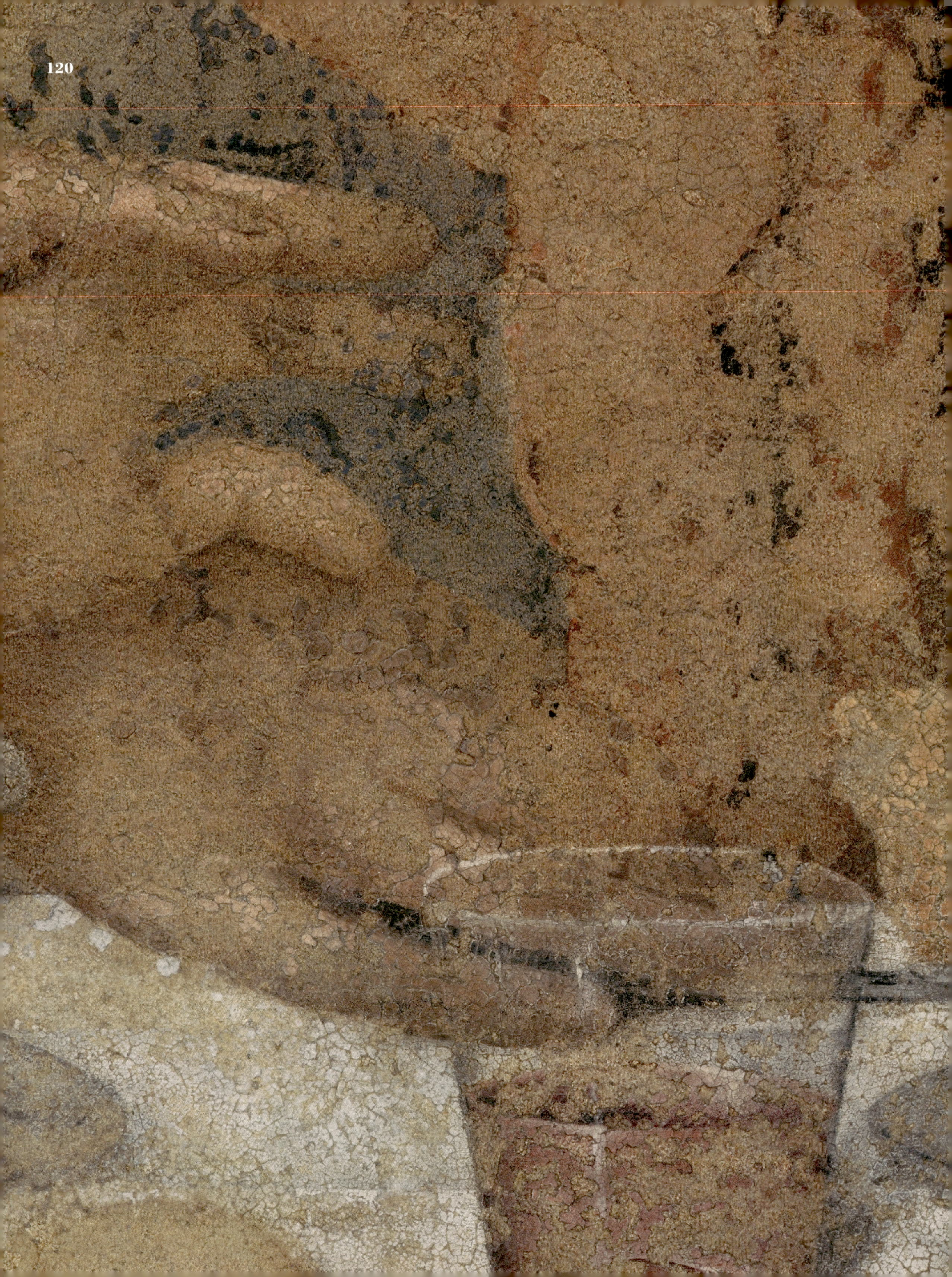

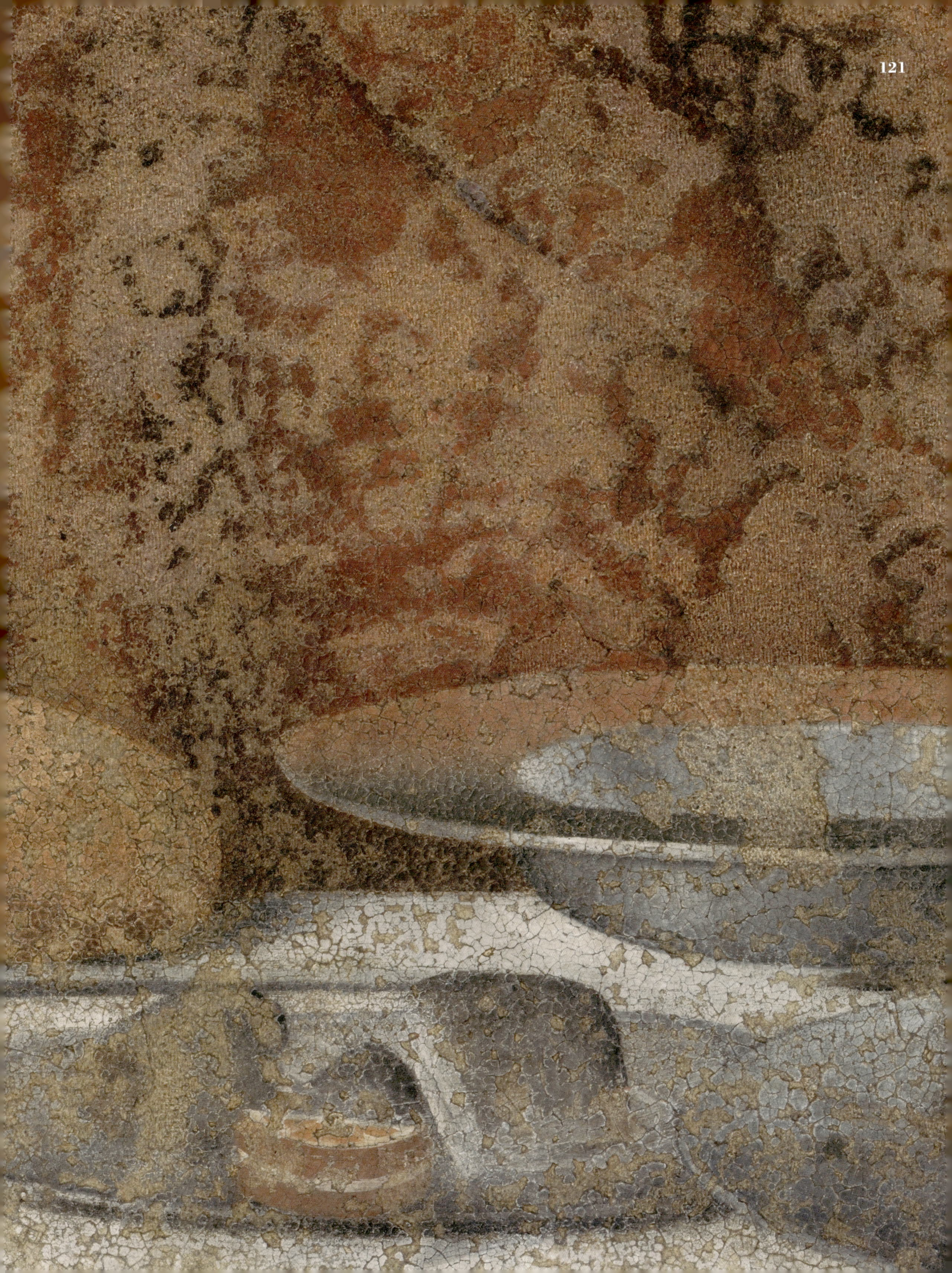

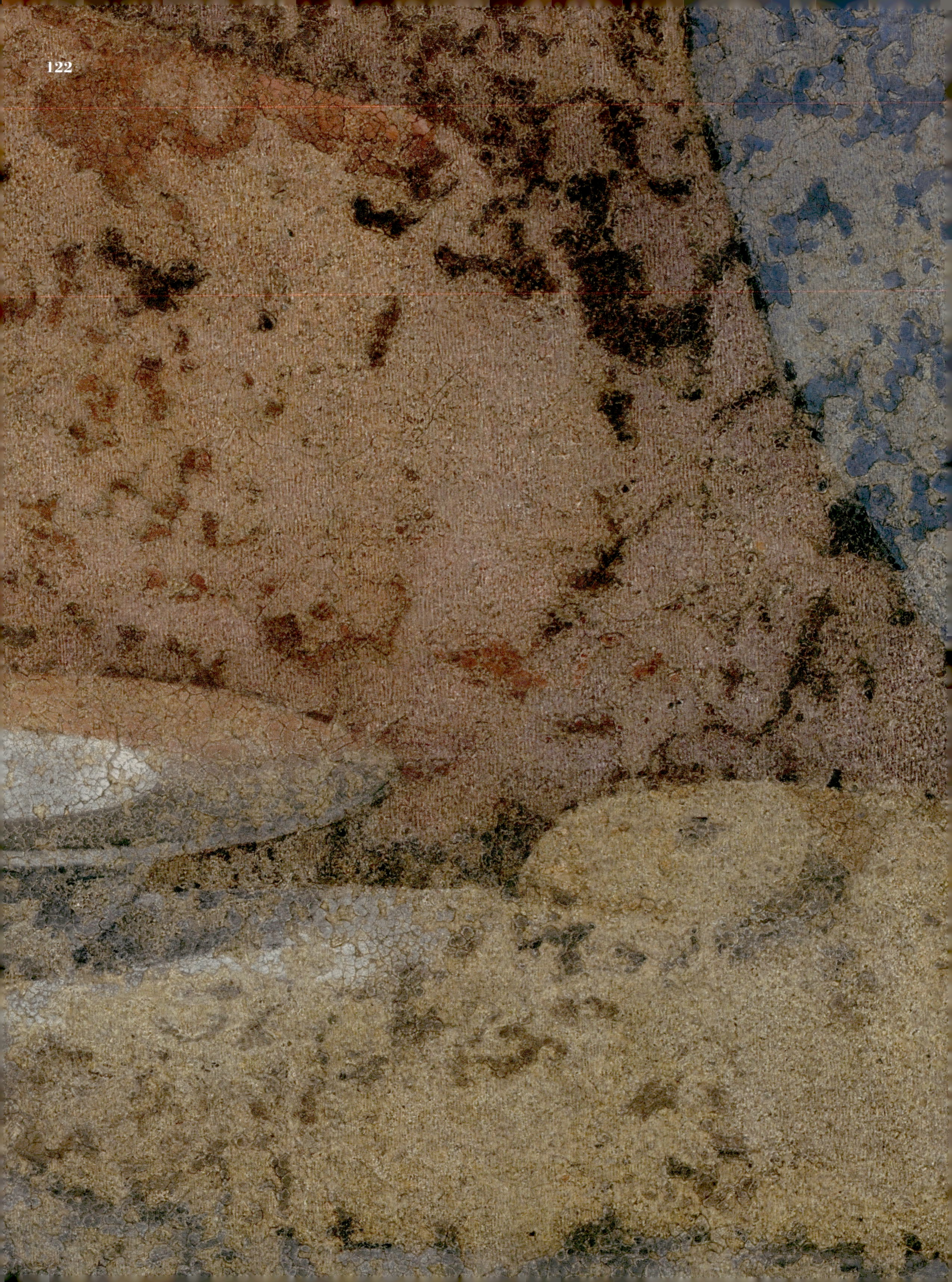

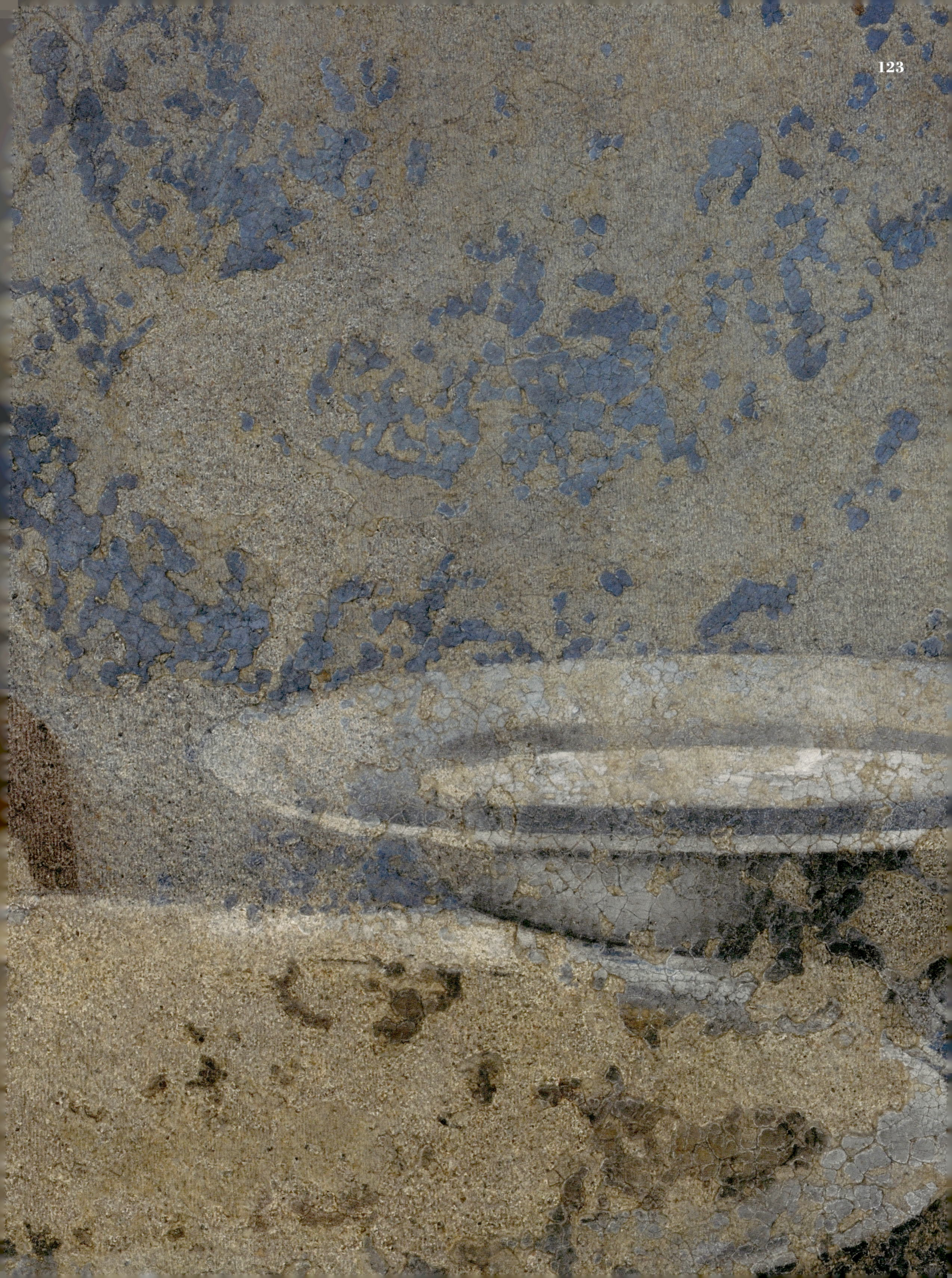

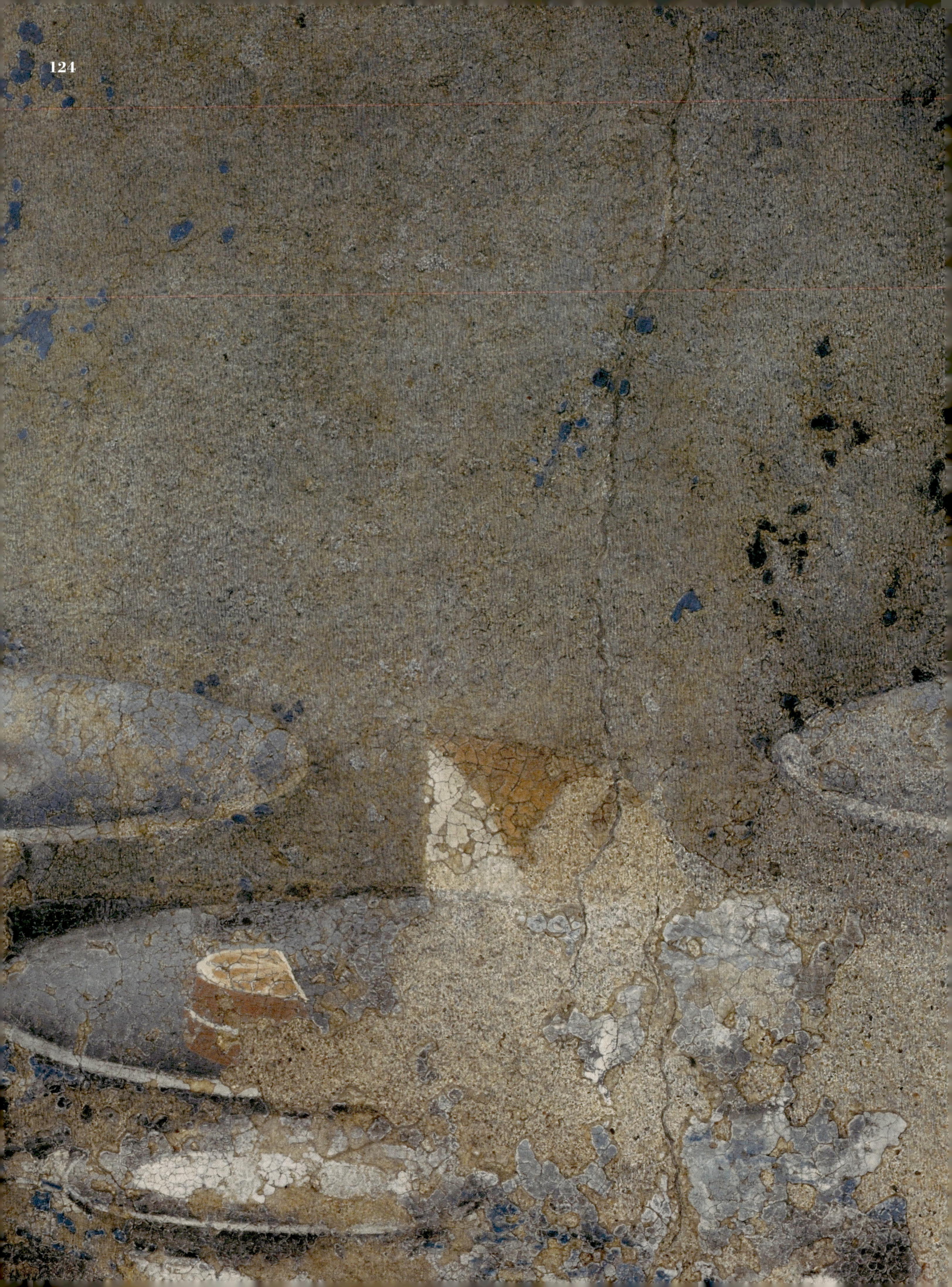

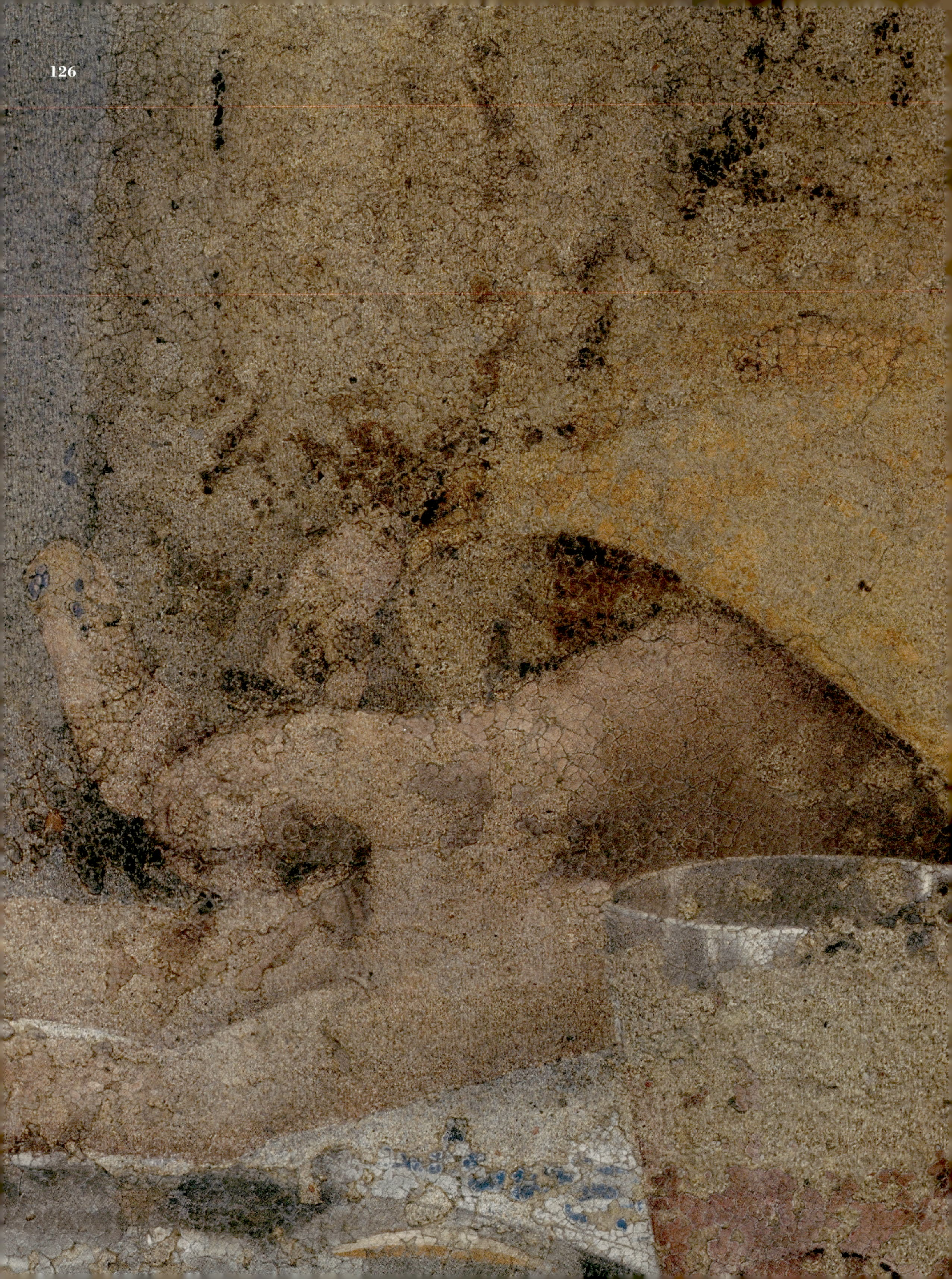

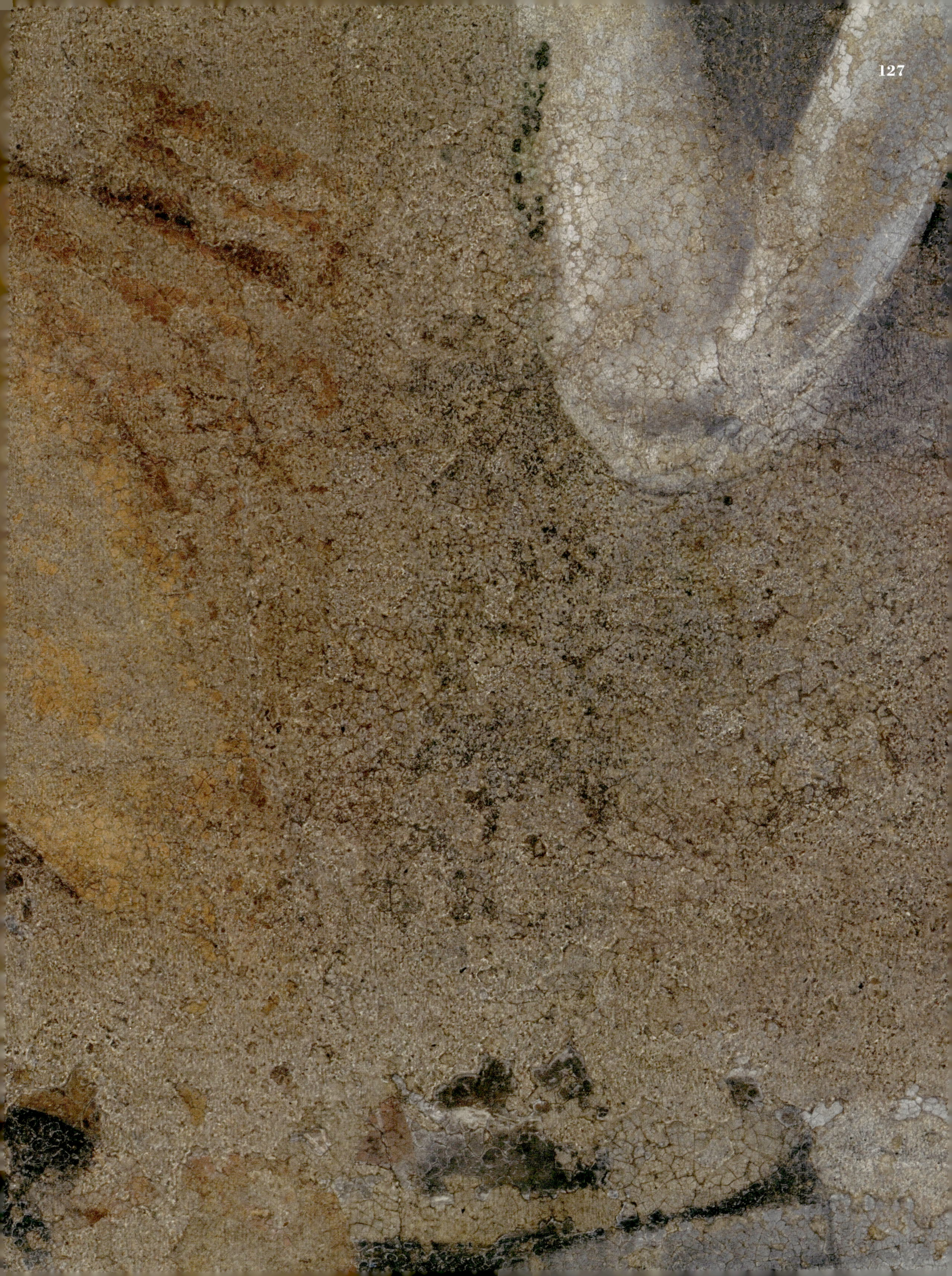

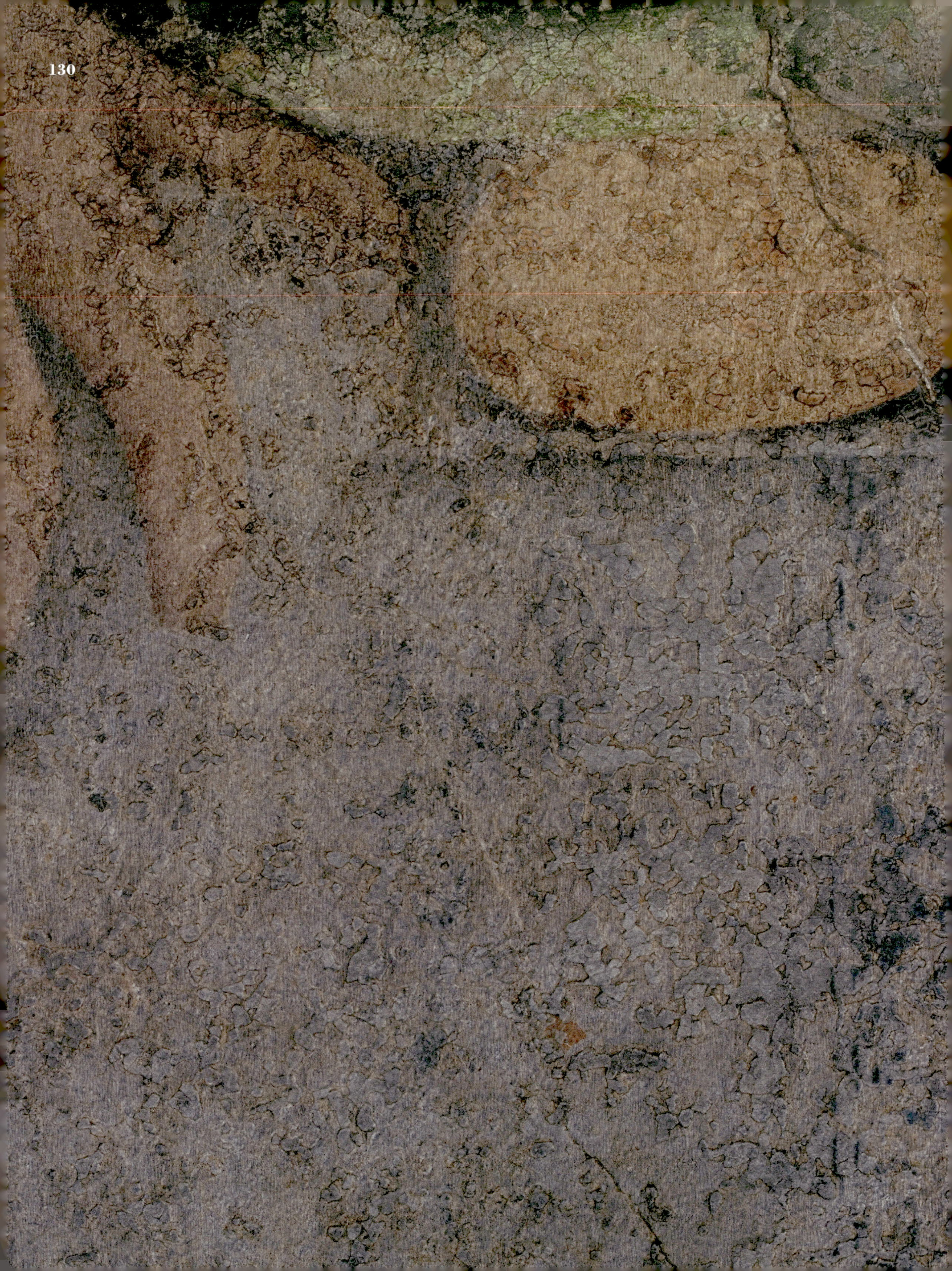

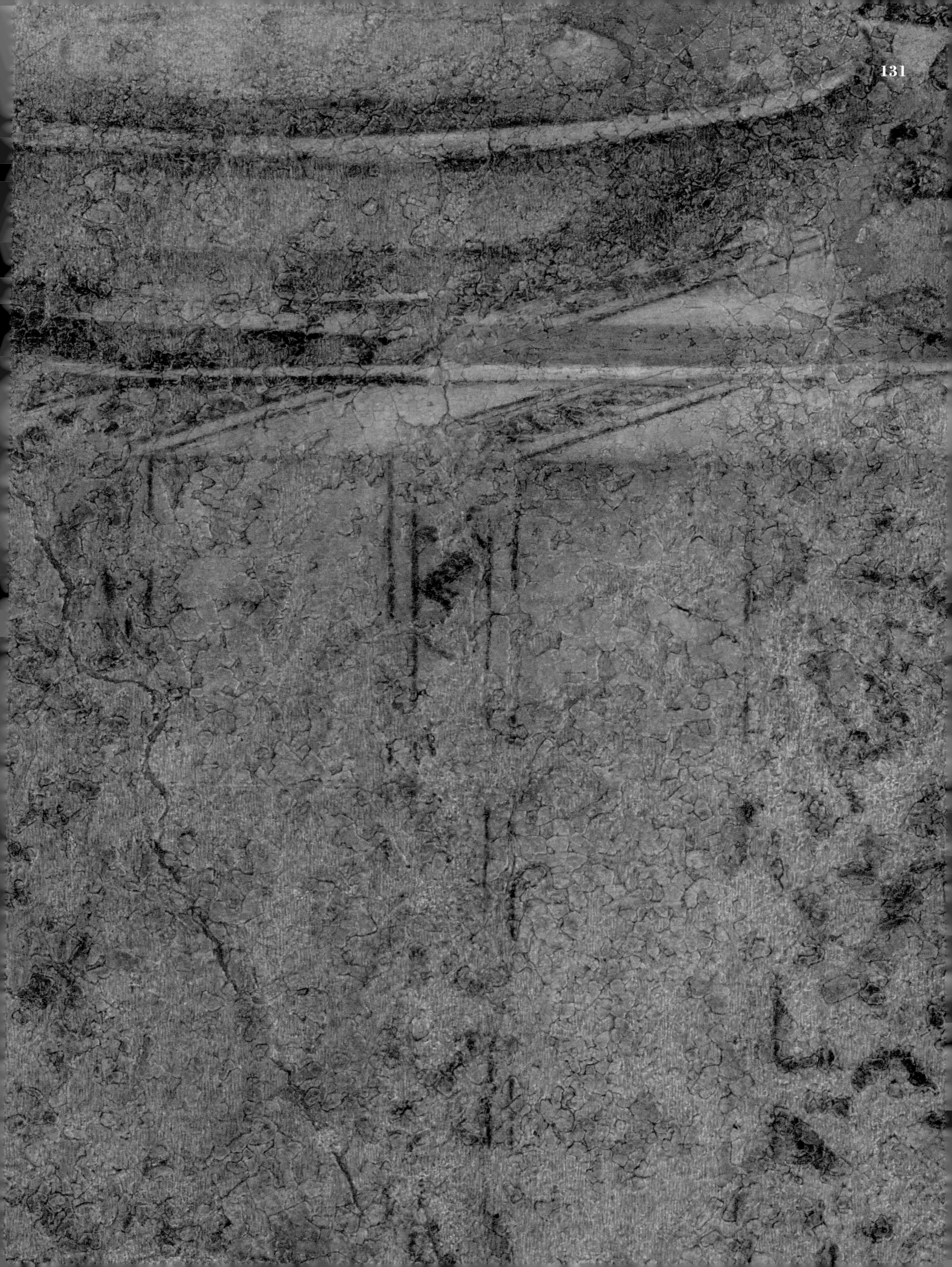

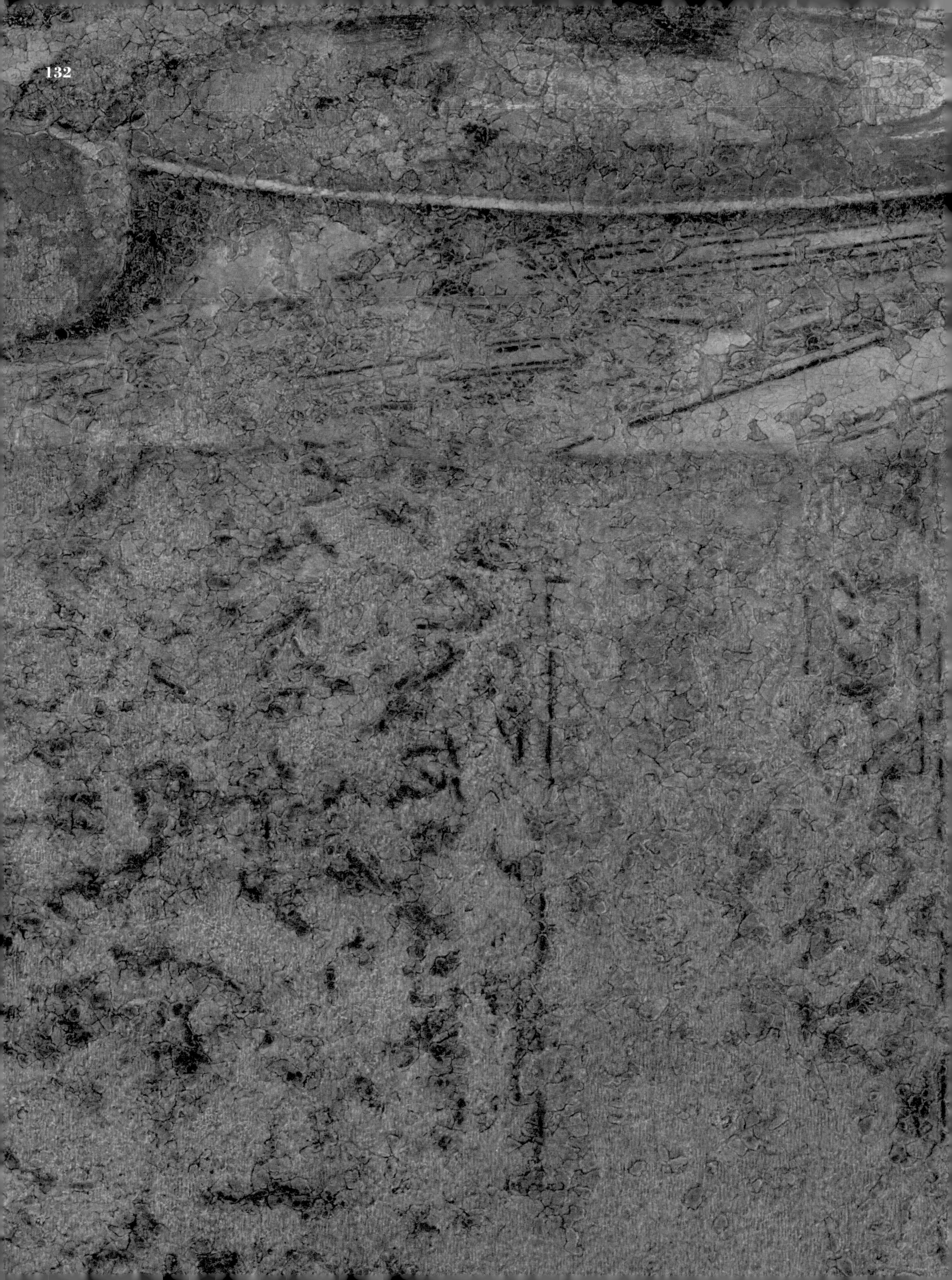

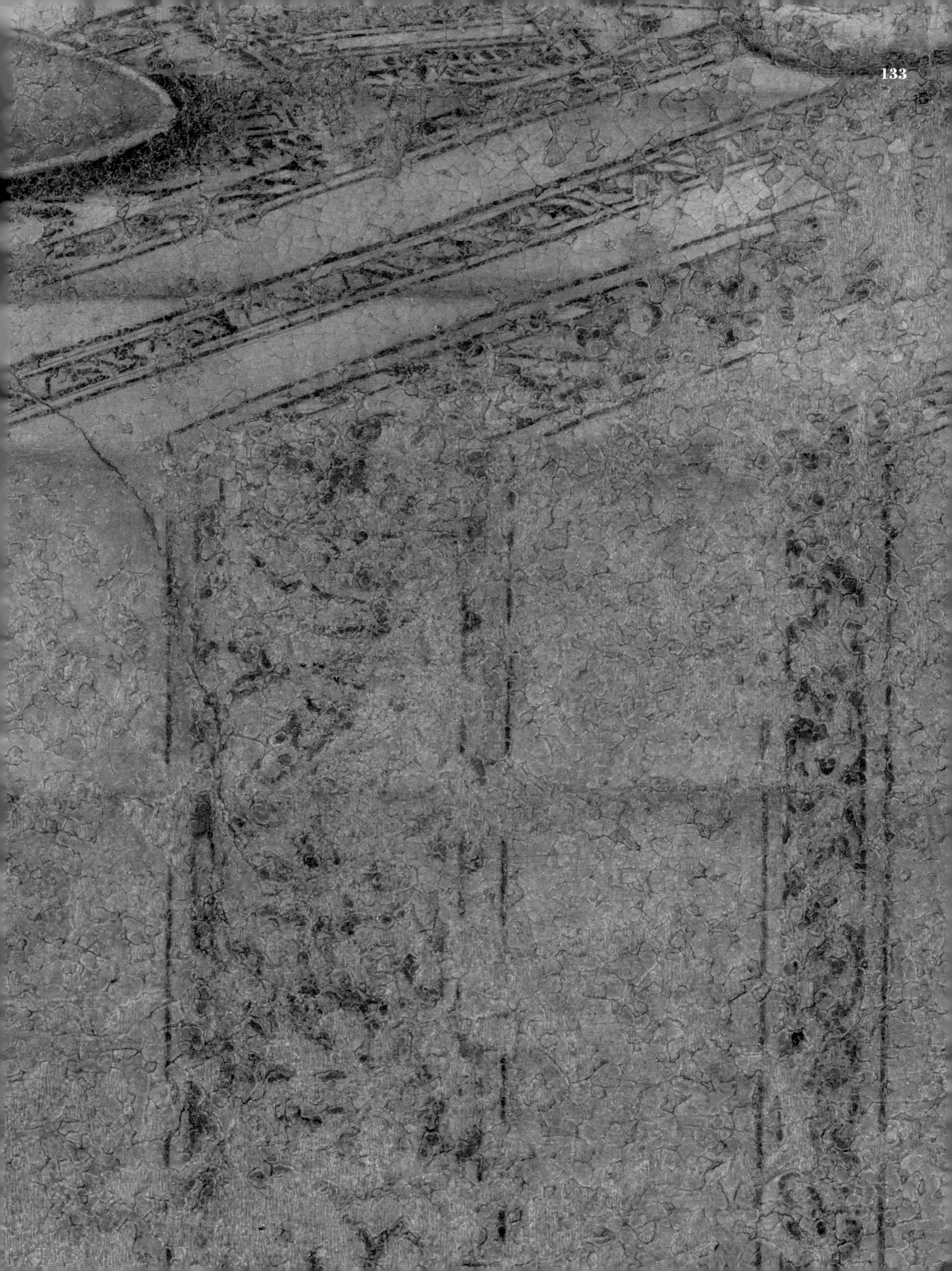

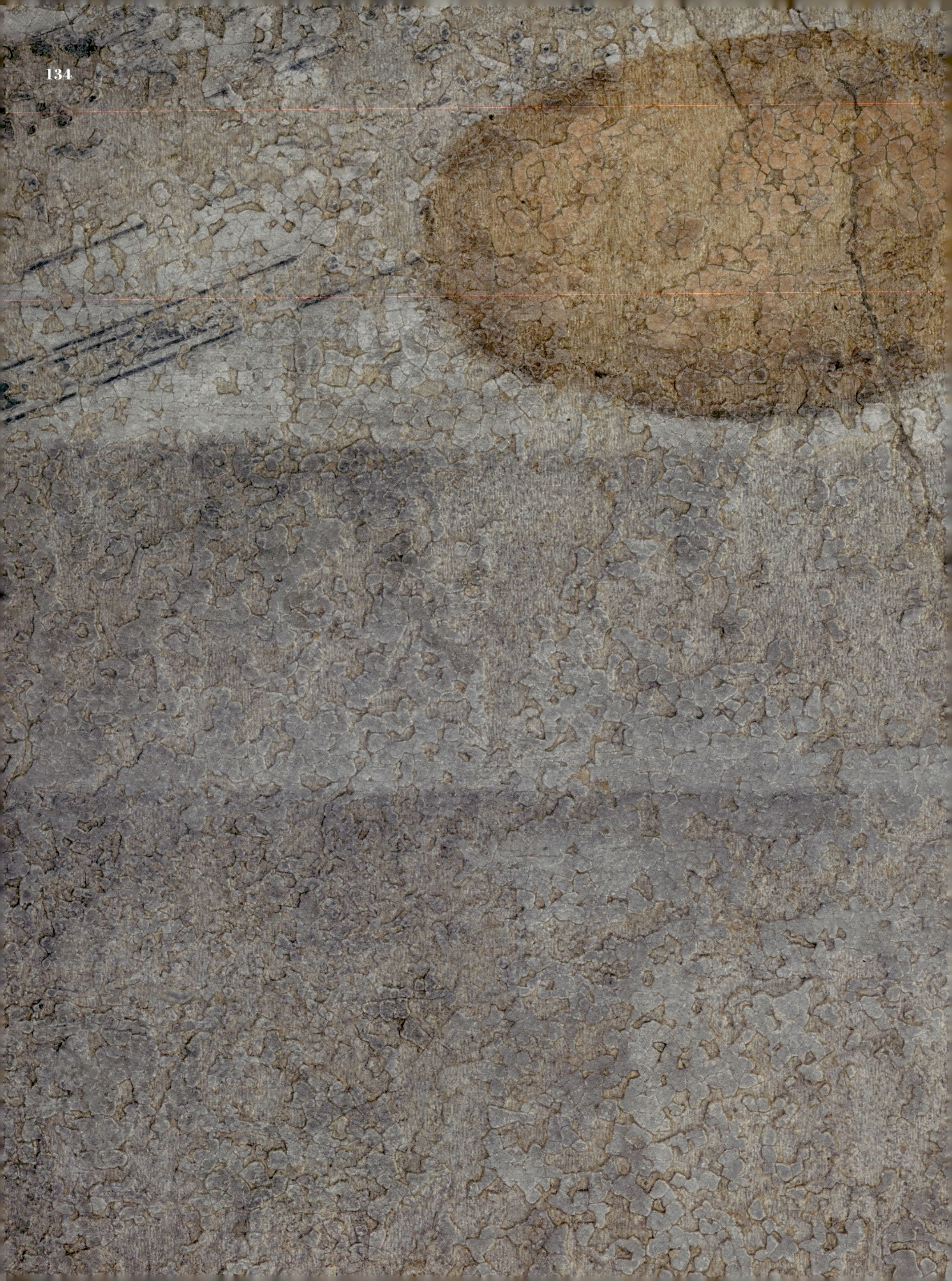

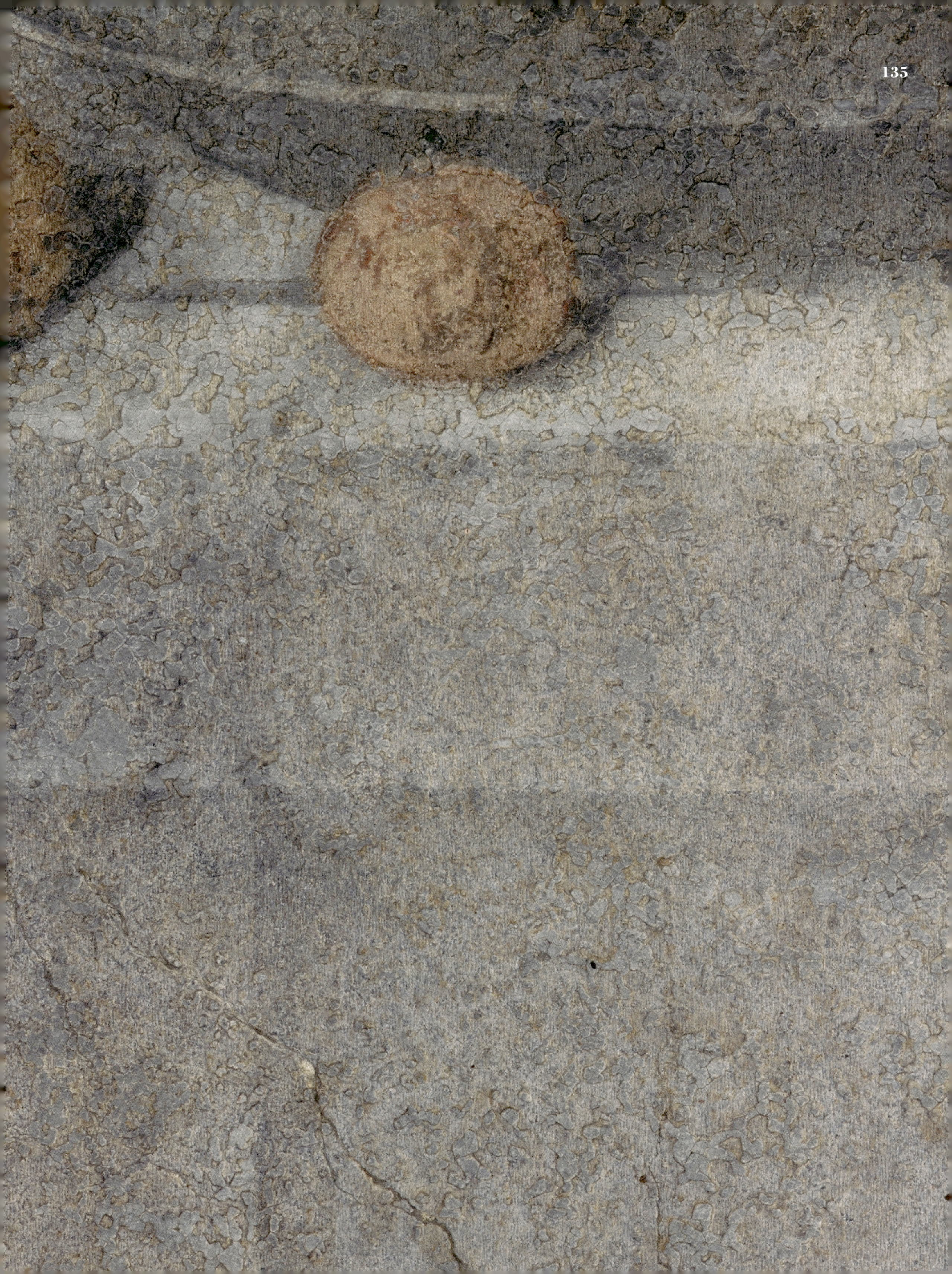

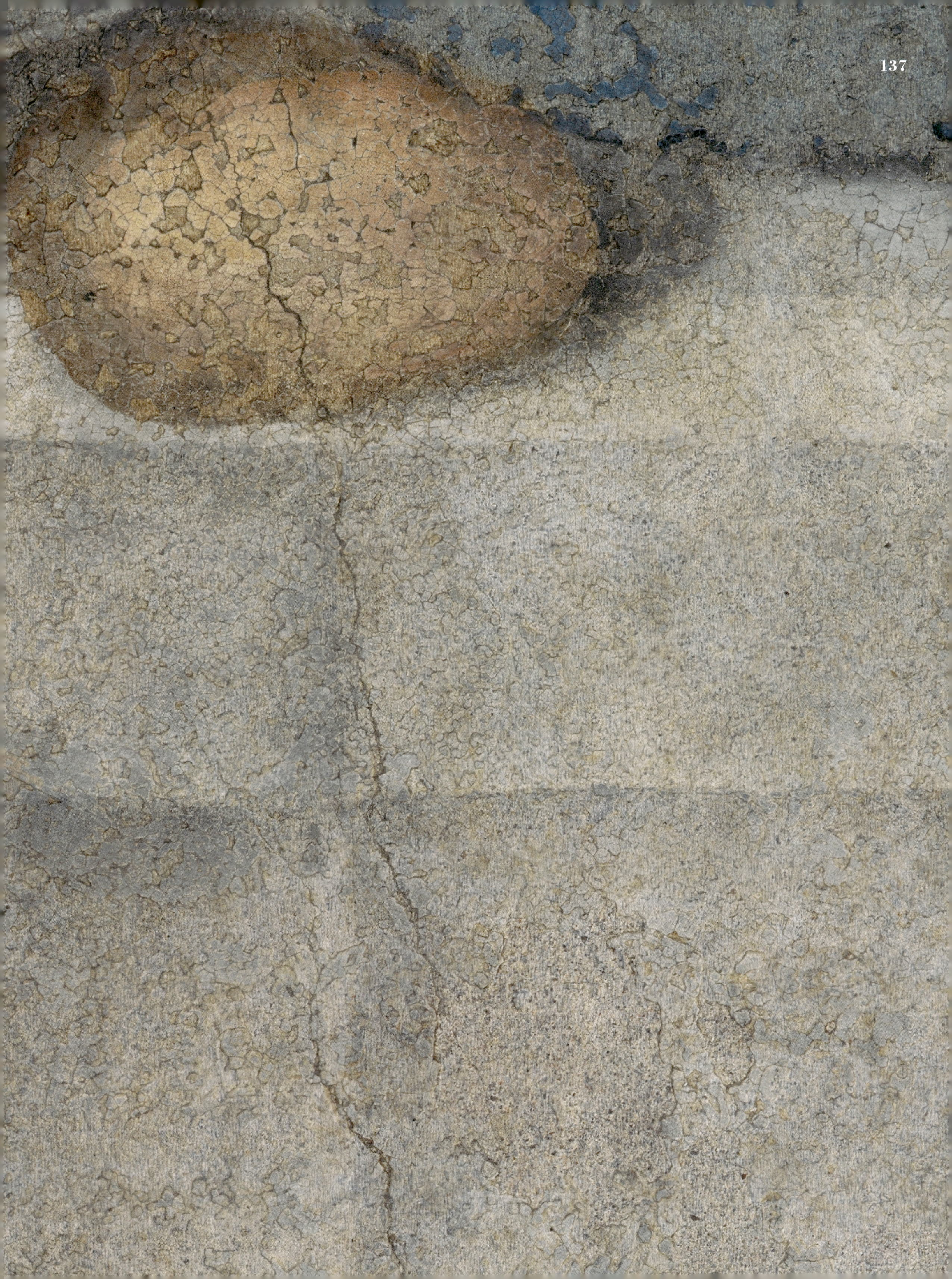

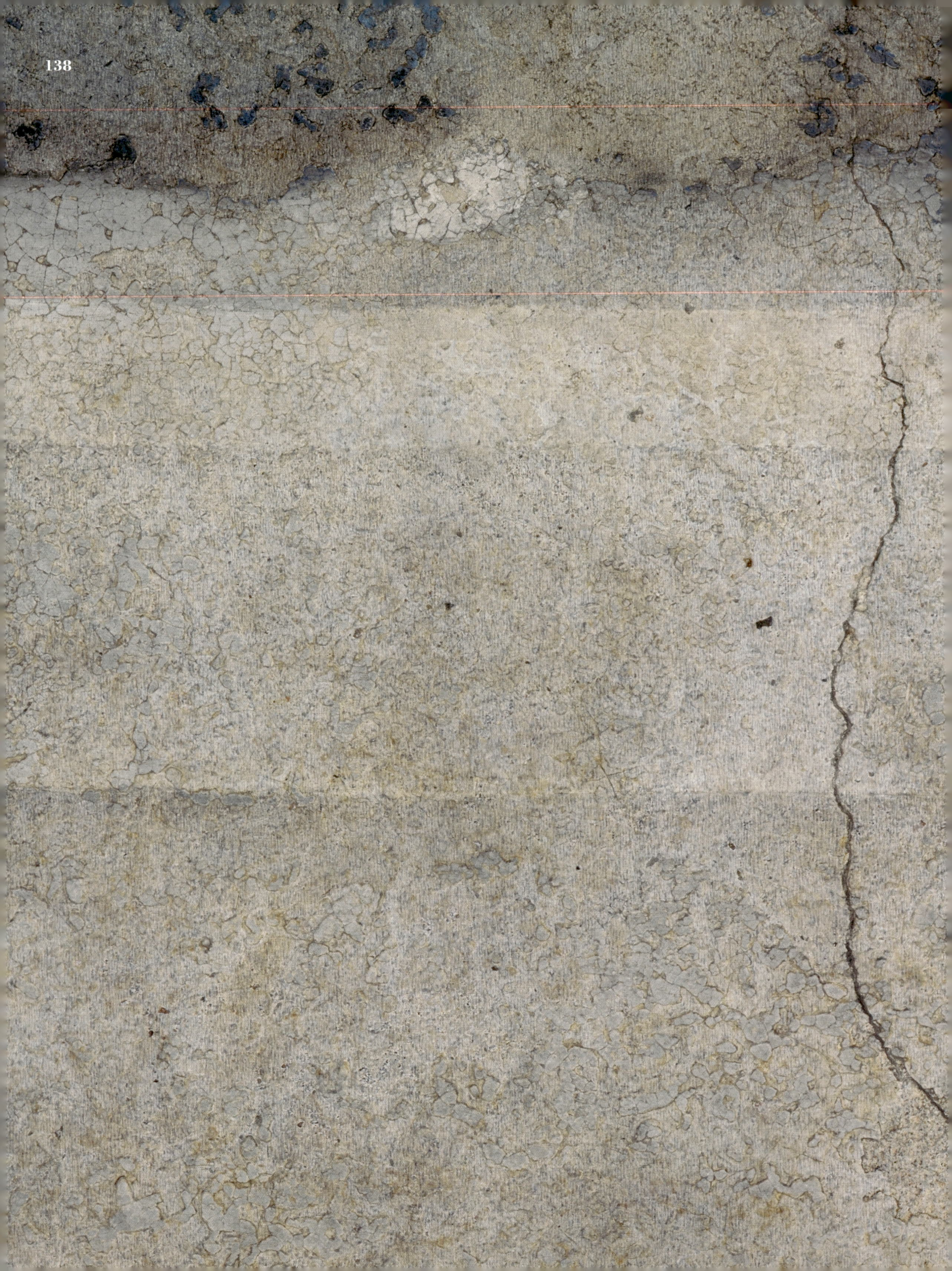

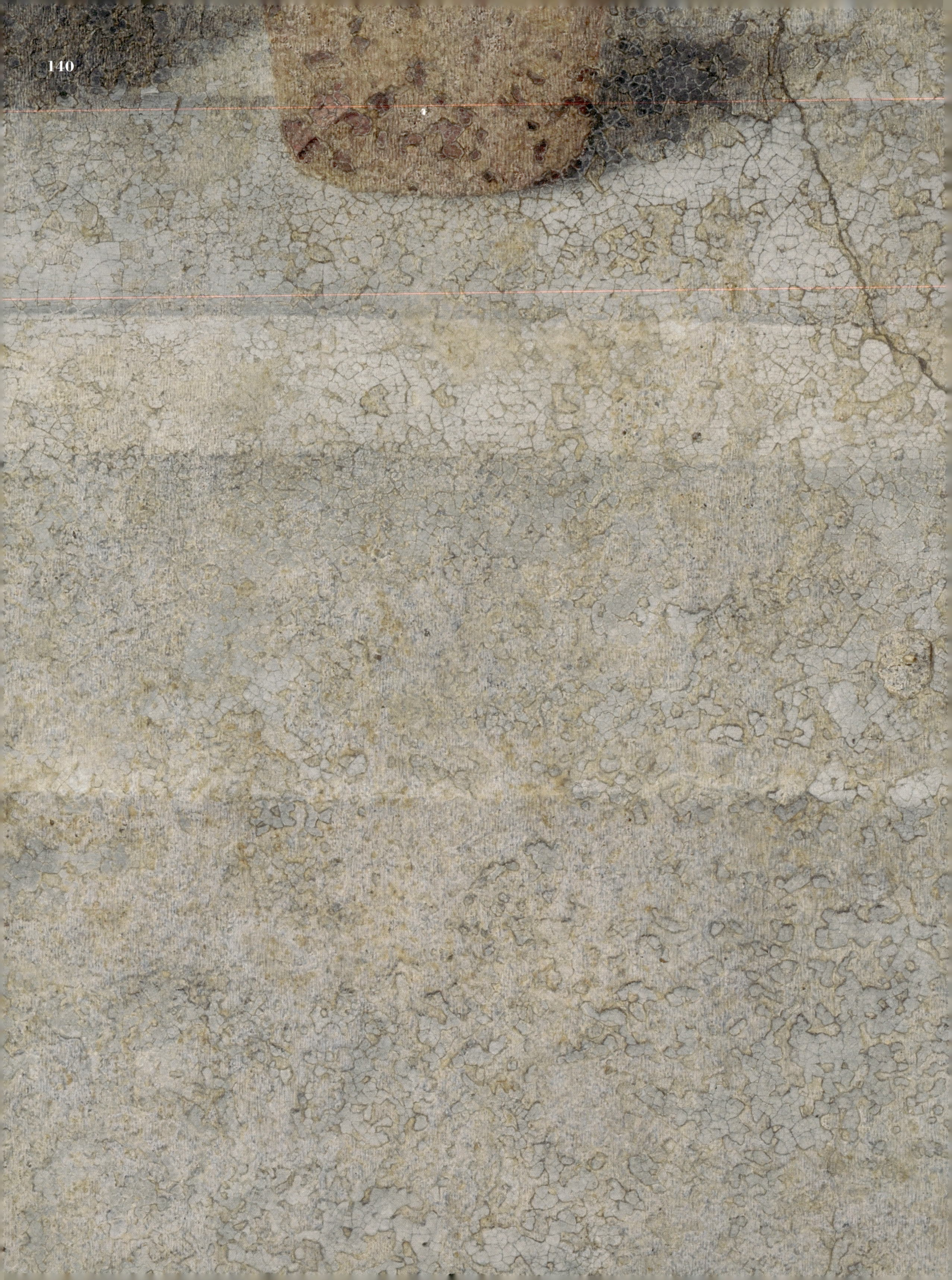

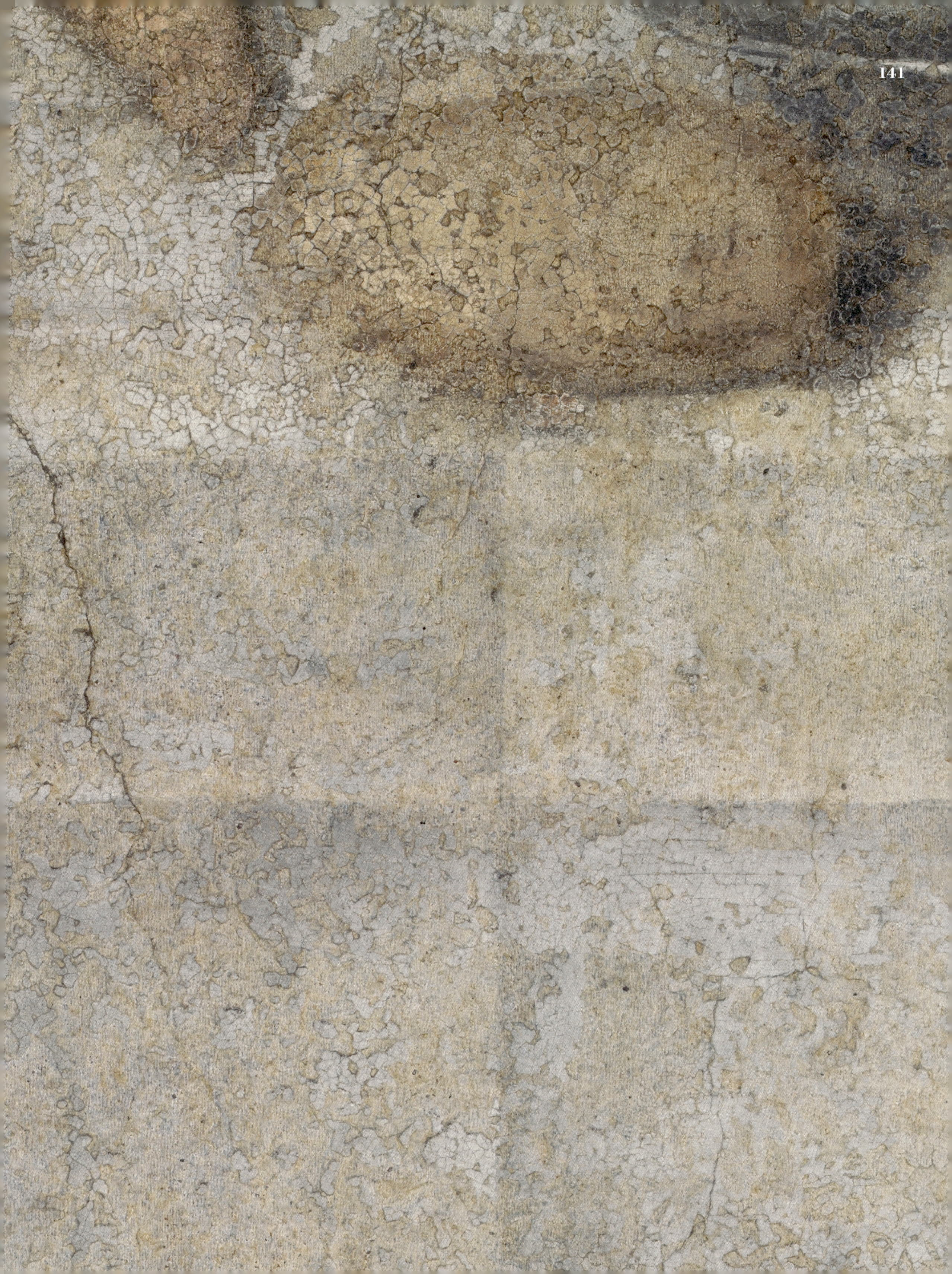

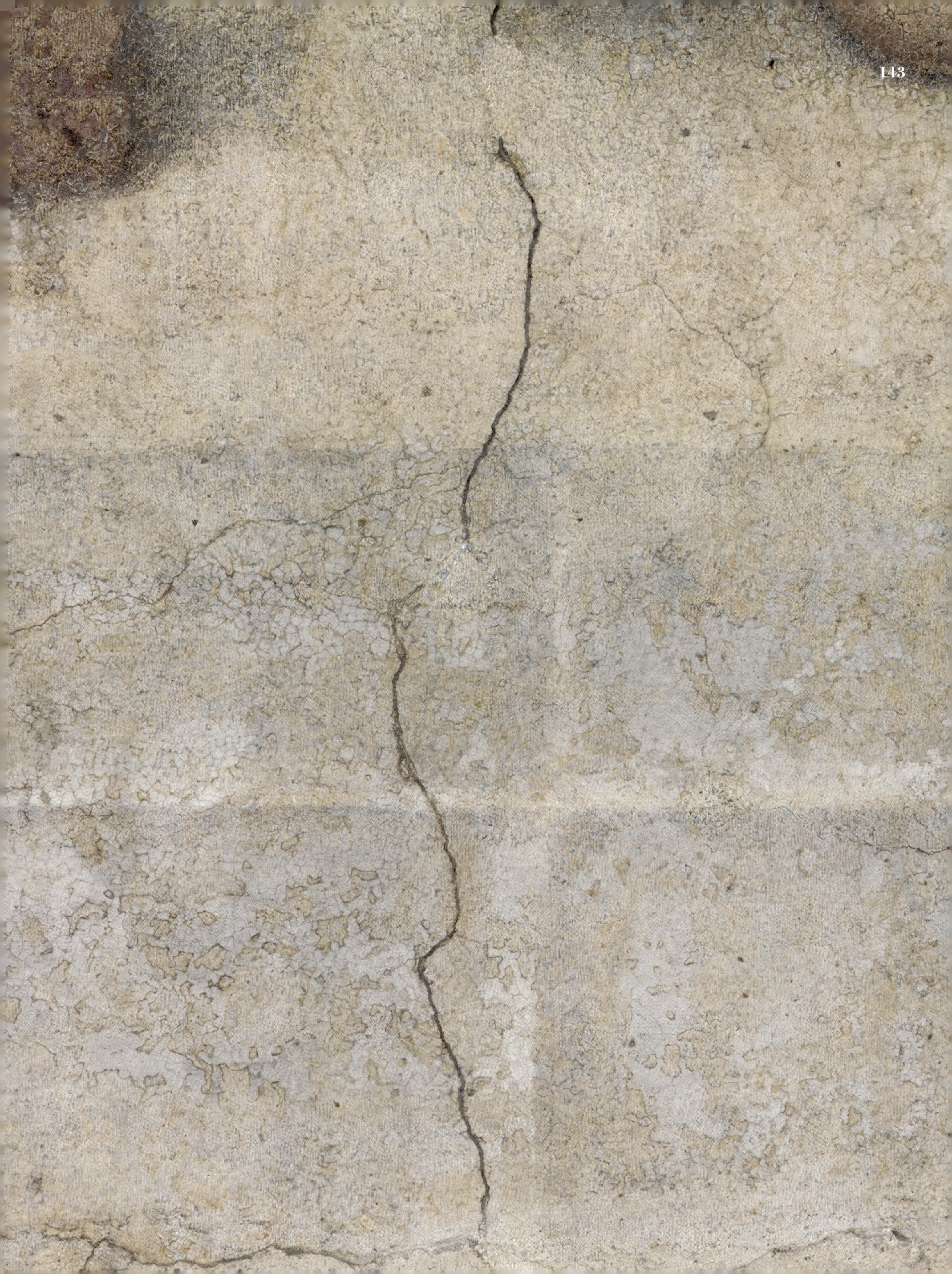

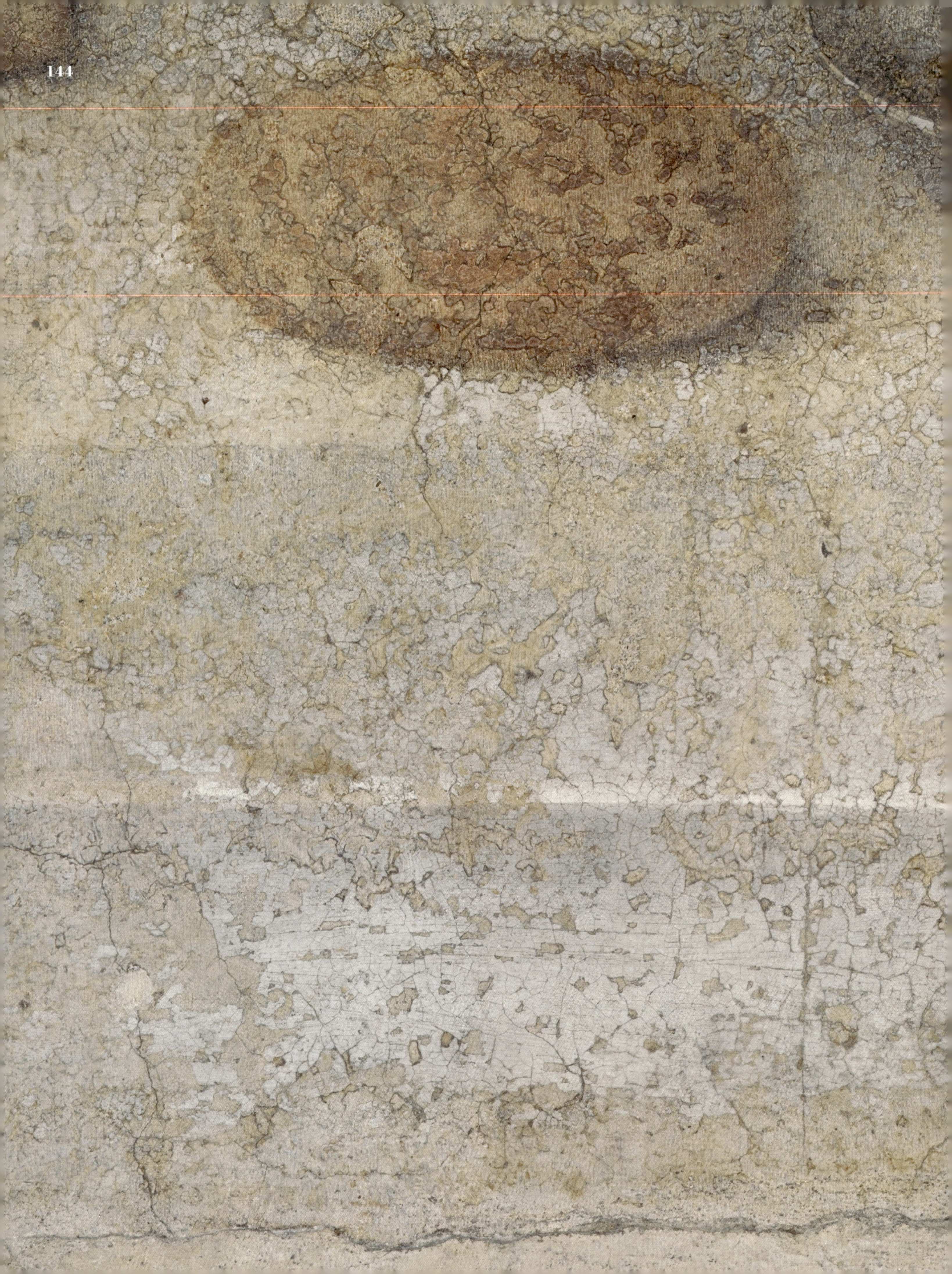

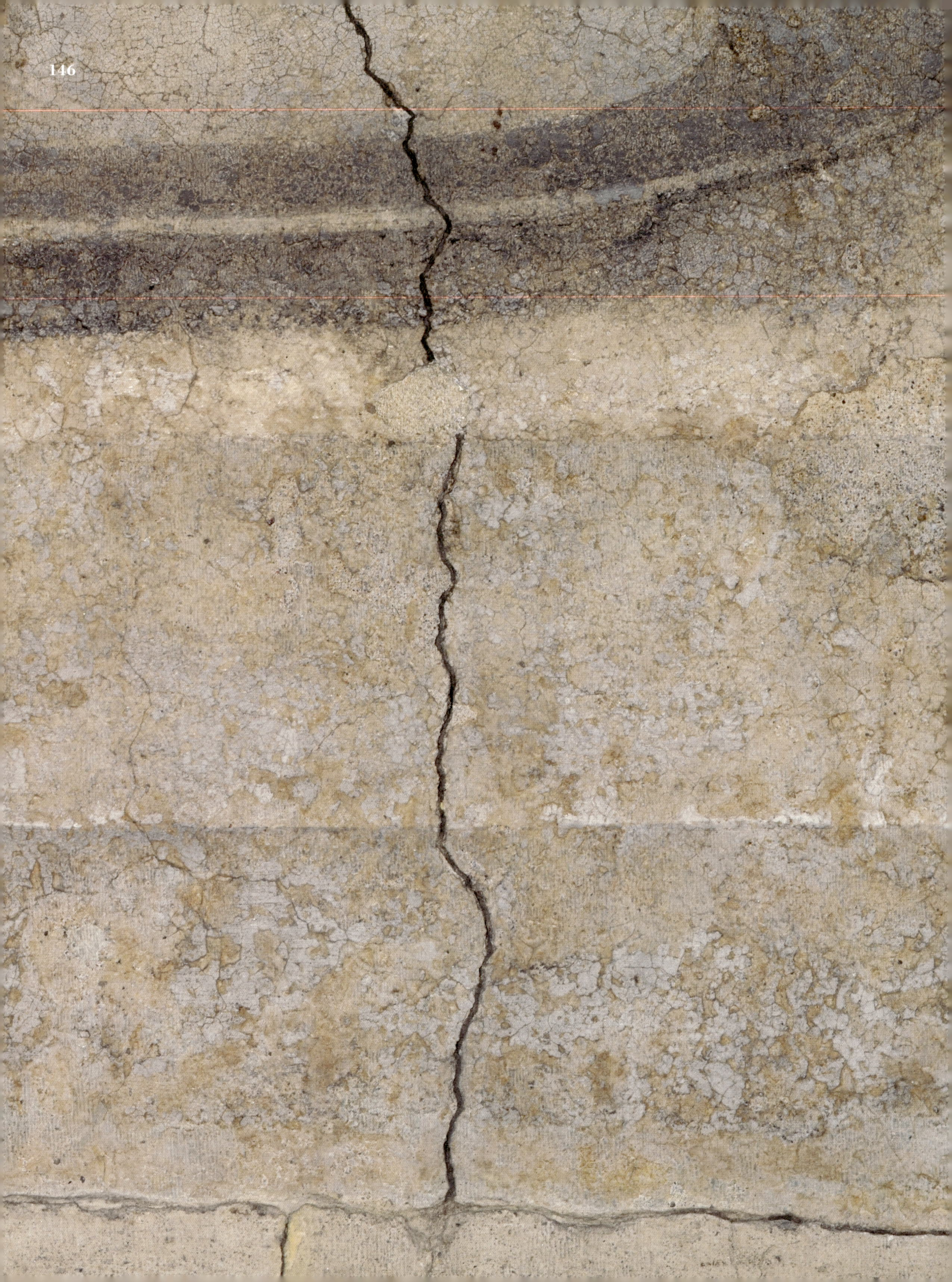

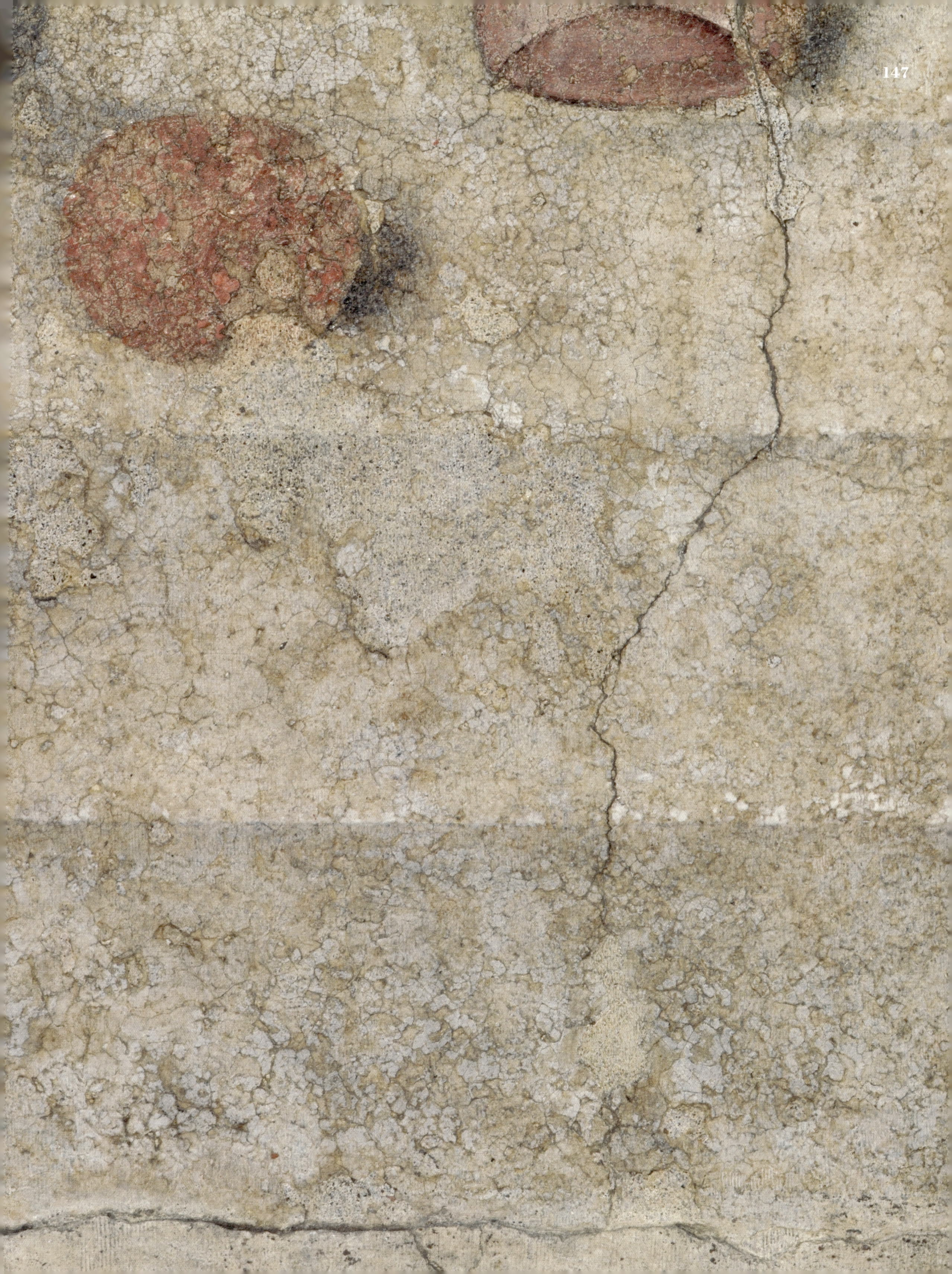

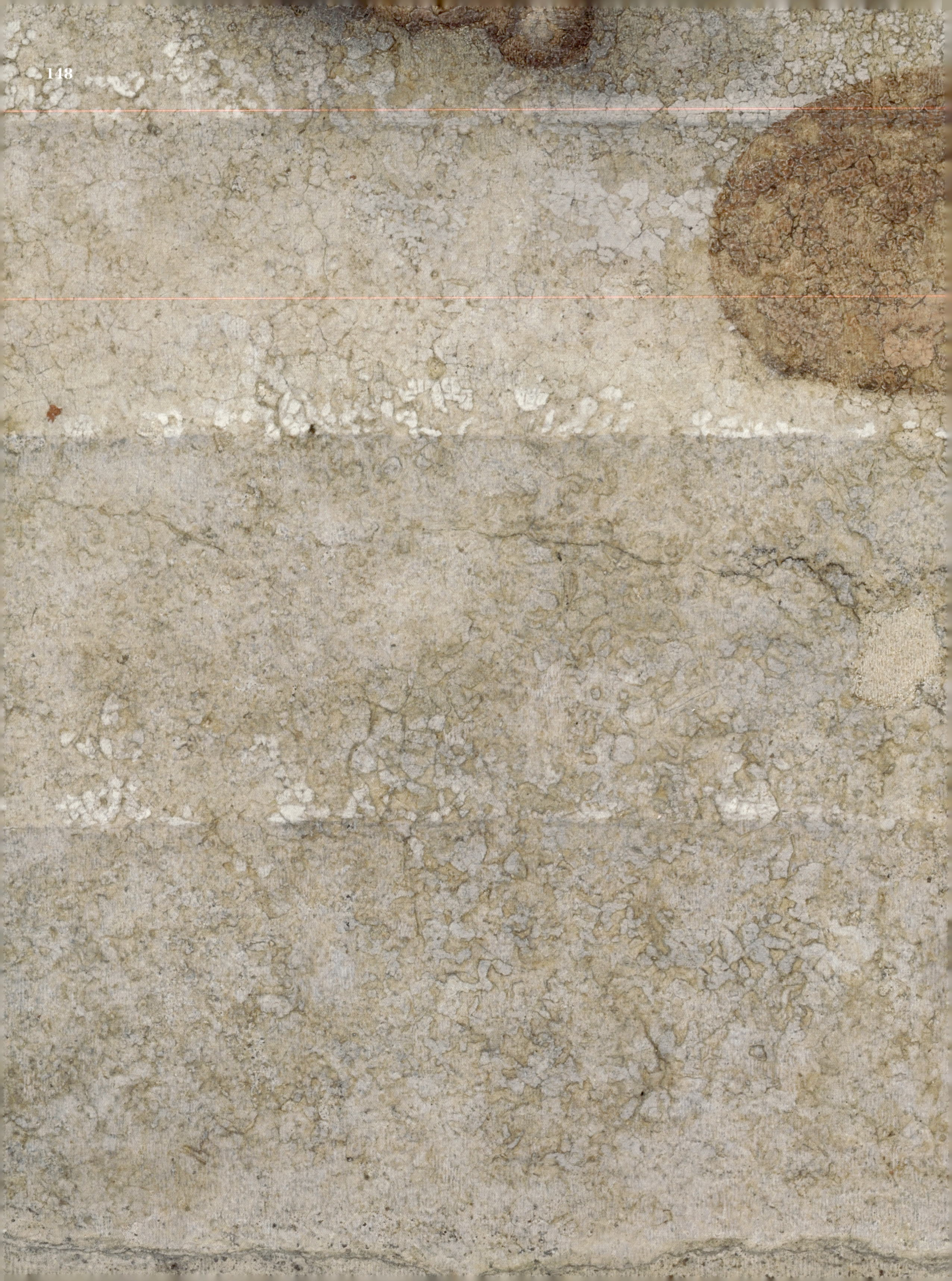

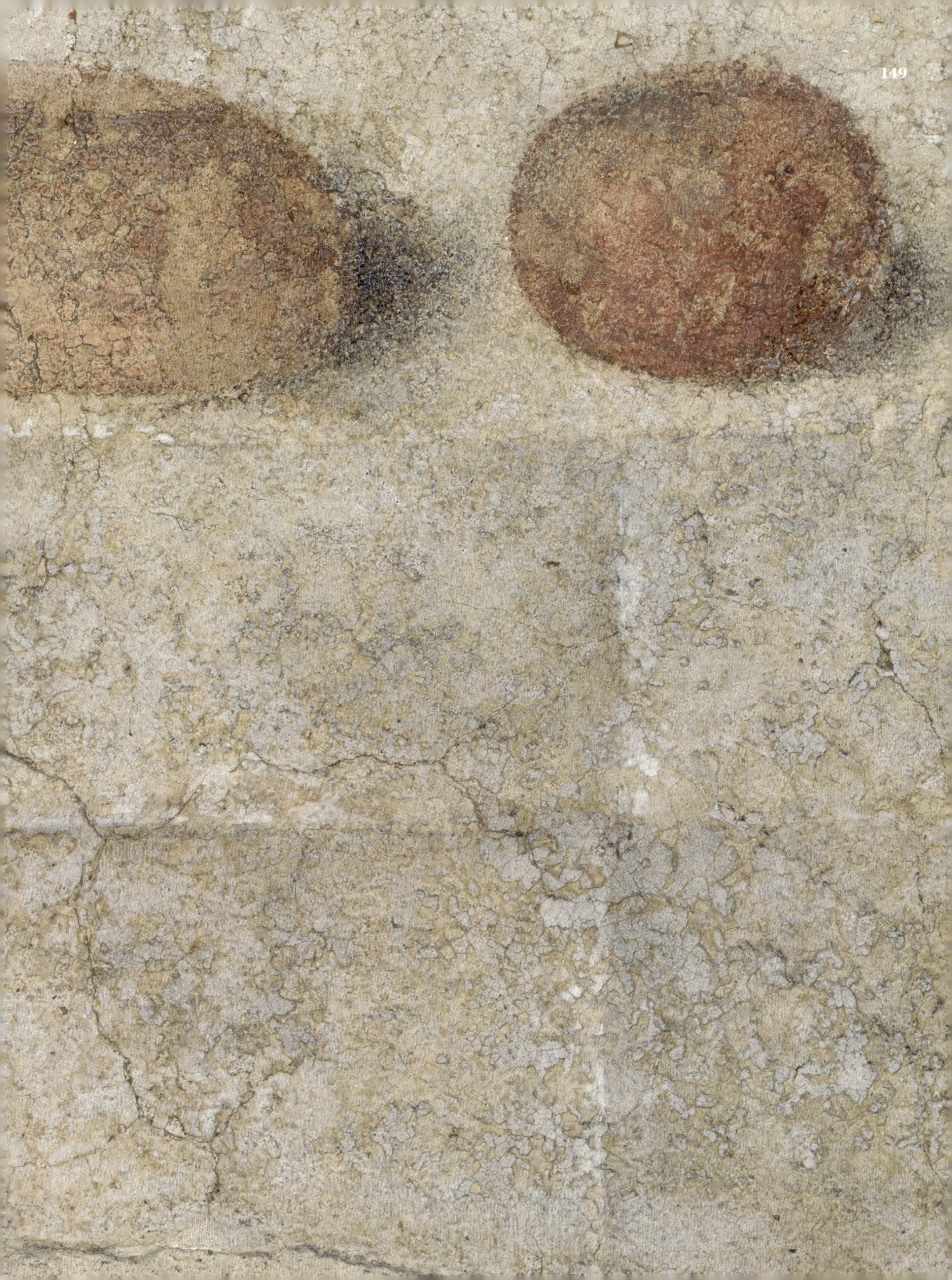

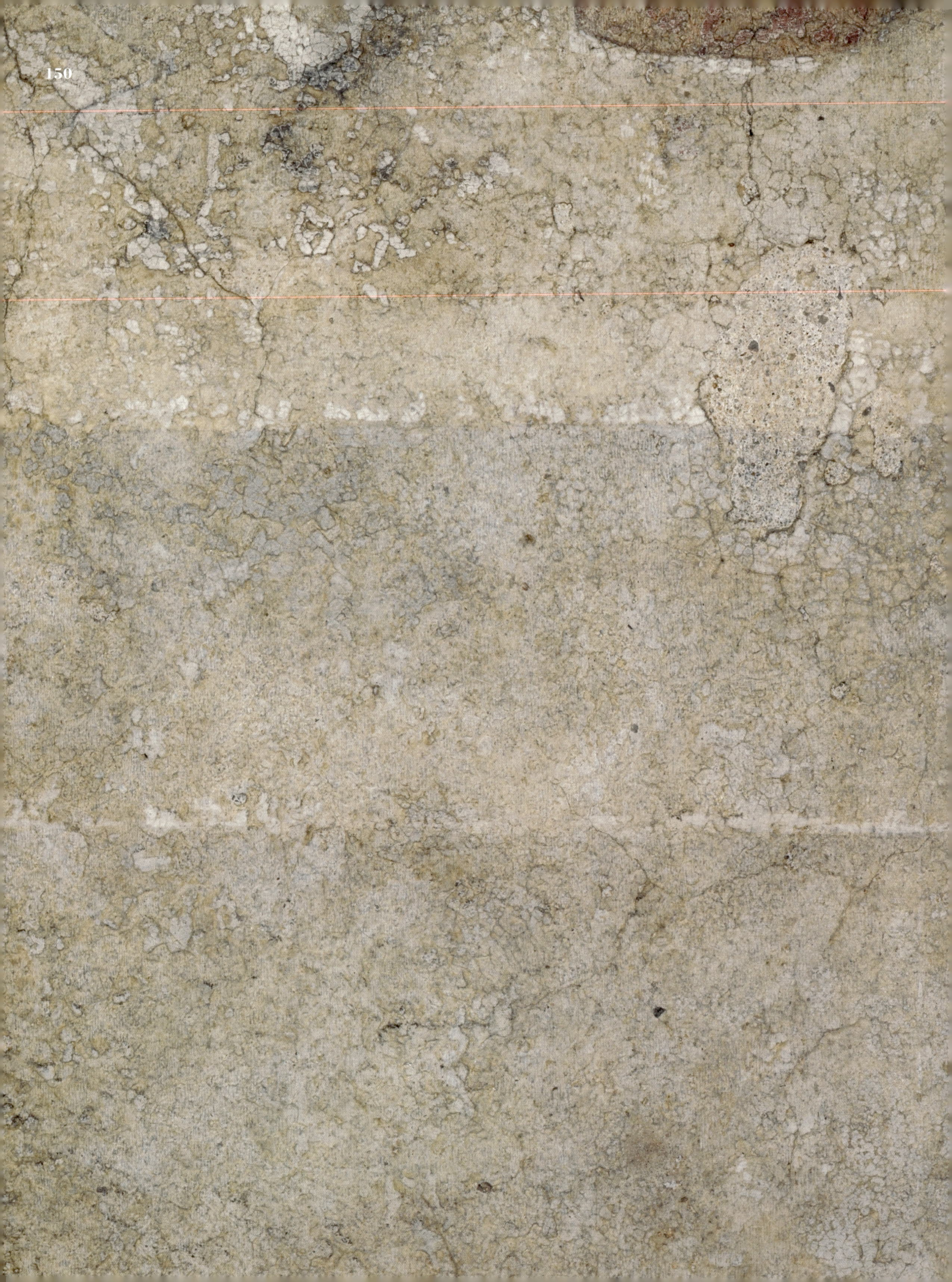

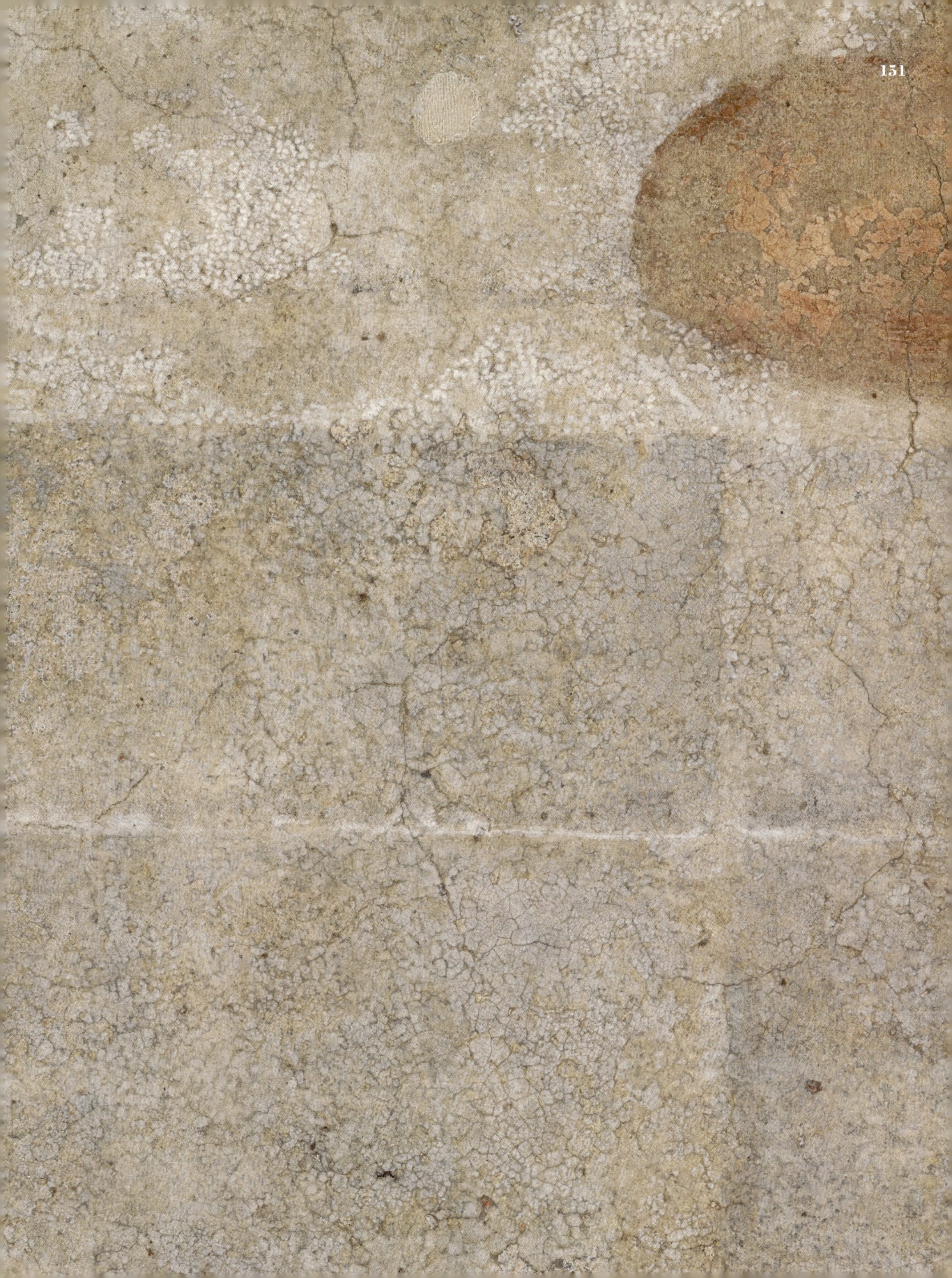

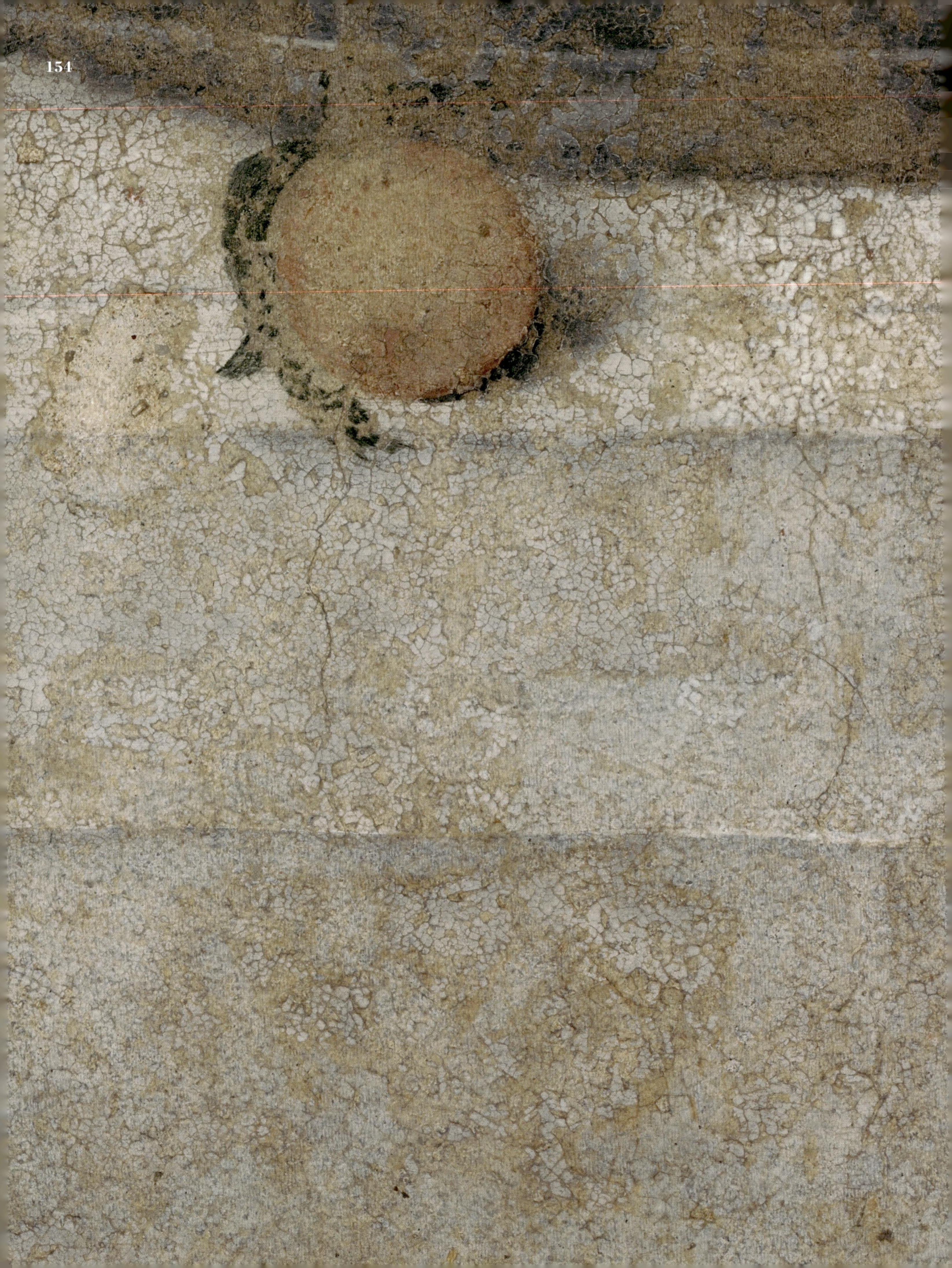

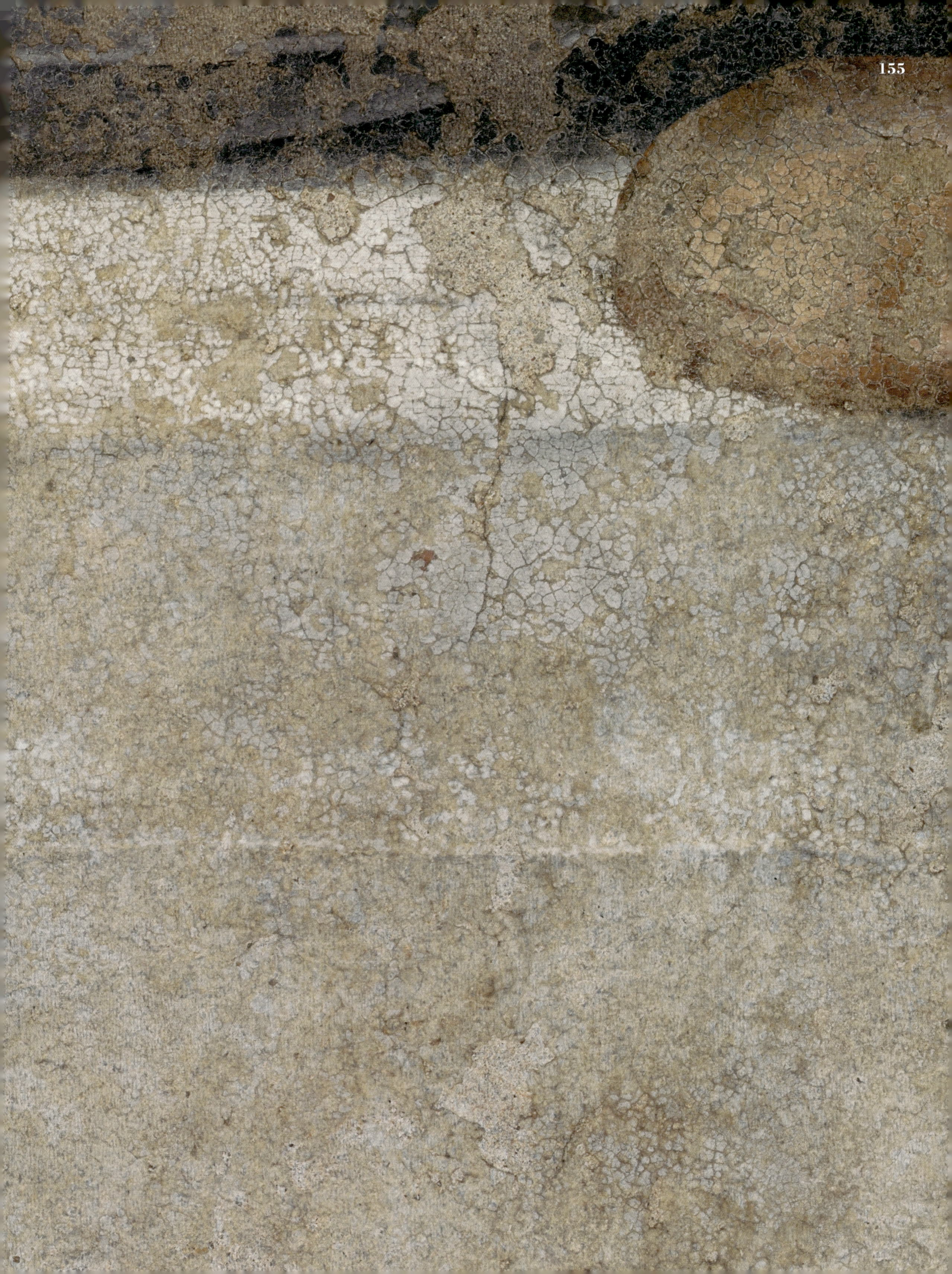

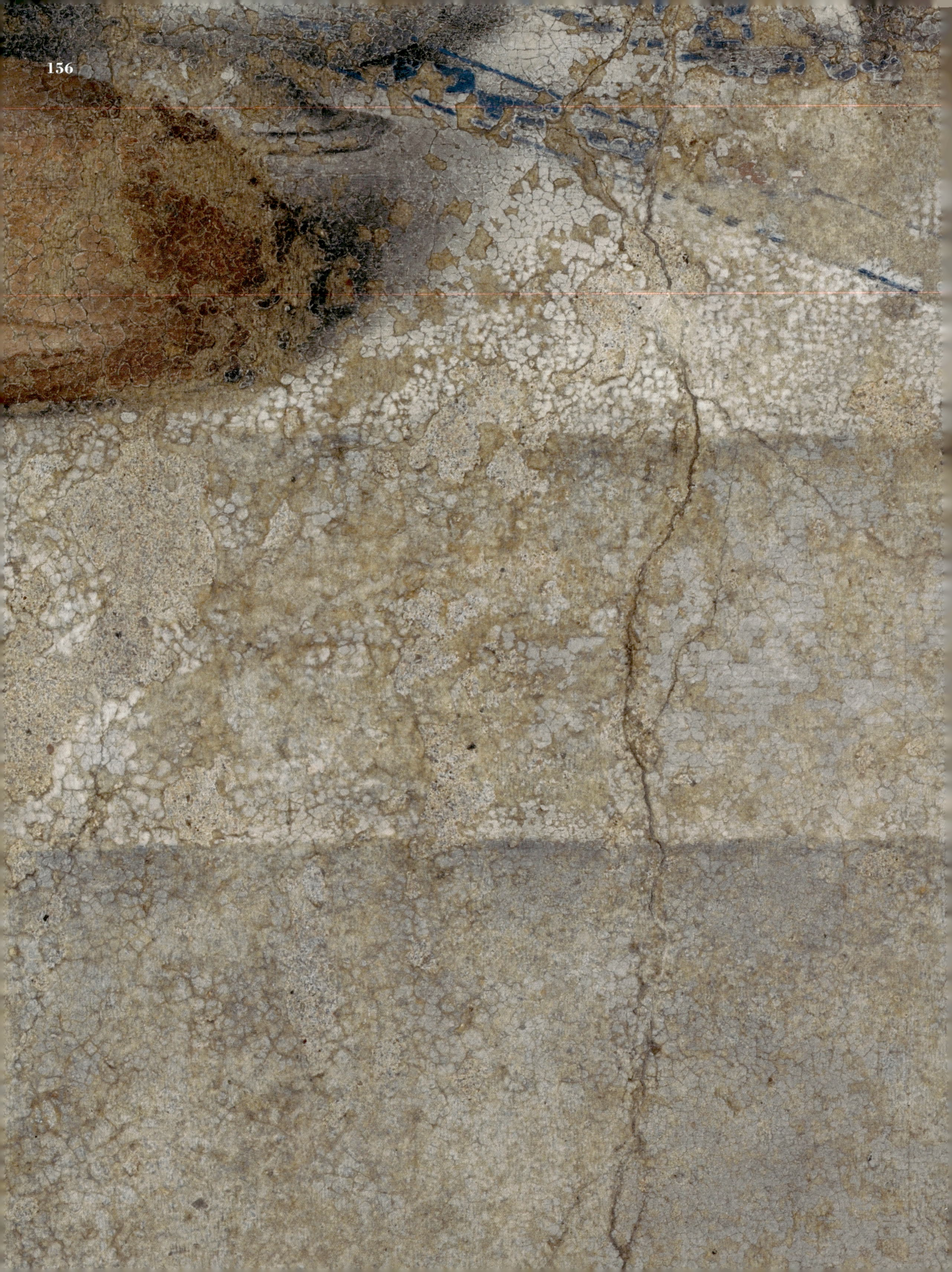

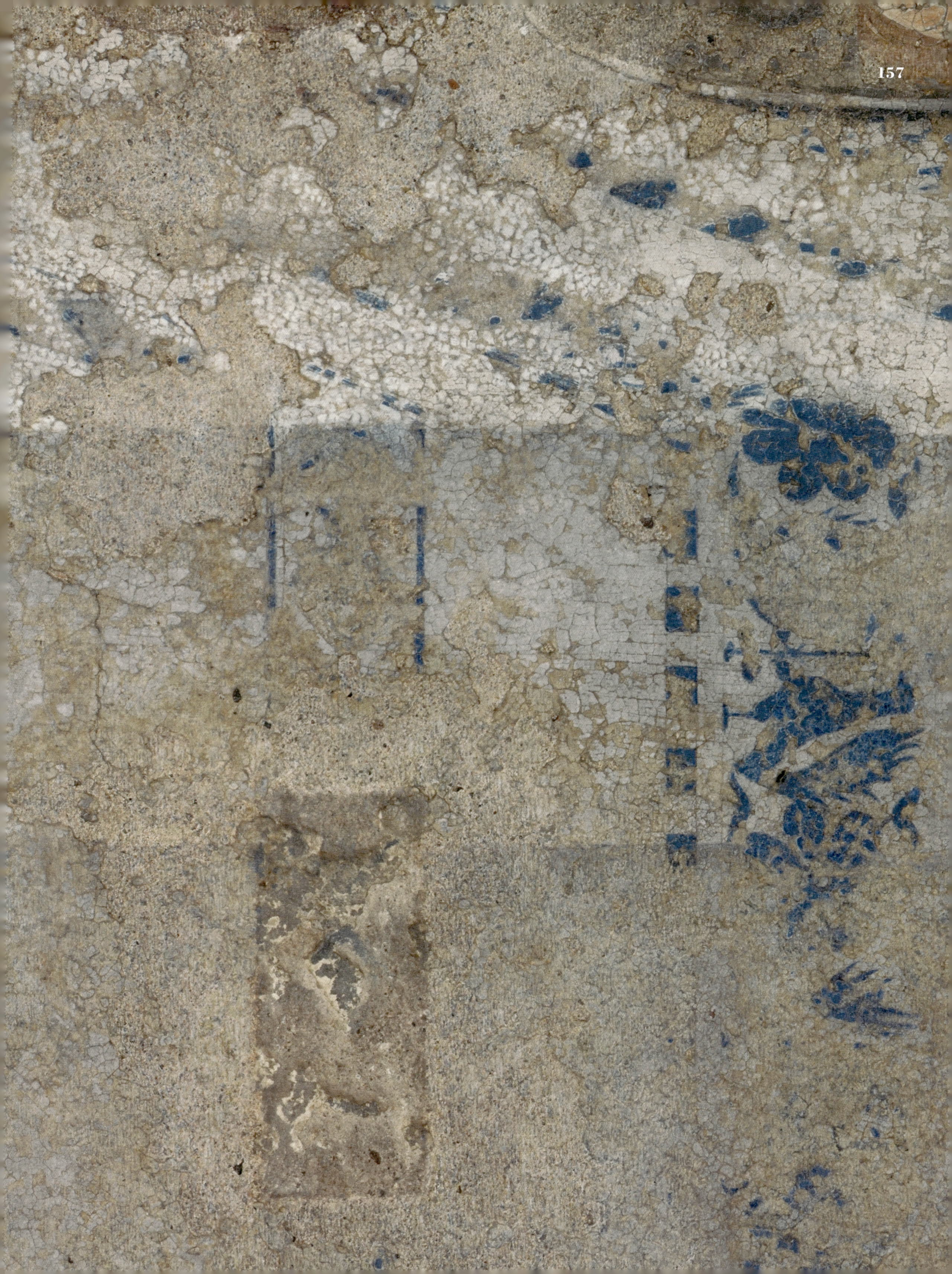

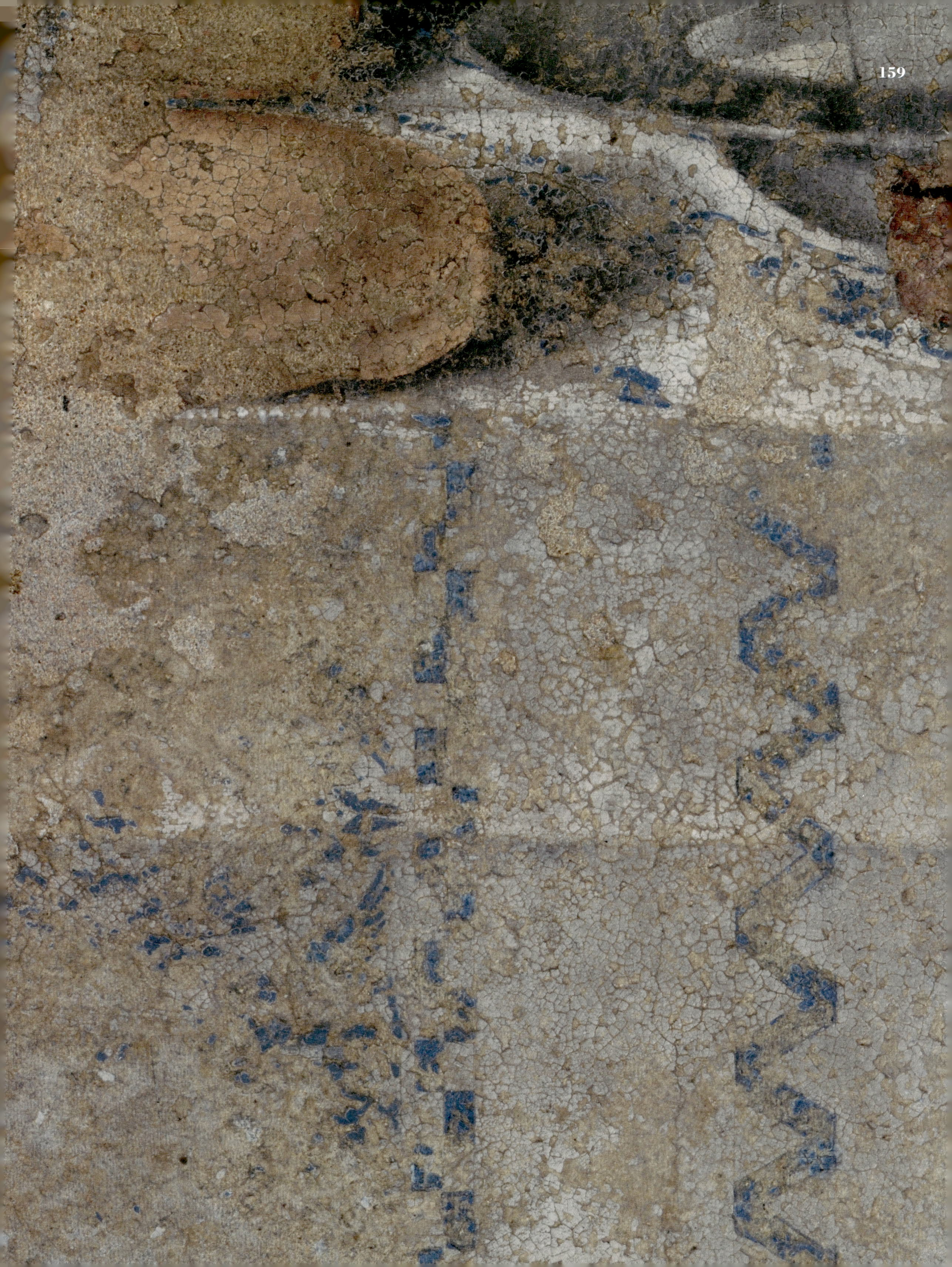

Peter Greenaway usa la luce come un pennello entrando in rispettoso dialogo con l'*Ultima Cena* e parla allo spettatore con un linguaggio rinnovato ma che trova riferimento e ispirazione proprio nel pensiero di Leonardo.
Questo conferma la grandezza di quest'opera che non è solo un'icona da esporre, ma viva materia che continua a essere fonte d'ispirazione artistica. L'evento riporta ancora una volta la discussione su grandi temi, dopo alcuni anni in cui si è molto parlato di Leonardo e dell'*Ultima Cena*, più per ragioni legate a successi letterari di genere thriller-esoterico, che ad aspetti connessi con l'importanza che il primo riveste nella storia dell'umanità e la seconda nella storia dell'arte.

Peter Greenaway uses light like a paintbrush, respectfully dialoguing with the *Last Supper*. He speaks to the viewer with a renewed language that however finds reference and inspiration precisely in the thought of Leonardo. This confirms the greatness of this work which is not only an icon to display, but living matter that continues to be a source of artistic inspiration.
This event stimulates debate on important issues, following recent interest in Leonardo's work and especially in the *Last Supper*, above all for reasons tied to thriller-esoteric bestsellers than for aspects concerning Leonardo's importance in the history of humanity and the *Last Supper*'s standing in the history of Art.

Alberto Artioli
Soprintendente per i Beni Architettonici e Paesaggistici di Milano
Superintendent for the Architectural and Landscape Heritage of Milan

Giuseppe Napoleone
Direttore del Cenacolo Vinciano
Director of the Cenacolo Vinciano

Il tempo, cancellando tanta parte dell'*Ultima Cena*, ha definito i nuovi confini di uno spazio della mente oltre il pensiero di Leonardo, aprendo la strada a evocazioni e integrazioni immateriali, che non ne toccano il corpo ma ne esaltano l'anima. È il caso della vera e propria animazione di Peter Greenaway, che è uno strumento per vedere. D'altra parte come la Sacra Sindone rimanda a un corpo che non c'è, così la pallida reliquia del Cenacolo rimanda a una integrità perduta, ora ritrovata da Greenaway. Seguendo il principio di Leonardo: "La pittura è cosa mentale". L'*Ultima Cena* non è veramente l'ultima, perché ciò che ne resta, pur apparendo, rimanda ad altro. Ora finalmente, grazie a Greenaway, la vediamo.

Time, by effacing so much of the *Last Supper*, has set the new boundaries of a space of the mind beyond Leonardo's thought, paving the way to evocations and immaterial integrations, which, while enhancing its soul, do not affect its body. This occurs through Peter Greenaway's veritable animation, which is a seeing instrument. Moreover, just as the Holy Shroud evokes a vanished body, the pale relic of the *Last Supper* evokes a lost integrity now recaptured by Greenaway, true to Leonardo's tenet that "painting is a mental thing." The *Last Supper* is not truly the last since its remnants, though visible, evoke more. Today, thanks to Greenaway, we can finally see so.

Vittorio Sgarbi
**Assessore alla Cultura
Comune di Milano**
*Councillor for Cultural Affairs
Municipality of Milan*

Anche quest'anno Cosmit, per celebrare la 47ma edizione del "suo" Salone Internazionale del Mobile, ha voluto omaggiare la città di Milano con un evento artistico di portata internazionale, al limite tra sacralità e sfida tecnologica, che comunica con l'uso della luce la dimensione spirituale dell'opera e scopre in Leonardo la sua vocazione di designer ante-litteram. Un evento storico: un'icona dell'arte quale l'*Ultima Cena* è stata trasformata dall'impareggiabile sensibilità di un artista come Peter Greenaway in un evento multimediale all'avanguardia, una stupefacente visione carica di nuova profonda emozione.

To celebrate the 47th edition of "its" Salone Internazionale del Mobile, once again this year Cosmit wishes to pay homage to the city of Milan with an artistic event of international importance poised between sacredness and technological exploit, which communicates with the use of lighting the spiritual dimension of this work and reveals Leonardo's vocation as a designer ahead of the times.
This is a historic event: an icon of art like the *Last Supper* has been transformed by the unparalleled sensibility of an artist such as Peter Greenaway into an avant-garde multimedial event, an astonishing vision full of new, profound emotions.

Rosario Messina
Presidente di Cosmit
President of Cosmit

Manlio Armellini
Amministratore delegato di Cosmit
Managing Director of Cosmit

Peter Greenaway
**L'Ultima Cena
di Leonardo
Leonardo's
Last Supper**

Milano, Refettorio di Santa
Maria delle Grazie
Milano, Palazzo Reale
Sala delle Cariatidi
15.04 - 4.05 2008

Progetto visivo / Visual Design
Reinier van Brummelen

A cura di / Curator
Franco Laera

Musica / Music
Marco Robino
Testo / Text by
Daniele Martino
Esecuzione / Performed by
Architorti
Editing suono / Sound editing
Elmer Leupen

Produzione del clone
Clone production
Factum Arte / Adam Lowe
con / with
**Bianca Nieto Gomez,
Rafael Rachewsky, Michael
Roberts, Piers Wardle**

Progetto dell'installazione
Installation Design
Stereomatrix
Coordinamento / Coordination
Eva Haak Wegmann
Collaborazione / Collaborator
Maarten Piersma
Modellazione figure digitali
Digital Character Sculptor
Rod Seffen
Pre-montaggio / Compositing
Neda Gueorguieva

Video installazione
Video installation
**Euphon
Mediacontech Group**

Ministero per i beni e
le attività culturali
**Soprintendenza per
i Beni Architettonici
e Paesaggistici di Milano**

Soprintendente / Superintendent
Alberto Artioli
Direttore del Cenacolo
Director of the Cenacolo
Giuseppe Napoleone
Ufficio di Direzione
Direction team
**Giancarla Ricciardi
Lorenza Dall'Aglio
Giuseppe Stolfi
Giampiero Bonnet**

Comune di Milano

Sindaco / Mayor
Letizia Moratti
Assessore alla Cultura
Councillor for Cultural Affairs
Vittorio Sgarbi
Direttore Centrale Cultura
Culture Director
Massimo Accarisi

Palazzo Reale
Responsabile Coordinamento e
Gestione Mostre / Coordination
and Exhibition Manager
Domenico Piraina
Coordinamento Mostra
Exhibition Coordination
Luisella Angiari

Change Performing Arts

Presidente / President
Franco Laera
Consiglio direttivo
Board of Directors
**Elisabetta di Mambro
Franco Gabualdi
Yasunori Gunji
Izumi Arakawa**

V-Factory
**Matteo Massocco, Andrea
Bianchi, Valentina Tescari**

Cosmit
Federlegno-Arredo

Presidente / President
Rosario Messina
Vice presidente
Vice President
Roberto Snaidero
Amministratore delegato
Managing Director
Manlio Armellini
Consiglio di amministrazione
Board of Directors
**Giuseppe Bini
Paolo Boffi
Guido Cesati
Nicoletta Fontana
Carlo Guglielmi
Vittorio Livi
Roberto Moroso
Pierpaolo Vaj
Antonio Zigoni**

Fondazione Cosmit
Eventi

Presidente / President
Rosario Messina
Amministratore delegato
Managing Director
Manlio Armellini

Coordinamento generale
General Coordination
Petra Lossner
Comunicazione
Corporate Communication
Patrizia Malfatti
Ufficio Stampa
Press Office
**Marva Griffin Wilshire
Raffaella Pollini**

Questo libro è stato ideato e
progettato / This book has been
conceived and designed by
Peter Greenaway

Progetto grafico
Graphic Design
Maarten Evenhuis

Coordinamento grafico
Design Coordination
Gabriele Nason
Coordinamento redazionale
Editorial Coordination
Filomena Moscatelli
Copy e Ufficio stampa
Copywriting and Press Office
**Silvia Palombi
Arte&Mostre, Milano**
Direttore editoriale USA
US Editorial Director
Francesca Sorace
Promozione e Web
Promotion and Web
Monica D'Emidio

Per saperne di più su Charta
ed essere sempre aggiornato
sulle novità entra in
To find out more about
Charta, and to learn about our
most recent publications, visit
www.chartaartbooks.it

**Giovanni De Ponti
Roberto Snaidero**

© 2008
Edizioni Charta, Milano
© Peter Greenaway
© Change Performing Arts
Milano
© Cosmit Spa, Milano
All rights reserved
ISBN 978- 88-8158-689-9

Finito di stampare nell'aprile
2008, da Rumor, Vicenza
per conto di Edizioni Charta
Printed in April 2008
by Rumor, Vicenza
for Edizioni Charta

Crediti fotografici / Photo credits
Tutte le immagini riprodotte in
questo libro sono su gentile
concessione di / all the images
reproduced in this book are
by kind concession of
**Soprintendenza per
i Beni Architettonici
e Paesaggistici di Milano**
e sono state realizzate a cura
di / and have been realized by
HAL9000
Foto di / Photo by
**Mauro Gavinelli
Vincenzo Mirarchi
Agostino Temporelli**
www.haltadefinizione.com

Nessuna parte di questo libro
può essere riprodotta
o trasmessa in qualsiasi forma
o con qualsiasi mezzo
elettronico, meccanico
o altro senza l'autorizzazione
dei proprietari dei diritti
e dell'editore / No part of this
publication may be
reproduced, stored in a
retrieval system, or transmitted
in any form or by any means
without the prior permission in
writing of copyright holders
and of the publisher.

Edizioni Charta srl, Milano
via della Moscova, 27 - 20121
Tel. +39-026598098 /
026598200
Fax +39-026598577
edcharta@tin.it
Charta Books Ltd.
New York City, Tribeca Office
Tel. +1-313-406-8468
international@chartaartbooks.it

Change Performing Arts
via Vincenzo Monti, 12
20123 Milano
Tel. +39-0248194494
Fax +39-0248195178
mail@changeperformingarts.it
www.changeperformingarts.com